KB110653

청소년의
고민과 성공전략 솔루션!

미래
살아가기

이 도서의 국립중앙도서관 출판예정도서목록(CIP)은 서지
정보유통지원시스템 홈페이지(http://seoji.nl.go.kr)와 국가
자료종합목록 구축시스템(http://kolis—net.nl.go.kr)에서 이
용하실 수 있습니다.
(CIP제어번호 : CIP2020045013)

청소년의
고민과 성공전략 솔루션!

미래
살아가기

제2권

이운묵 지음

인문의 숲

청소년의 고민과 성공전략 솔루션!

『미래 살아가기』의 문을
활짝 열고 들어갈 것인가, 말 것인가?

꽃은 절로 피어나지 않는다. 그렇듯 우리의 청소년들도 절로 어른이 되지 않는다. 따라서 그 어떤 결과도 실천 없이는 이루지 못한다. 우리 청소년들이 미래를 제대로 살아가기 위해서는 이제 또 다른 '선택과 시작(始作)' 뿐이다.

시작한다는 것은 목표와 결과를 위해 실천에 옮기는 첫걸음이다. 따라서 누구에게나 또 다른 선택과 시작은 새로운 꿈과 희망이다. 하지만 한편 두려움이기도 하다. 또 앞으로 수많은 선택과 어떤 시작을 언제, 어떻게, 무엇을, 왜, 어떻게 해야 할지도 잘 모르겠다. 히지만 인간의 삶에서 시작은 늘 새롭게 내일을 위해 문을 열고 준비하는 일상의 과정이다. 그리고 어떤 복표가 되었는, 어떤 꿈이 뇌었든 ㄱ것을 위해서는 반드시 행동으로 옮겨지는 것이 시작이다.

곧게 높이 자라는 대나무를 보자. 대나무가 처음 시작부터 끝까지 매듭 없이 크는 것을 보았는가? 대나무가 마디마디 매듭을 지우는 것은 늘 새로운 시작을 위해서다. 매듭을 지우는 것은 스스로 웃자람을 경계하고 튼실하게 더 높이 자라기 위함이다. 만일 매듭을 짓지 않고 높이 웃자라기만 한다면 대나무는 중간에 꺾이거나 부러지고 만다. 그러면 높이 오르려는 꿈과 희망은 모두 수포로 되돌아간다. 그러면 다시는 꿈을 꿀 수 없는 절망이 된다.

이제 조금은 시간이 더 걸리더라도 매듭을 짓고 안전하게 새로운 '선택과 시작'을 할 때이다. 그리고 매우 지혜롭고 현명한 방법으로 해보자.

이처럼 인간의 삶에 모든 일은 그것이 마음의 준비가 되었든, 이미 실행이 되었든 간에 모든 일은 시작을 하지 않고서는 상념에 머물 뿐이다. 비로소 한 발짝이라도 발을 옮기는 동사의 실천적 행동이 선행될 때에 비로소 목표는 가까워지고, 꿈의 실현은 그 가능성이 커진다. 그러기 위해서는 스스로 웃자람을 경계하고 더 높이 큰 꿈을 이루기 위해서는 단계마다 매듭을 짓고 멋진 마무리가 필요하다. 그 매듭은 더 높이 오르기 위한 '미래를 살아가기'에 투대와 발판이 된다.

그렇다면 만족하지 못한 매듭을 못내 아쉬워하고 불만스럽게 생각할 일이 아니다. 잘했으면 잘 한대로, 못했으면 못 한

대로, 부족하면 부족한 대로, 만족하면 만족한 대로, 기쁘면 기쁜 대로, 즐거우면 즐거운 데로 이제 매듭을 짓고 새로운 시작에 임하는 마음의 자세와 준비가 더 중요하다.

기쁨으로 임하는 '시작'은 두려움이 없다. 두려움이 없으니 또 다른 시작의 준비도 잘 된다. 꿈과 희망이 있으니 마음도 즐겁고 행복하다. 새로운 시작은 늘 이렇게 해야 한다. 그렇게 하기 위해선 청소년들은 이제 『미래 살아가기』로 들어가는 지혜와 성공의 문을 두드리고 용기 있게 입성해야 한다.

지금 청소년 여러분은 그대들의 삶에서 아주 중요한 '선택과 시작'을 위해 이제 멋진 마무리와 좀 아쉽지만 단단한 매듭을 지어야 하는 순간이다. 직업, 공부, 외모가 인생의 전부가 아니다. 아쉽지만 그 매듭의 시간과 삶 속에서 이루어진 많은 배움과 소중한 경험들이 곧 '미래 살아가기'의 큰 자산이 될 것이다. 그런 것들이 여러분들의 미래에 주어질 또 다른 새로운 삶의 튼실한 토대를 이루고 또 다른 시작의 안전한 발판으로 작용하여 한 단계 한 단계 더 높이 오를 힘을 갖게 할 것이기 때문이다.

그것은 새로운 시작이자 새로운 도전이다. 시작은 적극적이고 열정적인 도전에서 감행되는 용기와 실천적 태도이다.

그런 뜨거운 열정의 '도전과 시작'만이 자신을 높이 키워내는 커다란 한 그루의 나무가 되고, 성공하는 삶의 에너지가 될 것이다. 그러기 위해서는 주저 없이 『미래 살아가기』 시작의 문을 활짝 열고 뛰어 들어가 뜨거운 기질과 열정으로 마주치는 미래의 세상과 고민에 당당히 맞서보자. 그것만이 21세기 미래 사회의 주역인 그대들에게 확실하고 유일한 희망의 대안이 될 것이란 생각이다.

이운묵 (시인/문화평론가)

내 하루의 삶과 영혼이

꿉꿉하고 퀴퀴한 죽은 세포로

득실거리는 삶이 되지 않게 하려면

내가 원하는 것으로

내 하루의 삶과 시간을 가득히

채워야 한다.

『미래 살아가기』의 구성과 이해

인간의 삶은 '명사'가 아닌 '동사'에서 구현되는 구체적 결과이다.

어떤 결과이든 그것은 선택과 시작에서 비롯된 동사적 결과이다.

따라서 선택과 시작은 성패를 가르는 첩경이다.

이 책『미래 살아가기』는 21세기 미래를 살아갈 청소년들이 우리 사회의 구성원으로 편입될 때에 반드시 갖추어야 할 덕목과 조건이 될 수 있는 실천적 8가지 필수 항목에 대해 '명사'가 아닌 '동사'의 실천적 의미를 담아 집중적으로 분석하고 탐구된 내용이다. 이에 담론의 화자(미래 살아가기)는 현대사회의 정서와 시대성에 맞게 주제별로 기술하여 꾸며졌다.

【제1권】
1부-희망을 「찾자 편」, 2부-미래를 「보자 편」, 3부-열정을 「먹자 편」, 4부-사랑을 「하자 편」으로 구성되어 있다.

【제2권】
1부-용기를 「잡자 편」, 2부-인성을 「쓰자 편」, 3부-지혜를

「알자 편」, 4부-진실로「살자 편」으로 구성되어 있다.

　구성하고 있는 각각의 주제에 대해 현실을 올바르게 인식하고, 무엇이 문제이고, 원인은 무엇인지 청소년들이 알기 쉽게 심층 분석하고 21세기 미래 사회의 대안을 제시했다. 또 그런 문제들에 대해 함께 고민하고 답을 스스로 찾아갈 수 있도록 탐구하고 유도하는 목적으로 서술되었다.
　따라서 자신의 꿈과 이상을 통해서 21세기 미래의 문명사회를 향해 도전할 수 있는 용기와 인문정신의 중요성을 학문적 이론과 체계로 이해시키고 자신의 장래에 대해 성숙한 준비를 할 수 있도록 상상력과 창조적 정신으로 재미있고 흥미롭게 기술하였다.

　『미래 살아가기』를 통해서 밀레니얼 Z세대인 청소년들은 이제 또 다른 '선택과 시작(始作)'을 위해 고민해야 한다. 그것은 누구에게나 포기할 수 없는 또 다른 새로운 도전이며 꿈과 희망이 되기 때문이다. 그러한 과정을 통해서 그 속에서 우리들의 삶이 만들어지기 때문이다. 하지만 우리 청소년들은 모든 것이 두렵다.

또 어떤 시작을 언제, 어떻게, 무엇을 위해서, 왜 어떻게 해야 하는지도 명확한 결론이나 결심을 쉽게 내릴 수가 없는 미지의 시대적 환경에 직면해 있기 때문이다. 인간의 삶에서 시작은 늘 이렇게 새롭게 내일을 위해 준비해야 하는 일상의 과정이다. 하지만 어떤 목표가 되었든, 어떤 꿈이 되었든 그것을 위해서 시작과 선택을 매 순간 하지 않으면 안 되는 현실이기도 하다.

그 때문에 장차 미래 사회의 주역이 될 청소년들에게 『미래 살아가기』를 통해서 제시하는 새로운 '선택과 시작'의 담론들은 그 어떤 것보다도 값진 의미와 가치가 있다. 곧게 높이 자라는 대나무를 보자. 대나무가 처음 시작부터 끝까지 매듭 없이 크는 것을 보았는가? 대나무가 마디마디 매듭을 지우는 것은 늘 새로운 시작을 위해서다. 매듭을 지우는 것은 스스로 웃자람을 경계하고 튼실하게 더 높이 자라기 위함이다.

이처럼 인간의 삶도 마음의 준비가 되었든, 이미 실행이 되었든 모든 일은 동사의 구체적 실천을 통해서만 이루어진다. 그것이 바로 '시작(행동 개시)'이다. 시작이 없이는 그 어떤 훌륭한 이념이나 학문의 이론도 상념에 머물 뿐이다. 비로소 한 발짝이라도 발을 옮기는 실천이 선행될 때에 목표는 가까워지고, 꿈의 실현은 조금씩 그 가능성이 커진다. 새로운 시작은 늘 이런 실천의 과정을 거쳐 결과를 만들어 간다.

그런데 지금 미래를 살아갈 우리 청소년들은 그런 고민과 문제들 앞에서 정확한 답이 없다. 그 때문에 방황하고 있지는 않은가? 정말 '노잼', '노답'일까? 아니다. 답은 새로운 시작과 새로운 도전에서만 획득할 수 있는 미래의 보상적 결과물이다.

그것은 『미래 살아가기』를 통해서 21세기 미래 사회의 주역이 될 밀레니얼 Z세대들은 강한 인문의 도전정신을 바탕으로 문명사회의 튼실하고 건전한 구성원으로 성장해 나갈 수 있게 하기 위함이다. 그러한 인문적 무장과 힘이 미래의 안정과 국가번영에 초석이 되고 개인의 삶을 성공적이고, 안정적으로 이끌고 개척해가는 원동력이 될 것이란 확신이다. 이것이 이 책에서 기획하고 의도한 목적임을 밝힌다.

끝으로 앞에 열거한 이 8가지 주제와 탐구의 내용이 21세기 미래를 살아갈 우리의 청소년들에게 사람다움의 길로 안내하는 소중한 인문정신의 토대와 참가치가 될 것이라고 믿는다. 그런 올바른 가치들을 통해서 새로운 시대의 새로운 '선택과 시작'은 도전을 준비하는 청소년들에게 고민을 덜어줄 이정표가 되고, 마음의 양식이 되고, 희망이 되고, 삶의 진정한 행복을 싹틔우게 하는 사유의 옥토가 되었으면 좋겠는 바람이다.

잡자-용기 있게 나와 세상의 중심을 잡자

험난한 세상에서 침몰하지 않으려면
균형과 중심을 잡자

이 험난한 세상의 바다에서 살아남으려면 중심과 균형을 똑바로 잡아야 한다. 그리고 나와 세상의 중심을 바로 잡아 세워야 한다. 그렇지 못하면 이 세상의 공전과 자전은 멈추고 만다. 또 세상의 균형과 조화의 질서도 깨지고 만다. 이렇게 무너진 질서를 바로잡아 세우는 데에는 진정한 용자의 용기가 필수의 덕목이다. 용기(勇氣)는 사람의 태도와 행동 양식의 하나로 올바른 가치 아래서 환경과 조건에 구애받지 않고 마땅히 해야 할 일을 해내는 사람의 태도와 행동 양식이다.

그런 행동의 중심에는 올바른 가치를 세우는 확고한 마음가짐과 용기가 있을 때 가능한 일이다. 따라서 용기를 내어 중심을 잡지 못하면 세상의 소용돌이와 높은 파도에 휩쓸리고 만다. 따라서 어렵고 힘든 일이 있으면 비겁하게 도망치는 것이 아니라 확고한 용기를 내어 행동할 일을 서슴없이 실천하는 것이 진정한 용기이다.

진정한 용기에 반대되는 악덕은 비겁과 만용이지만, 올바른 가치와 용기로 무장된 덕행은 너그러움과 참을성이다. 이처럼 청소년들에게 있어서 용기는 학문을 닦는 일만큼이나 더 중요하고 매우 훌륭한 가치이다. 이렇게 용기 있는 자만이 자신과 세상의 중심을 똑바로 잡아 세울 수 있다는 생각이다.

독일의 대표적 작가 루이제 린저는 이렇게 말했다. "용기 있는 사람이란 양심이 명령하는 바에 따라 행동하는 사람이다."라고 했다. 또 켄 블랜차드는 "사과할 때 가장 힘든 일은 자신이 틀렸음을 깨닫고 스스로 인정하는 것이다. 자신에 대해 솔직해지는 1분은 자기를 기만한 며칠, 몇 달 혹은 몇 년보다 값진 것이다."라고 말했다.

그렇다. 우리의 청소년들이 정의롭고 불의에 타협하지 않는 것도 강한 용기에서 나온다. 따라서 『미래 살아가기』 '잡자'의 용기 편에서는 우리의 청소년들이 용기 있고 지혜롭게 행동하는 조언을 담고 있다.

용기 있는 청소년이 세상의 중심에 선다

청소년의 성장 과정

청소년 여러분에게 청소년다운 모습이란 어떤 것인가?

청소년은 성년(청년)과 어린이의 중간 시기이다. 흔히 '청소년'을 만13세 이상 19세 미만의 사람을 말하며, 통상 중학교와 고등학교의 시기에 해당하는 나이다. 청소년에 대응하는 영어는 사춘기를 뜻하는 'puberty'와 13세~18세를 이르는 'teenage'가 있다. 10대의 청소년을 나이 단계로 나눠 15세 이하를 로틴(low teen), 16세 이상을 하이틴(high teen)이라고 부르기도 한다.

청소년 초기 중학생 때에는 신체의 변화와 성장이 두드러지게 나타난다. 성적 관심도 높다. 중학교 1학년 때에는 외부세계에 관한 관심과 호기심이 크며, 학교 교육에 대해서도 열심이다. 그리고 2학년 때쯤부터 청년의 특질을 나타내기 시작한다. 교사에 대한 비판이나 반항도 강해진다. 이 시기에는 학생의 신체적·지적·정서적·사회적 발달에 상응하는 교육내용과 방법에 대해 충분히 토의하고 연구하는 일이 필요하다. 또한, 활발한 운동과 동시에 올바른 성교육(性教育)도 필요하다.

고등학교 시기인 청소년 중기에는 신체적·지적·정서적·사회적 성장과 발달이 더욱 현저하게 높아진다. 이 시기에는 운동과 학습에 전념하도록 하는 것이 중요하다. 이 시기는 부모에게 의존하고 있었던 아동기와 독립하는 성인기와의 중간 과도기이다. 따라서 신체적 변화에 대한 적응, 가족으로부터의 독립, 친구와의 관계 적응, 장래의생활설계, 인생관의 확립 등 여러 가지 문제와 부닥치게 됨으로써 정신적·정서적으로 많은 혼란이 일어나기 쉬울 때이다.

누구나 청소년기에 성장통은 있었다

청소년기는 성장기의 과도기(過渡期)로 부적응의 시기라고 일컬어지는 정서적 불안정이 생기는 시기이다. 한편 자아의 발견과 더불어 많은 불안을 안고 있어서 다양하게 동요하는 감정의 변화로 인해서 자기의 처지를 이해할 수 있는 사람을 찾기 위한 애정적 욕구도 강해진다.

하지만 그런 것들을 얻지 못한 데서 오는 강한 소외감이나 고독감이 자기부정의 상실 같은 감정이나 열등감 등의 정서적 특징을 나타내기도 한다. 때에 따라서는 자기혐오나 자기비판과 같은 현상도 나타난다. 이런 시기에는 정서적으로 극히 불안정하고 때로는 그 표출방식이 반사회적으로 나타나는 위험성까지도 있다. 그러나 대부분 스스로 잘 참아내고 극복해 낸다.

한때 필자도 청소년 시절 여러분들처럼 똑같은 성장통을 겪었다. 중학교 때 엄마가 갑작스럽게 병환으로 돌아가셨고, 엄격하기만 한 아버지와의 충돌로 3번에 뼈아픈 가출도 있었다. 그 때문에 그 누구보다도 청소년기가 얼마나 중요한지 잘 알고 있다. 돌이켜보면 지난날 내겐 청소년다운 모습에 기억이란 아쉽게도 별로 없다.

그래서 청소년의 풋풋하고 싱그러운 꿈을 가진 친구들을 보면 얼마나 부러웠는지 모른다. 내겐 그런 꿈을 꾸고 간직할 수 있는 환경이 없었기 때문에 제대로 나의 자아를 발견하지도 못하고 늘 정서적으로 불안정했다. 그런 시간 속에서 학습에 전념하는 것이 불가능했다. 그래서 남모르는 번민과 고통 그리고 괴로움 속에서 울기도 많이 울었다. 그 때문에 난 크면 어떤 상황 속에서도 울지 않겠다고 다짐했던 적이 있다.

그리고 아내를 만나 결혼하고 처음으로 엄마 제사를 올리는 날 오랫동안 차마 울지 못했던 그 울음을 엉엉 목 놓아 울었던 기억에 지금도 눈물이 맺힌다. 나에게 지난 청소년 시절은 이제 와 생각해보니 소중하고 귀한 많은 것들을 놓치고 잃어버렸다는 생각이다. 그렇게 캄캄하고 어두웠던 청소년기의 긴 터널을 혼자 중심 잡고 뚜벅뚜벅 걸어 나오면서 청년기를 맞았다. 이제 와 뒤돌아보면 나를 포기하고 싶었던 날들도 내겐 매우 소중한 시간이었다는 것을 새삼 깨달았다.

'가장 청소년다운 모습'이 어떤 모습인가?

자 그렇다면 이제 여러분들에게 '가장 청소년다운 모습'은 어떤 모습인지 함께 생각해보자. 과연 그게 뭘까요? 남자답게 잘생긴 것, 예쁘게 생긴 것, 머리가 좋은 것, 공부를 잘하는 것, 의리가 있는 것, 정의로운 것, 선생님 또는 부모님의 말씀을 잘 듣는 것, 친구가 많은 것, 게임을 잘하는 것, 스포츠를 좋아하는 것, 등등 어떤 것일까?

그것은 사색과 꿈이다. 물론 주관적이기는 하다. 하지만 필자가 생각하는 가장 청소년다운 모습은 무엇보다도 여러분들은 "꿈을 가슴에 품고 있는 청소년"이어야 한다. 여러분의 꿈은 여러분들 미래의 삶에 목표와 지향점이기 때문이다. 청소년이면서 꿈이 없는 것은 미래 자기의 삶에 목표가 없는 것과 같다. 그런 꿈과 희망이 자기 자신에게 있을 때 우린 비로소 삶의 가치와 의미가 있을 수 있다.

아리스토텔레스는 "희망이란 눈뜨고 있는 꿈이다."라고 했다. 여러분들이 힘들게 밤낮 공부를 하는 것도 그 꿈을 실현하기 위한 준비단계의 과정이다. 여러분들에 부모님들은 여러분들이 그 꿈을 향해 미래로 잘 갈 수 있도록 하기 위한 준비를 위해 밤낮으로 일하고 공부하도록 돕고 계신 것이다.

나를 위한 '꿈'은 어떻게 꾸는 것일까?

  그렇다면 나를 위한 '꿈'은 어떻게 꾸고 어디에서 오는 것일까? 청소년기에 갖는 꿈은 아무 데나 있고, 아무 데서나 움터서 막 자라는 싹이 아니다. 청소년기에 꿈은 정결한 마음과 정신에서 싹트고 자란다. 그럼 정결한 마음과 정신은 뭘까? 그것은 한마디로 때 묻지 않은 순수(純粹/purity)의 마음과 정신이다. 순수란? 우리의 마음 그 자체에 전혀 이질적인 감정의 섞임이 없고, 마음속에 사사로운 욕심이나 불순한 생각이 없는 마음의 상태이다.
  그렇게 볼 때 인간에게서 가장 순수한 모습은 '어린아이'이다. 청소년은 그런 어린아이의 순수성에 마지막 단계이다. "어린아이같이 천진난만하다"라는 말이 있다. 어린아이들은 세상에 어떤 이득을 원하지도 않으며, 자신의 이익을 위해 남을 해롭게 하는 행동도 하지 않는다. 단지 배고프면 울고, 배부르면 웃을 뿐이다. 이러한 모습을 바라보는 부모와 주위 사람들은 알 수 없는 흐뭇함과 마음의 평화를 갖는다.

나이가 든 사람들은 어렵고 힘들 때 자주 "어린아이 시절로 돌아가고 싶다"라고 말한다. 이 말은 부모님의 품 안에서 아무런 걱정도, 두려움도, 미움도, 괴로움도 없이 하루하루를 즐겁게 보내던 시절이 그립다는 의미다.

그러니까 성인들의 복잡한 감정이 생기게 되는 원인은 여러 가지가 있다. 그중 가장 큰 것은 인간관계에서 오는 감정적 갈등이다. 그러나 청소년들은 어린아이와 청년의 중간 단계의 성장 과정으로 어린아이 다음으로 순수성을 많이 간직하고 있는 단계이다. 때문에 '청소년은 순수의 상징'으로 그 이미지를 갖고 있다. 그러나 청소년이 지나고 청년 즉 성년이 되면서 분별이 생기고, 점차 순수성은 줄어들고, 어른이 되면 청소년기에 순수성은 완전히 다 소실되어 남아 있지 않다.

현대사회의 청소년들은 너무 이른 시기에 과도한 학업의 경쟁과 갈등의 환경에 내몰려 있다. 따라서 아이들은 부모의 욕심 때문에 초등학교에 들어가기 전부터 다양한 학습을 해야 하고 있다. 그로 인해 가장 행복하고 즐거워야 할 시기를 경쟁과 갈등으로 보낸다. 이는 바꿔 말하면 가장 순수해야 할 나이에 청년들이나 어른들이 겪어야 하는 온갖 경쟁과 그로 인한 희로애락의 감정 폭이 넓고 깊어지게 된다는 뜻이다.

어른이 되기 전인 갓난아기들은 세상의 때가 묻지 않았고, 태어날 때의 순수함을 그대로 간직하고 있어 바라보는 사람들 입가에 미소를 짓게 한다. 그래서 "어린아이를 천사 같다"라고 하는 것이다. 청소년기는 바로 이러한 순수성이 아직 남아 있는 소중한 시기이고 그 소중함의 시간을 헛되이 낭비하는 것은 바람직하지 않다.

여러분들은 얼마나 청소년다운 모습인가요?

자 그렇다면 우리 청소년들은 얼마나 청소년다운 모습인가요? 청소년다운 모습은 여러 가지 다양한 모습이 연출될 수 있다. 하지만 그렇게 하기 위해서는 우선 열정적인 꿈을 가슴에 품고 있어야 하고 다음은 순수한 마음을 갖는 것이 무엇보다 중요하다. 그리고 재기발랄해야 한다. 이것을 한마디로 얘기하면 철들지 않은 소년 소녀의 모습이 아닐까? 즉 철이 들었다는 말은 순수의 감정이 소진되고 이재와 이기의 마음인 영악이 자리를 잡고 있다는 뜻이다.

우리 청소년들은 너무 일찍 철이 들면 안 된다. 그것은 미래에 대한 이상과 꿈을 크고 아름답게 피우기 위함이다. 그런 소중한 시간을 일찍 빼앗긴다는 것은 절대 바람직하지 않다. 철은 청소년을 마무리하고 청년이 될 때 들어도 늦지 않다. 그런데 우리 부모들은 중학교 때부터 빨리 철들기를 요구한다. 그러다 보니 우리 청소년들은 철부지의 순수성을 오래 지니지 못한 채 서둘러 어른이 되어 간다. 조금 불안하고 어리석어 보여도 청소년기에는 괜찮다. 너무 약아빠지고, 영악스럽고, 계산적이고, 이성적인 모습은 순수한 청소년의 모습이 아니다.

이 말을 듣기 좋은 다른 말로 표현하면 '똑똑하다' 또는 '어른 같다'와 같은 말이다. 이는 일부 어른들의 매우 잘못된 표현방식이다. 청소년은 청소년의 모습으로 보이고 또 그렇게 보는 시각이 정확한 것이라고 할 수 있다.

그런 점에서 어른 중에 가장 순수의 어린아이를 닮은 어른은 천상병 시인이 그 대표 격이다. 그래서인지 그의 시에서도 청소년의 순진무구함이 진하게 묻어 있다. 이 작품에서 똑똑함 같은 요소는 단 1%도 보이지 않는다.

난 어린애가 좋다

천상병

우리 부부에게는 어린이가 없다
그렇게도 소중한
어린이가 하나도 없다
그래서 난
동네 어린이들을 좋아하고
사랑한다.
요놈! 요놈 하면서

내가 부르면

어린이들은

환갑 나이의 날 보고

요놈! 요놈 한다.

어린이들은

보면 볼수록 좋다

잘 커서 큰일 해다오!

천상병 시인의 어린이 사랑은 대단했다. 그는 어른으로 살기보다 어린이로 살기를 좋아한 순수의 영혼을 가진 시인이다. 그것은 그의 정신세계가 순수했기 때문이다. 그래서 어린이를 좋아하고, 또 어린이들도 어린이 같은 어른을 따랐을 것이다. 그는 '한국 문단의 마지막 순수시인'으로 회자 되고 있다. 순진무구하기 이를 데 없는 그는 어른이면서 끝내 어른이기를 거부하고 어린이의 순수성을 간직한 채 순수로 살다가 귀천했다.

그는 자신의 시〈귀천〉과 같이 죽음과 피안, 인생의 비통한 현실 등을 간결하게 압축한 시를 썼다. 그의 시는 동심에 가까운 순진성과 티 없이 맑고 깨끗한 서정으로 가난·죽음·고독 등을 일상적이고 소박하며 순수한 말로 표현한 것이 특징이다. 천상병의 시는 티 없이 맑고 깨끗한 서정이 바탕이다. 자연의 아름다움과 인간의 순수성을 되비쳐 보여 주고 있나. 동심에 가까운 이러한 순진성은 가난과 죽음, 고독 등 세상사의 온갖 번거로움을 걸러낸 허공처럼 맑고 맑은 투명한 영혼이라 아니 할 수 없다.

자신의 미래에 꿈과 이상을 키우는 것은 필수

청소년들이 자신의 미래에 꿈과 이상을 키워가는 것은 필수 덕목이다. 그러나 꿈은 순수한 마음에서 피어나는 꽃이며 향기이다. 이 꽃은 청소년기에 피워야 더욱 아름답고 향기롭기 때문이다. 그렇게 아름답고 향기로운 꽃은 여러분들의 순수한 마음 밭에서 뿌리내리고 싹튼다. 그때 독창적인 상상력과 창의성으로 각각의 모습과 빛깔로 꽃을 피우게 된다.

그래서 청소년기에는 반드시 사색하는 시간이 필요하다. 친구들과 어울려 왁자지껄 재미있게 보내는 시간도 중요하지만, 그보다는 사색의 시간이 더욱 필요하다. 사색은 자기 자신만의 내면세계에 그 누구의 간섭도 없이 몰입하는 시간이다. 그시간은 자신을 더욱 아름답게 성숙시키고 발전시켜 나가는 소중한 시간이다.

프랑스의 철학자 파스칼(Blaise Pascal)은 "인간은 생각하기 위해서 살고 있다. 그러므로 인간은 한시도 생각하지 않고는 있을 수 없다."라고 사색에 대해 말했다. 또 창조적 진화론을 주장한 프랑스의 철학자 앙리-루이 베르그송(Henri-Louis

Bergson)은 "사색하는 사람으로서 행동하고, 행동하는 사람으로서 사색하지 않으면 안 된다."라고 하였다. 독일의 신학자이면서 철학자인 알베르트 슈바이처(Albert Schweitzer)는 《나의 生涯와 思想》에서 "사색을 포기한다는 것은 정신적인 파산 선고를 의미하는 것이다. 인간은 사색을 통하여 진리를 인식할 수 있다는 신념이 지양될 때 회의(懷疑)가 시작된다."라고 했다.

이처럼 청소년기 사색과 회의의 시간은 매우 값지고 소중한 시간이다. 사색은 더할 나위 없이 자기와의 진지한 대면이다. 자기와의 대면에서 순수성을 배제하는 것은 마치 타인과 나누는 낯선 대화나 마찬가지다. 이제 여러분들은 얼마 남지 않은 청소년의 소중한 시간을 좀 더 아끼고 보람있게 보내야 한다.

세상의 그 중심에 우뚝 서기 위해선 청소년다움의 모습으로 원대한 꿈과 상상력으로 창조의 시간을 보내야 한다. 급변하는 21세기 미래의 주역으로 성장할 큰 꿈을 가슴에 품어야 한다.

성장을 위한
희로애락(喜怒哀樂)의 감정조절

풍부한 감성을 소유하라

청소년들의 감정은 매우 변화무쌍하다. 그것은 내면에서 작용하는 감성(sensibility)이 풍부하기 때문이다. 하지만 그런 마음의 현상과 작용은 매우 긍정적인 심리적 상태의 감성 에너지이다. 감성이 풍부하지 못할 때를 우린 건조한 감정이라고 한다. 건조한 감정은 슬픈 것을 보고도 슬퍼하지 않고, 기쁜 것을 보고서도 기뻐하지 않는 메마른 감성이다. 또 불의를 보고도 분노하지 않고, 정의를 보고서도 손뼉 치지 않는 무미건조하고 시든 감정이다.

특히 청소년들은 오감(五感) 중에서도 시각과 청각을 통해 접하는 감각들은 모든 것이 늘 새로운 느낌이다. 새롭기에 또한 호기심이나 동경도 크다. 따라서 활발한 감성과 감각기관을 자극하게 되고 이러한 작용과 느낌들은 새로운 상상력으로 미래를 꿈꾸기도 한다.

현대 과학적 차원에서 사람의 감정을 설명한다면 인체의 여러 감각기관을 통해 자극이 일어나고 일어난 자극이 뇌에 도착하면 뇌는 매우 치밀하고 정교한 신경조직의 메커니즘을 통해 상황에 따라 감정(喜怒哀樂)을 구별하여 그 정도에 따라 알맞은 화학적 전달물질을 심신경계로 송출시켜 반응하게 된다. 이것이 우리가 말하는 희로애락의 발현이다.

하지만 풍부한 감성을 갖되 적절한 감정조절이 필요하다. 주체할 수 없이 솟구치는 감정의 에너지를 조절하지 못하고 무분별하게 발산할 때 자칫 감정에 불균형을 초래하여 감정 기복이 심하고 조절에 중심을 잃을 수 있다.

우리가 밥을 먹을 때, 먹음의 행위에서만 맛을 느끼는 것은 아니다. 5감(五感)의 감각기능을 통해 더욱 맛을 극대화할 수 있다. 또 살아감에 맛(살맛)도 마찬가지이다. 이런 맛 즉 살맛과 기분을 느끼는 것이 감정 변화의 작용이다. 따라서 살아감에 희로애락의 다양한 변화를 겪게 된다.

희로애락은 기쁨, 성냄, 슬픔, 즐거움의 감정이다. 이런 감정이 심(心)의 작용과 현상을 이루고 있는 과정을 중용에서는 중화(中和)라 한다. 이것은 사람의 마음에 대한 작용이나 현상뿐만이 아니라 모든 생명과 사물의 본질적 현상과 작용까지도 포함하여 아우르는 개념이다. 또한, 중용에서는 사람의 감정에 대하여 다음과 같이 정의하고 있다.

중용 제1장의 말씀에 '희로애락지미발(喜怒哀樂之未發) 위지중(謂之中)'이란 말씀이 나온다. 이는 '인간이 느끼는 여러 가지 감정들이 발현되지 않아 채 느끼지 않는 것으로서 그것을 중(中=중심 또는 0)이라 한다.'라는 말씀이다. 다음은 '발이개중절(發而皆中節) 위지화(謂之和)'이다. 이는 '여러 가지 감정들이 발현되어 절도와 상황에 맞게 느낄 수 있는 감정을 화(和)라 한다.'라는 말씀이다.

희로애락이 발현되지 않은 고요의 상태를 중정(中靜)이라 하고, 발현되어 절도(節度)에 맞게 작용하는 현상을 중화(中和)라 한다. 중(中)은 마음속에 있는 희로애락의 정이 발현되지 않았을 때로서 어디에 치우치거나 기대지도 않은 불편불의의 안정된 심리적 상태이다. 또한, 희로애락의 정이 심의 작용으로 나타나 외재 사물에 영향을 미쳤을 때 딱 들어맞아 과불급이 없는 중절(中節)의 상태이다.

앞에 중정은 중심(中心=가운데 마음)의 중이고, 뒤의 중절은 적중(的中=꼭 맞는 것)의 중이다. 또한 화(和)는 희로애락의 정이 심의 작용으로 나타나 외부에 존재하는 사물에 영향을 미쳤을 때를 화라 한다. 즉, 수면에 뜨거운 기운(熱氣)·찬 기운(冷氣)·건조한 기운(燥氣)·습한 기운(濕氣)이 상호작용하면 수면에 물결이 일어나거나, 동결되거나, 증발하는 등에 변화가 생기게 되는 것과 같다.

중화는 일종에 자기조절 기능처럼 형평의 원리로써 균형과 조화를 이루는 현상을 포괄하는 의미이다. 다시 말해 사람의 감정은 희로애락의 감정 상태가 합리적으로 조절되고 변화하는 현상이다. 이는 사물이나 어떤 현상이 가장 안정된 위치를 찾아 움직이는 본성에 원리이다. 그런 점에서 중화의 작용은 희로애락의 감정조절 기능이라고 할 수 있다.

인간의 뇌는 화학 공장의 컨트롤 타워

인간의 뇌는 많은 화학물질을 가지고 희로애락의 감정에 맞는 심리적 작용과 현상을 정교하게 통제하고 있는 관제탑이다. 이렇게 뇌는 인간의 감정을 조절하는 '화학 공장의 시스템'이나 다름없다. 이것은 인지 감각을 통해서 행동을 조절하고 나아가서는 일상의 삶에서 기쁨과 행복감을 느끼기 위한 작용이다.

남녀가 사랑에 빠져 얼굴이 화끈 달아오르고 가슴이 벌렁벌렁할 때 나타나는 신체적 반응은 '아드레날린'이 인체 내의 신경전달물질에 의해 분비되고 그 물질이 화학적 작용으로 반응히여 나타나는 현상이다. 시각적 효과에 의해 환상적 감정으로 황홀한 기분에 빠져드는 것은 체내 '페닐에틸아민'의 농도가 높이 올라가기 때문이다. 또 연인 사이 손끝이 스치거나 접

촉이 이루어질 때 찌릿한 전율이 느껴지는 감정은 애무 호르몬이라는 '옥시토신'이 방출되기 때문이다.

화학물질이 실제 인류의 문명사에서 많은 불편과 불균형적 문제들을 해결해 왔다. 그런데 우린 화학에 접근하기 두려워하고 겁을 낸다. 사실 화학이 해결사로 이룩한 성과는 엄청나다. 다시 말해서 화학이 없었으면 현대사회에서는 그 어떤 산업도 발전시킬 수가 없었다. 그런데 우린 화학의 부정적인 선입견 때문에 반드시 알아야 할 긍정적인 면을 보지 못하고 있다.

이런 화학을 사상적 학문의 측면에서 보면 화학은 중도적 성향이라고 이해해야 한다. 이러한 중도주의 성향이 어떠한 물리적 환경에 의해서 중심을 잃으면 좌우의 가치가 매우 위험하게 된다. 그래서 화학의 중도적 본성과 성향이 잘 지켜지도록 관리할 필요가 있다. 또 화학은 독선주의가 아니라 항상 공존을 추구하는 공동체적 콜레보레이션(collaboration)[1]을 중시한다.

그러나 오늘날에는 인간의 삶을 향상하고, 삶의 질을 개선하고 높이기 위해 '해피드러그(happy drug)'라는 이름표를 달고 과학의 힘으로 태어난 '화학물질'들이 너무 많다. 이른바 이런 물질들은 향정신성 신경계 작용을 돕기 위한 약들이다. 이런 것이 오늘날 현대인들이 행복감을 느끼게 하는 감정조절 보조제 역할을 하는 물질로 사용되고 있다. 이것들이 없으면

이 시대를 사는 현대인들은 행복한 감정에 대리만족을 맛볼 수가 없다. 이것들을 통해서 행복을 사지 않으면 절대 행복을 담보 받지 못하는 과학 문명의 시대를 살고 있다.

그러나 아쉽게도 돈을 주고 사들인 이것들에 '행복의 유효기간'은 매우 짧다. 그 때문에 그것을 지속시키기 위해서는 계속해서 재화의 가치를 내고 행복을 사들여야만 한다. 그러나 재화의 힘으로 사들인 행복의 감정엔 생기도 없고, 향기도 없다. 따라서 쾌락의 감정만 있는 것은 영혼이 없는 죽은 감성이다. 즉, 생기와 향기가 없는 무표정한 조화(造花)와 같다.

감정 표현에는 언어를 통해서 나온다. 하지만 그보다는 먼저 표정에서 어떤 마음의 상태인지 감정이 나타난다. 국제전기전자공학회(IEEE)의 연구에 따르면 이론상 인간의 감정은 1만 6384개라고 한다. 하지만 과학적으로 인간의 이러한 감정 표현을 행복, 슬픔, 혐오, 놀람, 분노, 공포 등으로 구분하여 연구한 바 있다.

미국 오하이오대학 연구에 의하면 일반적으로 통용되는 핵심적 표정은 압축된 35개라고 한다. 그중 8개의 특수한 표정을 빼면 남는 27개의 표정이 인간의 감정을 나타내는 표정이라고 했다. 이 연구에서 흥미로운 건 35개 가운데 17개의 행복 표정이 다른 감정에 비해 유독 많은 것으로 니디났다. 행복은 환호, 기쁨, 만족 등 다양한 형태로 표출될 수 있다.

반면 얼굴에 혐오는 1개, 공포는 3개, 놀람은 4개, 슬픔은 5

개, 분노는 5개로 표정의 결과가 나타났다. 이 연구에서 인간의 행복감을 드러내는 방식이 다른 감정 표정보다 훨씬 복잡함을 알 수 있다. 이처럼 행복은 나만의 행복이 아니라 사회적유대감으로 작용하며 매우 복잡하고 미묘한 감정을 표현하는다양한 표정들이 있다. 감정 표정은 이처럼 아무리 감추려 해도 어떤 식으로든지 겉으로 드러난다. 그 때문에 이런 희로애락의 표정과 감정조절은 나를 더 크게 성장시키는 필수의 조건이다.

마음껏 흔들리고, 마음껏 울어보라

길을 걷다 주변에서 별것 아닌 작은 일에도 "까르르"하고 웃는 우리 청소년들을 보면 나도 절로 웃음이 나온다. 또 별것아닌 일에도 갑자기 눈시울과 얼굴을 붉히고 "훌쩍훌쩍" 우는청소년들을 보면 왠지 짠하다. 그러나 그것은 매우 정상적인감정 표현이다. 또한, 웃음이나, 울음은 살아 있음의 증거다.

인간의 삶에서 살아 있음은 생기를 유지하는 풋풋한 감정이다. 생기를 우리 체내에 불어넣는 것은 희로애락(기쁨, 분노,슬픔, 즐거움)의 중화된 감정이다. 하지만 이런 희로애락의 감정이 흔들리지 않고는 체내로 제대로 유입될 수가 없다. 그것은 비바람에 흔들리면서 크는 나무와 같다. 그럴 때 생기발랄한 그 생명력을 지속하고 정신적 욕구와 행복을 실현하게 된다.

도종환 시인은 그의 시 '흔들리며 피는 꽃'이란 작품에서 흔들리는 시인의 감정을 통해 행복의 꽃을 피우고 있다.

흔들리지 않고 피는 꽃이 어디 있으랴

이 세상 그 어떤 아름다운 꽃들도

다 흔들리며 피었나니

흔들리면서 줄기를 곧게 세웠나니

흔들리지 않고 가는 사랑이 어디 있으랴

젖지 않고 피는 꽃이 어디 있으랴

이 세상 그 어떤 빛나는 꽃들도

다 젖으며 젖으며 피었나니

바람과 비에 젖으며 꽃잎 따뜻하게 피웠나니

젖지 않고 가는 삶이 어디 있으랴

서정주 시인의 '국화 옆에서'란 작품을 한번 보자.

한 송이의 국화꽃을 피우기 위해

봄부터 소쩍새는

그렇게 울었나 보다

한 송이의 국화꽃을 피우기 위해

천둥은 먹구름 속에서

또 그렇게 울었나 보다

그립고 아쉬움에 가슴 조이던

머언 먼 젊음의 뒤안길에서 인제는 돌아와

거울 앞에 선 내 누님같이 생긴 꽃이여

노오란 네 꽃잎이 피려고

간밤엔 무서리가 저리 내리고

네게는 잠도 오지 않았나 보다

위의 시, 두 작품에서 보았듯이 '꽃'은 비바람 맞으며, 마구 흔들리며 피었다. 그뿐이랴. 오랜 시간 소쩍새의 울음소리와 천둥의 울음소리까지도 한 송이의 국화꽃을 피우기 위해 울고 울고 또 울고를 반복하고 있다. 오랜 고난의 시간 서로 흔들고 흔들리며 한 생을 위해 희망의 꽃을 피우며 살아 있음을 확인하고 있다.

위의 시에서 '꽃'은 자신을 대변하는 화자의 주인공이다. 이 세상 그 어떤 꽃도 비바람 맞지 않고, 흔들리지 않고 핀 꽃은 없다. 나무가 바람에 흔들리지 않고 자라는 것을 상상해 보았는가? 흔들림이 없는 나무는 튼실하게 자랄 수도 없고, 오래

오래 살 수도 없다. 흔들림은 생기를 만들고 에너지를 생성케 하는 동사적 생명 성이다. 비로소 흔들림이 있어야 나무도, 사람도 '희로애락'의 감정을 체내에 불어넣어 생기발랄한 생육을 튼실하게 지속할 수가 있다.

흔들리지 않는 나무는 '죽은 삶'이다

나무는 바람이 흔들어 줄 때 비로소 존재와 살아 있음을 확인한다. 살아 있음에 춤을 추게 된다. 죽은 나뭇가지는 흔들림이 없다. 나무의 삶을 죽지 않고 키워주는 것은 땅속의 물과 자양분만이 아니다. 바람의 헌신적인 노력과 봉사의 정신 때문에 가능하다. 바람은 구름을 몰고 와 때맞춰 비도 내려준다. 흔들리지 않으면 영원히 잠들까 봐 잠시도 쉬지 않고 나무를 흔들어 깨워 세우고, 살아 있음을 확인하고 또 확인하고를 반복하며 잠들지 않도록 깨워준다.

인간의 삶에도 희로애락과 같은 흔들림이 없었으면 무슨 맛으로 세상을 살아갈까? 희로애락이 없는 가운데 희망이 있을까? 기쁨으로 노여움을 삭히고, 즐거움으로 슬픔을 잊고 산다. 어떠한 절망에서도 굴하지 않고 희망을 꿈꾸며 생기발랄하게 풀잎처럼 흔들리며 다시 일어서는 것이 인간의 삶이다. 비바람 맞으며 자란 대나무가 튼실한 마디마디를 짓고 꿈과 이상으로 하늘 높이 자란다.

인간들이 물질 만능의 힘으로 사들인 행복이 계속해서 행복한 상태만 유지하고 있다면 우리에겐 흔들리고 싶은 시간도, 희로애락을 느낄 감정의 시간도 없다. 오로지 행복만 있어 눈물도 없다. 눈물이 없는 감정은 건조해서 윤기가 없다. 메마르고, 건조해서 결국은 깨지고, 찢기고, 산산이 부서져 허공에 날리고 만다. 따라서 결코 아름다운 꽃을 피울 수가 없다. 꽃을 피우지 못하니 향기 또한, 품을 수가 없다.

우린 우리의 삶에 역경과 노여움이 있었던 것만큼 극복과 위로의 기쁨을 간직할 수 있다. 우리에겐 슬픔과 괴로움이 있었던 것만큼 즐거움도 있어야 한다. 슬픔 속에만 빠져 있어서도 안 된다. 또한, 기쁨 속에만 빠져 있어도 안 된다. 그것은 희로애락의 불균형으로 생기발랄한 감정을 유지할 수가 없다. 이처럼 인간의 감성은 희로애락의 흔들림 속에서 싹트고 피어나는 아름답고 향기로운 꽃이다.

이제 청소년 그대들은 흔들림 속에서도 중심을 잡고 흔들림을 즐겨야 한다. 거친 문명의 파고 속에서도 중심을 잡고 흔들리면서 파도타기를 하듯이 즐겨야 한다. 그렇게 될 때 우리의 뇌는 아드레날린이 작용하고, 페닐에틸아민의 농도가 높아지고, 폭포수 같은 옥시토신이 체내에 마구 쏟아져 돈을 주고 행복을 사지 않아도 우리는 행복해질 수가 있다.

이처럼 감성이 풍부한 우리 청소년들에게 찾아오는 희로애락과 그것에 대한 감정조절은 미래로의 성장을 위한 성숙한 마음가짐이다. 그대들에게 불어오는 희로애락의 비바람은 그대들의 삶을 위한 희망으로 이끄는 조련사이다. 그 고난의 바람 앞에서 어찌 흔들리지 않을 수 있으랴. 정열과 청춘에 그대들은 흔들려도 괜찮다. 마음껏 흔들리고 마음껏 울어보라. 그리고 그 바람 앞에서 더욱 강해진 자신을 발견하라.

그것이 이 세상에 태어난 의미이고 보람이다. 그것이 진정으로 느낄 수 있는 살맛과 밥맛의 행복이다. 그것을 느끼게 하는 것이 21세기 미래의 삶을 지켜낼 인문정신의 향기가 아닐까?

고독의 시간을 두려워 말라

청소년들이여! 고독한가?

청소년들이여! 지금 고독한가? 그렇다면 그 고독의 시간과 맞서라. 그리고 용기를 갖고 두려워 말라. 혼자 있는 시간이 외로운가, 사랑이 그리운가, 혼자 있다고 해서 눈물이 나는가, 누가 그대들을 따돌렸는가, 누가 그대들을 미워했는가, 아니면 슬프게 했는가, 그게 아니면 친구가 떠나고 없는가?

만일 그렇다면 그냥 혼자 있어라! 잠시 잠깐 혼자 있다고 해서 하늘이 무너지고 땅이 꺼질 일이 아니라면 말이다. 사람은 혼자 있을 때가 아니면 할 수 없는 일이 있다. 그 일을 하라. 자기만의 일이다. 타인이 전혀 개입되지 않은 시간, 깊은 사색이 필요한 시간, 뭔가 정리가 필요한 시간, 그리고 뭔가 일이 잘 안 풀려서 몹시 우울한 시간, 그래서 펑펑 울고 싶은 시간 그런 시간이 두렵다. 그러나 살다 보면 누구에게나 그런 날은 있다. 그럴 때는 두려워도 혼자 있어야 한다.

엄마와 아빠 그리고 그 누구도 간섭이 필요 없다. 그리고 자신과 일대일로 대화를 하는 시간이 필요하다. 치열하게 따져 볼 일이 있으면 밤새워 따져보는 것도 좋다. 울고 싶으면 펑펑 마음 놓고 울어도 된다. 이런 시간에는 아무리 절친한 친구가 있더라도 나를 위해 친구가 할 일은 별로 없다. 섣부르게 위로 하느니 차라리 가만 혼자 있게 놔두는 것이 도와주는 거다. 그런 시간엔 부모라고 해서 간섭할 일이 아니다. 그냥 제 의지대로 일어설 수 있도록 지켜보는 것이 제일 좋은 방법이다. 그러면 그것이 곧 위로이고, 격려이고, 돕는 거다.

그렇다고 문제가 해결된 것은 아니다. 어차피 위로는 위로일 뿐이고, 격려는 격려일 뿐이다. 즉 자기 자신의 문제에 있어서 자신이 해결할 일이라면 일대일 대화가 필요한 시간이다. 그 시간은 다시 되돌아오지 않는 귀중하고 값진 시간이다. 그러니까 치열하게 따져서 자신을 설득하든가, 아니면 자신을 승복시키든가 둘 중 하나를 선택해야 한다. 하지만 나를 설득하는 일도, 나를 승복시키는 일도 쉽지 않다. 그래서 자신과 맞설 용기가 필요하다.

그래도 속이 풀리지 않으면 이를 악물고 참을 일이 아니라 소리 내어 펑펑 울어도 볼 일이다. 그러고 나면 한결 마음이 가벼워질 수도 있다. 그렇게 잠시 소용돌이치던 시간이 흐르고 나면 문제에 대한 해답이 눈에 선연하게 보일 수도 있다. 그렇게만 될 수 있다면 그것은 오히려 전화위복의 기회가 될 수 있다.

고독, 너희가 고독을 아느냐?

고독, 절대 고독의 경지가 몸에 밴 천재 예술가 레오나르도 다빈치를 청소년 여러분은 기억할 것이다. 레오나르도 다빈치의 생애를 되짚어 보면 타고난 천재성과 예술가적 열정이 반드시 삶 전체를 지배하는 것이 아님을 알게 된다. 또한, 행복이라고 하는 지극히 개인적이고 주관적인 관념도 재능과 열정이고는 별로 관련 있어 보이지 않는다.

다빈치가 예순 살에 그린 〈자화상〉[1]은 깊은 사색에 잠겨 있는 한 노인의 강렬한 눈빛이 인상적인 소묘 작품이다. 그림 속 화가는 이미 자신의 탁월한 재능을 세상에 펼쳐 보였지만 성취감이나 희열과는 거리가 먼 표정을 하고 있다. 그림 속 깊게 파인 주름은, 삶이란 밖으로 보이는 성취가 아니라 내면에 침잠된 깨달음의 경지를 터득할 때 비로소 빛을 발한다는 메시지를 전하는 듯 그런 표정이다.

깨달음의 경지란? 곧 절대 고독의 경지와 크게 다르지 않다. 나이가 들수록 다빈치의 관심사는 외부의 현상과 사물이 아닌 고요하게 흐르는 내면의 세계였다. 다빈치는 비범한 화가였을 뿐 아니라 조각가, 시인, 음악가, 건축가였다. 그는 예술을 포함한 폭넓은 분야에서 뛰어난 업적을 남겼다. 그 때문에 다빈치가 성공한 과학자가 되지 못한 이유이기도 하다.

그러나 다빈치의 강한 호기심이란 인류에게 새로운 지식을 알리고자 하는 동기를 부여했다. 호기심은 인간의 가장 위대한 본성 가운데 하나이다. 그는 스스로 이렇게 적고 있다. "나는 배고픔이나 게으름으로 방해를 받은 적이 없다. 유일하게 나를 방해하는 것은 부족한 시간이다."라고 말을 했다. 이는 절대 고독의 다빈치도 더더욱 고독하지 못했음을 매우 아쉬워한 대목이다.

다음은 이해인 시인의 <고독을 위한 의자>를 보자.

고독을 위한 의자

홀로 있는 시간은
쓸쓸하지만 아름다운
호수가 된다.
바쁘다고 밀쳐두었던 나 속의 나를
조용히 들여다볼 수 있으므로,
여럿 속에 있을 땐
미처 되세기지 못했던

삶의 깊이와 무게를

고독 속에 헤아려볼 수 있으므로

내가 해야 할 일

안 해야 할 일 분별하며

내밀한 양심의 소리에

더 깊이 귀기 우릴 수 있으므로,

그래

혼자 있는 시간이야말로

내가 나를 돌보는 시간

여럿 속의 삶을

더 잘 살아내기 위해

고독 속에

나를 길들이는 시간이다.

　이 작품의 주제는 '고독'이다. 그리고 고독한 시간이 주는 성찰의 시간을 탐미하고 있다. 이 작품의 특징 또한 차분한 독백이다. 내면의 사유와 성찰을 통해 자아를 발견하고 위로와 격려를 통해 자신을 길들이는 시간이다. 이 작품의 구성에서 화자의 내면세계 자아를 들여다볼 수 있다. 삶의 의미를 성찰할 수 있음과 양심의 소리를 들을 수 있다. 그러면서 자신을 돌아보고 길들이는 시간은 변화된 환경과 숙성의 시간 속으로의 여행을 만족해하고 있다는 생각이 든다.

이렇게 자신에게 소중한 모든 것들을 냉정하고 정확하게 투영해 볼 수 있는 것은 오직 고독의 용기와 시간이 아니면 불가능하다. 그렇게 힘든 고독과 맞서 싸울 용기가 필요하다. 용기를 잡아 세워야 한다. 그렇게 할 수 있다면 '고독의 시간'이 나에게 있다는 것은 참으로 소중하고 다행한 일이다.

그대는 과연 고뇌하고 있는가?

절대 고독의 시간을 통해서 자기의 관심사를 들여다보고 탐구하는 자세야말로 자기 자신을 성장시키기 위한 매우 귀중한 성찰의 시간이다. 자기의 내면을 들여다보는 것은 몰랐던 자기 자신을 이해하고 새롭게 알아감이다. 이런 일련의 상황들은 본인 스스로가 아니면 부모도, 가족도, 친구도 모두 불가능하다.

이 작품의 이해와 감상[2])에서 고독이 주는 의미를 보면 화자의 진지한 성찰이 돋보이는 작품이다. 이처럼 고독한 시간은 누구에게나 자신의 내면을 들여다보게 한다. 삶의 깊이와 무게를 헤아리게 한다. 해야 할 일과 안 해야 할 일을 분별하게 해 주는 성찰의 시간이라는 것을 알게 한다.

그 때문에 시인은 이 시간이 호수와 같이 고요히고 쓸쓸하지만 아름다운 시간이라고 영혼을 노래하며 위로하고 있다. 이 작품에서 화자가 고독의 시간을 부정에서 긍정으로 규정할 수 있는 이유는 진정한 자신과 대면에서 자신을 돌아보고 길들임으로써 궁극적으로는 '여럿, 속의 삶을 더 잘 살아 낼 수 있는 꿈과 희망의 힘'이 되기 때문이다. 그렇다면 고독과 맞설 용기가 있어야 한다.

이런 긍정의 힘은 고독한 청춘들에게 뜨거운 열정과 에너지를 새롭게 재생시켜 줄 것이다. 따라서 고독의 시간이 '외롭고 쓸쓸하다'라는 부정적인 감정을 품고 있는 것은 잘못된 인식과 판단이다. 오히려 이처럼 고통과 인내의 숙성 시간을 거쳐 삶의 참가치와 맛을 새롭게 알게 함으로써 누구에게나 자신을 다스릴 수 있는 성숙과 성장의 시간이 될 것이다.

그렇게 처절하게 싸워 이긴 고독의 시간은 자신의 삶에서 혹은 사회생활에서의 갈등을 해결하고 극복해 주는 강한 힘을 키워준다. 원만한 사회적 활동과 긍정적인 에너지로 발현되어 더욱 삶을 빛날 수 있게 할 것이란 생각이다.

우리에게 많은 깨달음을 일깨우고 열반하신 법정 스님의 명상에세이 『혼자 걸어라』에서 하신 말씀이다.

완벽하지 않은 고독은 고독이 아니다.
홀로 있음을 연습하라.
홀로 외로이 느끼는 고독 속으로 뛰어들라.
철저히 혼자가 되어 그 고독과 벗이 되어 걸으라.

그대는 고독의 시간을 겁내고 있는가?

이렇게 위대한 각자(覺者)들은 고독의 시간을 두려워하지 않았다. 그런데 어이하여 미래세대의 청춘들은 그 고독의 시간을 겁내고 있는가? 꿈 많은 청소년이여! 지금 우리에게 잠시 머물러 있는 고독의 시간은 우리에게 소중한 자유를 부여하는 값진 시간이다. 그 짧은 고독의 시간 속에 최대의 값진 시간이 되도록 뜨거운 가슴으로 치열하게 깊이 품어라.

그 속에 열정과 낭만, 짜릿한 환희와 고독이 있다. 그리고 그 고독 뒤에 오는 깊은 사색은 삶의 본질을 통찰하는 희열이다. 우리에겐 환희의 시간보다 고독의 시간이 더욱 절실하다. 환희는 잠시 잠깐의 기쁨으로 끝나지만 내면 깊숙한 성찰의 오묘한 기쁨은 없다. 그래서 우린 고독이 내게서 더 빨리 떠나지 않도록 그 고독에 솔직한 대화의 문을 열어라. 은밀함 속에서 진실함을 보여 절친에 벗으로 삼아야 한다. 그대들이여! 왁자지껄 떠들면서 울고 웃는 열 명의 친구들보다 한 시간이 내겐 더 유익한 시간임을 알자.

그런데 현대사회의 우리는 과거와 달리 매우 조밀한 환경과 밀접한 인간관계에 있다. 상호 협력과 이해 속에서 그 조직체의 구성원으로서 하루하루를 살고 있디. 마치 타인이라는 톱니바퀴와 나라는 톱니바퀴가 맞물려서 돌아가는 시간에 함께 묶여서 자유가 없이 돌아가고 있다. 좀처럼 혼자 이고 싶어도 혼자될 수 없는 환경이다. 이 얼마나 답답하고 슬픈 현실인가?

하지만 나에게 혼자 있을 수 있는 시간이 잠시라도 주어진다면 그것은 참으로 고맙고 값진 시간이다. 혼자 있는 시간은 나를 점검하는 절호의 기회이다. 이것은 내가 무한히 누릴 수 있는 시간이 아니라 지극히 제한된 기회의 시간이다. 그 시간에는 4대 성인도 만날 수 있고, 미지의 여행도 할 수 있다. 혼자만의 꿈을 꿀 수 있는 황금 같은 시간이다. 내가 좀 더 사람다움으로 진일보할 수 있는 시간이다.

필자가 유년 시절 누군가에게 나를 소개할 때 취미나 특기를 물으면 난 '사색'이라고 답하던 시절이 있었다. 그러면 "그게 무슨 취미냐"고 반문했다. 요즘은 촌스럽게 생각할 수 있지만, 그땐 취미로 인정해주던 때기도 했다. 이제 청소년 여러분들도 공부에만 심취하지 말고 사색의 취미를 가져보라고 권하고 싶다.

사색은 일상의 삶에서
고민과 생각의 갈증을 풀어주는 청량한 샘물

사색은 고독이라는 깊은 우물에서 송골송골 솟아나는 맑고, 고요하고, 청량한 샘물이다. 그 사유의 샘물은 일상의 번민과 고민 그리고 고단함에서 생겨난 갈증들을 조금씩 조금씩 해소

해주는 영혼의 청량제와 같다. 마치 복잡하게 얽혀있어 머리가 지끈거리던 문제들을 한 올, 한 올 매듭을 풀어 정리해주는 사유의 실마리이다.

이러한 문제들은 고독의 시간이 아니면 답을 구하고 해결하기가 쉽지 않다. 그렇다면 사색이나 고독은 청춘의 봄날에 많은 꿈과 이상을 아름답게 꽃피우게 하려는 고요의 절대 시간이다. 그 시간이 장차 우리의 희망과 행복을 잉태하고 세상의 넓은 바다에서 헤엄치도록 하는 조련의 시간이 아닐까?

그대는 치열한 경쟁에서 잠시라도 밀릴까 봐 전속력으로 내어 달리던 시간 속에서 속도에 무감각해지거나 일정한 삶의 궤도를 이탈했을 수도 있다. 그런데 함께 달리다 보면 얼마나 이탈했는지, 얼마나 위험한 속도로 과속을 하고 있었는지 정작 자신은 잘 모른다. 하지만 혼자 있다는 것은 경쟁의 대열에서 잠깐의 이탈이다. 하지만 이탈해 봐야 대열에 모습을 볼 수가 있다. 잠시 멈춰봐야 얼마나 위험한 속도로 자신이 달려가고 있었는지. 또는 얼마나 본 궤도를 이탈했는지? 선명하게 볼 수가 있다. 또 무슨 잘못과 시행착오가 있었는지도 깨닫게 된다.

청소년들이여!

만일 그대들에게 고독의 시간이 오면 주저하지 말고 용기를 내어 잡으라. 그 사색의 샘물로 미래의 고뇌에 대한 갈증을 마음껏 풀어라. 고독과 사색의 늪에 빠져 느긋한 유영을 즐거라.

그리고 그 속에 물만 있는 것이 아니라 또 다른 무수한 생명이 함께 공존하고 있음도 자각하라. 그러면 새로운 꿈과 희망이 높게 솟구치리라.

인생의 목표는 빨리 목적지에 도달하는 것이 궁극의 목표가 아니다. 좀 느리더라도 진정한 삶의 가치와 행복이 무엇인지 깨닫고 만들어가는 과정이란 것을 아는 것이 더욱더 그대들에게 중요한 문제이기 때문이다.

청소년의 미래, 어떻게 준비할까?

그대들이 꿈꾸는 미래는 어떤 세상인가?

지금은 컴퓨터와 로봇산업의 대혁명 시대이다. 이런 문명의 이기들이 세상을 통째로 바꾸어가고 있다. 이른바 4차 산업혁명이 빠르게 진행 중이다. 이미 문명의 신이 창조한 인공지능 알파고가 바둑계의 최고수 이세돌 9단을 무너트리고 인간의 영역과 세상을 이미 AI(인공지능)가 점령하고 지배하기 시작했다.

인류사상 이러한 초유에 사건이 놀랍다기보다는 두렵고 무섭다는 생각이다. 앞으로 모든 분야에서 기술융합화 (technology fusion)[1]가 일어나고 있고, 무인 자동차신업을 비롯한 컴퓨터와 로봇에 인공지능(artificial intelligence)이 탑재되면 인류의 분명은 어떤 일이 벌어질지 모르는 세상이다. 그래서 천재 물리학자 스티븐 호킹은 "인류는 AI를 통제하지 못하고 오히려 의존하게 될 수 있다."라고 말했고 또 "100년 안에 인류가 인공지능을 갖춘 기계에 종속되고, 결국 멸망에 이를 것"이라고 경고하면서 앞으로 인류에게 닥칠 재앙 같은 어두운 미래를 전망했다.

이런 상황에서 오늘에 우리 청소년들은 장차 어떤 인류의 미래를 꿈꾸고 있는가? 그리고 무엇을 준비하고 있는가? 묻지 않을 수 없다. 그것은 왜냐? 문명의 신들이 창조한 AI 인공지능 컴퓨터와 AI 인공지능 로봇과 함께 공존해야 하기 때문이다. 이때 그들을 지배할 것인가, 아니면 지배를 당할 것인가에 대한 냉철한 판단과 진지한 고민이 따르기 때문이다. 따라서 지금부터 철저한 준비를 해야 한다.

그러니까 꼭 공부를 많이 하고, 좋은 대학을 다니고, 좋은 직장을 다니고, 돈을 많이 벌고, 부자가 되는 것만이 인생의 성공은 아니다. 문제는 어떻게 나의 삶을 통해서 궁극에 목적인 행복추구가 가능한가이다. 이제 미래에는 많은 직종에 일자리를 인공지능 AI 로봇에게 **빼앗길** 것으로 예상한다. 따라서 이미 유망직종과 없어질 직종에 관심이 쏠리고 있다.

청소년의 미래 어떤 세상이어야 하나?

앞으로 창창한 미래를 살아가야 할 세상에 대해 우리 청소년들은 어떤 생각을 하고 어떻게 미래를 준비해야 할까? 결론부터 말하면 궁극의 목표는 행복한 삶이다. 그런 삶을 위해 기성세대인 지금의 부모들은 우리의 자식들이 살아갈 미래를 꿈꾸며 준비하고 있다. 하지만 이 세상 모든 사람의 '행복과 불행'은 어디에서 오는 것일까?

행복과 불행에 대해서 어떤 사람들은 하늘에서 온다고 하고, 어떤 사람들은 자기가 믿는 신에게서 온다고 믿고 있다. 과연 그럴까? 인간의 삶은 모든 자연과 문명의 관계적 '어울림' 속에서 생성되거나 소멸하고 또 유지된다고 보아야 한다.

예컨대 '자연과 인간, 인간과 동물, 동물과 식물, 식물과 인간, 자연과 과학, 과학과 문명, 문명과 신' 등과 같이 모두가 상호 관계적 '어울림'의 구성 요소이다. 이런 관계적 작용과 어울림에 의해서 인간의 삶은 유지 또는 지속성을 갖게 된다. 그러나 이 지구상에 불행만 있는 세상이라면 아마도 그것은 조물주가 만들어 놓은 지옥일 것이고, 행복만 있는 세상이라면 그것은 아마도 신의 천국일 것이란 생각이다.

안병욱(安秉煜) 교수는 김태길·김형석 교수와 더불어 한국의 3대 철학자로 불리는 최고의 지성이다. 필자도 청소년 때에 안병욱 선생의 생활에세이를 읽으면서 사색했던 기억이 생생하다. 그것이 나의 인격체를 완성하는데 큰 밑거름이 되었다는 생각이다.

그에 《사색(思索)의 노트》에서 "행복과 불행은 같은 지붕 밑에 살고 있으며, 번영의 바로 옆방에 파멸이 살고 있고, 성공의 옆방에 실패가 살고 있다."라고 했다. 그 행복과 불행이 함께 존재할 수밖에 없는 우리의 현실임을 알고 그 현실을 떠나지 못하는 이상 우린 그것(행복·불행)을 용기 있게 받아들이고 인정해야 한다. 그리고 함께 균형과 조화를 어떻게 이룰 것인가를 생각하고, 고민해야 한다.

그래서 되도록 내 마음이나, 내 집에서 '불행이'가 외출을 많이 하도록 유도하는 것이 나의 삶에 지혜라 할 수 있다. 그러나 그것이 합리적이고 세상 이치에 어긋나지 않는 방법과 순리이어야 한다. 그렇지 않으면 '행복이'가 집에 남아 있는 것을 '불행이'가 시기하여 절대 동의하지 않을 것이란 생각이다. 혹여 '불행이'가 "난 절대 집 밖으로 나가지 않겠다"라고 오기를 부리면 오히려 손해 보는 것은 '행복이'이다. 결국은 나 자신이 '불행이'의 지배하에 놓이게 될 뿐이다.

이처럼 인간의 삶에서 행복을 소유한다는 것은 그리 쉬운 일이 아니다. 하지만 그렇다고 그런 희망을 미리 포기할 순 없다. 그런 희망의 꿈을 찾아 이루기 위해 우린 복잡하고 알 수 없는 인생의 미로를 향해 헤매고 또 헤매는 것이 아닐까? 그 길을 잘 가기 위해서 미래 사회의 주역이 될 우리의 청소년들은 관계적 '어울림'의 구성원으로서 풍부한 감성과 인문정신으로 무장하여 강한 힘을 키워야 한다.

상생을 위한 상호 규칙과 질서

하지만 문제는 바로 여기에 있다. 나의 행복추구를 위해 나의 풍부한 감성과 인문정신으로 무장하고 체력을 보강해서 비바람 태풍에도 잘 견뎌내는 강인한 힘을 갖는 것을 누가 탓할 수 있으랴. 문제는 반칙이다. 관계적 '어울림' 속에는 상생을 위한 상호 규칙과 질서가 있다. 그 질서와 규칙이 관계의 '어울림'을 지속할 수 있게 한다. 그러나 현실은 그렇지 않다.

그렇게 키워낸 힘을 이용하여 문명 시대의 많은 무법자(강자=돈과+권력)는 규칙을 위반하고 반칙으로 도로(평화의 길) 위에서 마구 난폭운전을 하고 있다. 오로지 자기 자신만 빨리 가겠다는 생각이다.

난폭운전은 자신은 물론 다른 운전자들을 위협하고, 위험에 빠트리는 무모한 행위이다. 이런 것은 힘을 잘못 키운 결과이다. 힘의 전제적 조건과 바탕은 '인성과 인문정신'이다. 나의 마음속에 강한 인문정신이 세워질 때 바람직한 강자의 힘이 된다.

요즘 현대사회의 강자들이 그렇게 법으로 보장된 '남의 행복추구권'[2]을 마구 침해하고 있다는 사실을 부인할 수 없다. 정정당당하게 자신의 힘과 노력으로 행복을 이루는 것이 아니라 남의 행복추구권을 유린 침탈했다면 행복을 이루었다고 무슨 의미가 있을까? 그것은 자신의 삶에 궁극적 목표인 행복의 길을 잘 가는 길(道)이 될 수 없다. 그렇게 되면 내 안에 행복이 반기를 들 것이고, 내 안에 불행이 결코 나를 위해 절대 협조하지 않을 것이란 생각을 해야 한다.

그렇다면 어떻게 자신의 행복도 지키고 남의 행복도 지켜갈 수 있는 것인지 생각해 볼 때이다. 나 스스로 그 행복의 길을 찾아 나서는 것도 중요하겠지만 일부러 짧은 인생살이에서 어렵게 고행을 결행할 필요는 없다. 이것이 붓다께서 중생들을 제도하기 위해 세상에 들고 나면서 깨달은 '고행 무익'[3]의 깨우침이셨다.

서양 역사상 최고, 최대의 서사시「일리아드」와「오디세이아」의 저자 호메로스(기원전 800~750)는 불행에 대해 "인간은 행복보다도 불행의 쪽이 두 배나 많다."라고 말했다. 그렇다. 인간의 삶엔 어찌 보면 행복보단 불행이 더 많은 시간이다. 이 불행의 시간을 우리의 삶에서 지워버리면 우리의 삶은 과연 몇 년 정도나 될까? 또 앞으로 남은 행복의 시간은 얼마나 될까? 그래서 누구나 행복에 관한 이야기보다는 불행에 관한 이야기가 훨씬 더 많을 수밖에 없다.

잘살기의 기술과 성찰의 의미

아리스토텔레스의 '에우데모니아(Eudemonia)'의 도덕론도 마찬가지다. 인간의 삶에서 도덕론에 가치를 빼고는 모두가 무의미해진다. 그 도덕론의 가치를 인정하지 않고는 잘 산다고 할 수가 없다. 따라서 잘 산다고 하는 것은 얼마만큼 도덕적 가치가 우리의 삶 속에서 깊이 발효되고 숙성되었느냐에 따라 행복의 척도와 맛이 달라진다.

그 신비의 맛이 우리의 몸 구석구석 뼛속까지 도파민 (dopamine)처럼 전달될 때 비로소 인간은 이 세상의 사람다움으로 존재함에 그 의미와 그 달콤한 행복에 맛을 기필코 맛볼 수 있다.

프랑스의 철학자이면서 비평가인 알랭의 명언이다. '딸기엔 딸기 맛을 지니고 있듯이 삶은 행복이란 맛을 지니고 있다.'라고 하였다. 또 괴테는 '시간에 대한 충실, 그것이 인간의 행복이다.'라고 했고, 에이브러햄 링컨은 '인간은 자신이 얼마만큼 마음먹느냐에 따라 행복해진다.'라고 하였다. 이 모두가 한마디로 요약하면 '잘살기(How to live well)'에 대한 삶의 기술이고 성찰이다.

이것을 두고 위대한 사상가들이나 철학자들이 궁극적으로 인간의 행복을 위한 것은 바람직한 행동법칙[4]이라고 보는 견해이다. 하지만 이젠 도덕적 관념과 가치만으론 지구상 인류의 행복을 지켜내기엔 역부족이다. 도덕적 관념으론 물질 만능의 문명과 행복의 번절을 근본적으로 막아낼 수기 없다는 얘기다.

이처럼 도덕의 가치가 현대사회에서 전혀 힘을 쓰지 못하고 있는 것은 이미 도덕의 정체성이 무너지고 물질만능주의 (materialism)에 돌이킬 수 없는 세뇌가 오래전부터 진행되어 왔기 때문이다. 또한, 그것에 종속된 환경적 지배하에 놓여있 기 때문이다. 그것은 도덕론 그 자체에 문제가 있었다기보다 물질만능주의의 일방통행식에 의한 사회적 병리 현상에 대해 견제기능이 불능 상태에 빠진 원인이라고 봐야 한다.

이것은 물질만능주의에 따라 사회의 질서와 규범 같은 안정 적 기능이 중심을 잃고 불균형 상태에 빠졌기 때문이다. 그 때 문에 전혀 본래의 기능을 할 수 없는 도덕론은 역사의 뒤안길 에서 무력함에 고개를 들지 못하고 은거하게 되었다. 그러한 변화의 과정에서 행복의 가치도 본래의 모습이 아닌 물질만능 주의 선호적 형태로 주저 없이 물들어갔다. 그 대표적인 것이 물질이 동반되지 않는 행복은 행복이 될 수 없다는 사회적 인 식이다. 그것은 행복엔 반드시 물질이 동반되어야 한다는 인 식과 의식의 변절 현상이다. 그래서 물질적 가치가 현대인의 삶과 행복에서 그 절대성을 대변하는 상황이 되었다.

이렇게 물질만능주의 무소불위에 기질은 세상의 모든 사물 과 현상에 직간접적으로 무서운 영향력을 행사하고 있다. 그 렇다고 물질의 양면성을 부정해서는 안 된다. 어떤 물질이건 양면성은 다 있다. 그 양면성의 영역이 어떻게 균형과 조화를 이루고 앞으로 미래를 향해 어떻게 합리적 관계를 이루고 미 래로 전진해 갈 것인가를 21세기 문명사회의 현대인들이 풀어가야 할 당면한 과제이다. 그 속에 우리가 쟁취해야 할 행복의 근원적 가치가 내포되어 있다.

물질이나 사물의 양면성(긍정·부정 또는 양화·음화)에서 좋은 쪽만 선택적으로 지향하는 주의가 서양적 사고라 할 수 있다. 이 서양적 사고는 매우 이성 중심적 사상이요, 타산적 이론이다. 그리고 오늘날에 문명도 이러한 사상과 철학에 기반된 이성주의가 꽃을 피운 서양문명의 발전이라고 해야 한다. 그래서 서양의 사상을 양화적(陽化的) 기질로 보는 것이고, 동양의 사상은 음화적(陰化的) 기질이다.

양화적 기질은 긍정(positive)을 의미하고, 적극적이고, 도전적 기질이지만 음화적 기질은 부정(negative)을 의미하지만, 안정적이고, 포용적이고, 방어적 기질이라고 해야 한다. 이렇듯 양화적 기질이나 음화적 기질은 '나쁘다', '좋다' 같은 이분법적 개념이 아니다. 각기 고유의 성질과 장단점이 함께 내재된 원리이다.

따라서 이것은 모두 좋고, 나쁨의 의미가 아니라 사물 자체의 성질을 이루고 있는 구성 요소로 이해하여야 한다. 이러한 요소들은 또 다른 변화(작용)에 균형과 조화를 이루려는 바탕의 성질로 이해되어야 맞다. 이것은 어찌 보면 인간의 심성에도 성선설과 성악설[5)]과 같은 양면적 두 성(性)의 바탕이 서로 다른 기질로 함께 내재하여 있는 원리이다.

이처럼 인간의 감정을 이루는 요소에도 행복이라는 요소와 불행이라는 요소가 인간의 감정 변화를 통하여 절묘한 삶을 영속적으로 유지하고 움직이도록 통제되고 있다. 그러나 인간의 삶에서 돌아보면 행복으로 가는 길도, 중용으로 가는 길도 모두가 쉽지 않은 길임이 분명하다. 그래서 공자께서 말씀하시길, "그 중용은 참으로 지극(至極)한 것인데 백성들이 이를 알지 못하고 실행하지 못한 지 오래되었다. (子曰, 中庸其至矣乎, 民鮮能久矣)"[6]라고 하셨다.

공자께서는 이토록 이루기 어렵고 실천하기 어려운 중용의 이치를 무엇 때문에 왜? 백성들이 알기를 간절히 바라고 원했는가? 그것은 고달픈 인생의 삶에서 중용의 도리를 알고 행하면 갑자기 닥칠지도 모르는 불행으로부터 자신을 안전하게 피신할 수 있고, 그 불행을 피하고 나면 그 자체가 '행복의 길'이 될 수 있음을 백성들이 깨우치게 하려 함이다. 이것은 백성들을 아끼고 사랑한 공자님의 인애사상(仁愛思想)에 기인한 것이다.

인(仁)은 "사람을 사랑하는 마음"

공자님께서는 최고의 덕을 인(仁)이라고 보고 인은 "사람을 사랑하는 마음"이라고 정의했다. 이는 예수의 사랑이나, 붓다의 자비 정신과 같은 맥락이다. 또 충서(忠恕)의 도리와 덕을 존중했다. 이처럼 공자의 사상은 사회적·정치적으로 인간을 위한 도덕이 중심을 이루고 있다. 공자의 사상은 이처럼 인간 중심주의와 합리성을 추구하는 생활 실천 사상이다. 인간의 삶을 행복이라는 관점에서 매우 중시한 현실의 실천적 철학이다.

인간이 일상에서 느끼는 희로애락(喜怒哀樂)의 감정이 중절·중화(中絶·中和)[7]되어 일어나는 심(心)의 작용은 인간이 일상의 삶에서 시시각각 느끼는 감정이다. 그러나 중용에서 추구하는 행복론은 심의 중심을 잡고 시시각각 변화하는 감정의 '균형과 조화'를 통해서 심오한 행복을 이루려는 원리이다.

이것은 순간의 기쁨이나 즐거움이 아닌 비교적 오래오래 행복감을 간직하고 지속할 수 있는 감정이다. 이것은 큰 기쁨(쾌락)도, 큰 슬픔(고통)도 아닌 어찌 보면 기쁨인지, 슬픔인지조차도 선뜻 구별되지 않는 마음의 고요(平常心 = 0(中) 상태와 같다. 다시 말해 무애무덕(无涯無德)의 일상과 같은 느낌이 오래갈 수 있다면 이것이 곧 행복으로 가는 길의 시발이 될 수 있기 때문이다.

고대 그리스의 위대한 대철학자 플라톤은 논리학·인식론·형이상학 등에 걸쳐서 매우 광범위하고 심오한 철학 체계를 이루고 있다. 특히 그의 모든 사상의 발전에는 윤리적 동기가 바탕을 이루고 있다. 따라서 플라톤 칠학의 핵심은 이성주의적 윤리학이다.

잠시 플라톤의 5가지 행복론에 대하여 생각해보자.

첫째, 먹고 입고 살고 싶은 수준에서 조금 부족한 듯한 재산.
둘째, 모든 사람이 칭찬하기에 약간 부족한 용모.
셋째, 자신이 자만하고 있는 것에서 사람들이 절반 정도밖에 알아주지 않는 명예.
넷째, 겨루어서 한 사람에게 이기고 두 사람에게 질 정도의 체력.
다섯째, 연설을 듣고서 청중의 절반은 손뼉을 치지 않는 말솜씨.

여기 5가지 행복론에서 공통점은 "모두 좀 부족하게 하라"라는 말이다. 그 어디에도 '최고나, 일등이나, 충만, 만족'과 같은 내용은 없다. 이것은 중용에서 중시하는 '과유불급'에 대한 의미와 맥을 같이 한다. 의식주를 비롯한 재물이나, 명예나, 힘에 대한 것이나, 자신의 자질에까지 모두 넘침과 충만에 대한 과욕을 경계하는 말이다. 이것은 인간의 끝없는 욕망과 탐욕에 대한 경종이다. 충만함에서 올 수 있는 교만과 부도덕성 그리고 허례허식을 일깨우는 통찰과 성찰이다.

공자께서는 '중용의 덕을 가진 사람을 사귈 수 없을 때는 적어도 열성이 있거나, 결벽 있는 사람과 사귀라. 열성이 있는 사람은 진취적이고, 결벽 있는 사람은 미구 타협하지 않는다.'

라고 하였다. 이 또한 인간관계에서 자기의 중심을 지키고 균형과 조화를 중시해야 한다는 사상이다.

균형과 조화의 사상은 나만의 행복이나 삶을 전제로 한 것이 아니다. 합리성을 모색하는 타협주의와 배려의식이다. 그런 점에서 볼 때 공자님의 행복론은 아리스토텔레스의 행복론과 일치한다. 앞에서도 언급한 바와 같이 아리스토텔레스는 개인의 행복뿐만 아니라 공동체의 안녕과 행복을 매우 중시한 생활 실천 사상이다. 공동체의 행복지수가 높게 올라가면 당연히 그 속에 구성원인 개인의 행복지수도 높아진다.

지금 청소년 여러분은 곧 멀지 않은 장래에 우리 사회의 중심을 이루는 문명사회의 구성원으로 미래를 살아가게 된다. 그때를 위해 행복하게 잘 살아갈 수 있는 삶의 기술을 구축해야 한다. 청소년기는 스스로 무엇을 어떻게 노력했는가에 따라 미래가 결정될 수 있음을 잊지 말자. 스스로 자신에게 주어진 기회를 '잡자' 용기 편의 말처럼 젊음의 열정과 용기로 세상의 중심을 확실하게 꽉! 휘어잡아가야 한다.

청소년의 수많은 선택과 결정의 기술

워런 버핏의 핵심 투자전략과 성공의 비결은
선택과 결정의 기술이다

앞으로 청소년들이 21세기 문명사회에서 반드시 습득해야
할 수많은 선택과 결정의 기술이 있다. 세계적인 부호 워런 버
핏은 투자의 귀재란 별칭을 얻었다. 그런 워런 버핏의 투자기
법과 전략을 통해 그의 삶과 철학을 알아보자. 그는 "난 처음
으로 주식을 사기 전까지, 나는 인생을 낭비했다."라는 말을
했다. 세계 최고 갑부 워런 버핏[1]을 이보다 잘 설명할 수 있는
구절은 없다. 이미 은퇴를 해도 몇 번은 했을 여든의 나이까지
'투자의 귀재', '미다스의 손'으로 불리고 있는 버핏은 오로지
투자에 대한 열정으로 일생을 살아왔다.

사실 버핏의 첫 '비즈니스'는 여섯 살 때부터 시작되었다고

한다. 껌과 콜라 등을 이웃에 팔아 한 푼, 두 푼 돈을 모은 열 살에 이 꼬마는 『1,000달러를 버는 1,000가지 방법』이라는 책을 읽고 나서 "서른다섯 살에는 백만장자가 되겠다."라고 결심을 했다.

그가 처음 주식투자를 시작한 것이 열한 살 때다. 직접 모은 전 재산 120달러에 누나 도리스의 돈을 보태 시티즈 서비스의 주식을 주당 38.25달러에 샀지만, 주가는 이내 27달러로 곤두박질쳤다. 얼마 후 주가가 40달러로 회복되자 버핏은 재빨리 주식을 팔아버렸다. 그런데 이 주식이 곧 200달러로 치솟았다. 개미투자자들의 전형적 실수를 그는 남들보다 일찍 경험하는 공부를 했다.

버핏은 투자에 대해서라면 신문이든 잡지든 뭐든지 읽고 연구했다. 단지 돈을 벌기 위해서가 아니라, 매일 최신 정보를 습득하기 위해 신문 배달을 하기도 했다. 신혼여행 때도 무디스가 발간한 기업 보고서를 들고 갔을 정도로 그에 삶은 치열하고 열정적이었다. 그는 지금도 여행을 할 때는 비행기에서 창밖 풍경을 내다보는 대신 신문을 읽었다고 한다.

이처럼 그는 20세기에 가장 성공한 투자자로 인정받는 미국의 사업가이자 자선사업가로서 명성이 드높다. 워런 버핏의 투자전략에 가장 큰 핵심 기술은 뭘까? 그것은 역시 야구에서의 초 절묘한 타이밍과 같은 적시 적합의 시중적(時中的) 투자기법과 느림의 철학이다.

느림은 서두르지 않는 기다림의 시간

'시중(時中)'은 중용 제2장에 나오는 말씀으로 군자이시중, 소인지반중용야(君子而時中, 小人之反中庸也)이다. 이는 '가장 알맞을 때 알맞게 혹은 적시적합'이란 뜻이다. 지혜로운 사람은 어떤 중요한 결정에 있어서 적시 적합이라는 선택과 결정이라는 타이밍을 놓치지 않는다. 반면에 우둔하여 지혜롭지 못한 사람은 아무 때나 생각나는 대로 무분별한 결정과 치밀하지 못한 행동을 함으로써 도모하는 일을 그르치게 된다는 말이다.

이처럼 청소년 여러분들도 앞으로 수많은 선택과 결정을 해야 한다. 그때마다 '가장 알맞을 때 알맞은 선택과 결정'을 잊지 말아야 한다. 아무 때나 기분대로 무분별한 선택과 결정으로 지혜롭지 못하게 서두르고 방심하면 자칫 일을 그르치고 금전적, 정신적 손해를 보게 되고 결국, 실패할 수 있기 때문이다.

워런 버핏은 경제나 경영에서도 언제나 여러 가지 복잡한 경제 및 자본 이론에 근거한 투자분석과 지표를 중요하게 생각하고 있지만, 그보다 더 중요하게 생각하는 것이 투자의 시기를 결정하는 타이밍이다. 이 핵심의 투자전략이 야구에서 홈런을 칠 때와 같은 절묘한 배팅(batting)의 순간적 기술을 투자 비법의 제일 원칙으로 삼고 있다는 점이다.

버크셔 해서웨이의 상장 거래 주식은 매년 28%의 수익을 올렸다. 버크셔 해서웨이의 성공으로 버핏은 세계 최고의 부자가 되었다. 그런데도 그는 호화로운 생활을 멀리하고 근검절약했으며, 중하류층보다 부유층에게 유리한 정부의 잘못된 과세정책에도 맞서 중하위 서민층의 입장과 약자를 대변하고, 권력을 향해 당당히 비판하는 서양적 군자지도(君子之道)의 길을 걷고 있다. 그 때문에 전 세계의 많은 투자자로부터 버핏의 투자 지혜를 얻고자 하는 존경과 선망에 대상이기도 하다.

2006년엔 마이크로소프트사의 빌 게이츠가 운영하는 '빌 & 멀린다 게이츠 재단'에 자신의 재산 전부를 기부해서 전 세계의 사람들은 많은 놀라움과 그의 실천적 행동에 경의를 표했다. 이렇게 '오마하의 현인'은 자신의 부를 아낌없이 나누는 실천을 통해 인류사회의 '사랑과 봉사 그리고 행복'을 구현한 21세기 진정한 부자이면서 진정한 강자로 존경받게 되었다.

한국에서도 이런 군자다움의 현인이 멀지 않은 장래에 출현하길 기대하긴 아직 섣부른 기대일까? 아무튼, 이처럼 투자의 성공뿐만이 아니라 우리의 삶 모든 일에서 중용의 이론인 시중의 말씀이 적용된다.

이런 현상은 주식투자뿐만이 아니라 실패를 경험해본 사람이라면 어렵지 않게 이해할 수 있는 이론이다. 사업의 아이템은 좋았는데 그때 타이밍을 못 맞췄다는 후회를 하게 된다. 그러나 누구나 적시 적합의 시중을 분별하는 지혜를 갖기란 쉽지가 않다.

그런 지혜를 갖게 하는 것은 바로 중용의 인문정신과 생활 실천 사상이다. 그것은 투자자의 마음을 움직이는 중심(中心=가운데 마음)을 먼저 이해하고 그 덕성으로 자기 자신을 다스리기 때문이다. 즉 약삭빠른 계산이 아니라 투자자로서의 바른 마음가짐이다. 이때 제일 중요한 것은 군자이시중(君子而時中)의 정신으로 혼돈의 시대성에 유효적절하게 대응하고 적응하는 기술(technique)이 절대적 관건이라고 해야겠다.

무수한 선택과 결정은 그대들의 몫

이런 정신과 기술은 비단 어른들에게만 적용되는 것이 아니다. 자라나는 청소년들도 순간순간 때때로 얼마나 많은 선택과 결정을 해야 하는가? 부모님이나 가족과의 관계에서, 학업 또는 선생님과의 관계에서, 교우 관계에서, 학업과 미래, 진로 및 하고 싶은 일에 대해서, 자기의 정체성과 존재에 대해서 등 많은 선택과 결정이 기다리고 있다. 그리고 수많은 고민과 회의를 가슴에 품게 된다.

이처럼 생각하고, 결정하고, 행동하는 것은 어른들처럼 똑같다. 그럴 때마다 아무 때나 생각나는 대로 무분별한 결정과 행동을 하게 되면 많은 일에 문제가 생기고 시행착오를 겪게 된다. 따라서 그렇게 되면 제대로 바른길을 안정적으로 갈 수가 없게 된다. 그렇게 되면 학업의 목표도 이룰 수가 없고, 어른이 되어서도 쉽게 성공할 수가 없다. 그래서 자신이 원하는 행복을 쉽게 만들어 갈 수가 없다.

따라서 청소년 여러분들은 지혜로운 생각과 판단, 결정, 실행을 통해서 위에서 말한 것처럼 시중의 인문정신으로 과도한 문명의 소용돌이에 굴하지 않고 적응하여 내성을 키워가는 인내의 정신과 자세가 꼭 필요하고 이것이 일상에서 훈련이 되어야 한다.

21세기 현대사회는 매우 다원화된 환경 속에서 다양한 주체들이 다양한 주의(ism)와 다양한 요소(element)의 가치들을 요구하며, 상호 충돌하며 변화의 소용돌이를 일으키고 있다. 또한, 다양한 가치관이 서로 공존에 작용과 변화를 추구하며 각자의 가치를 추구하는 시대성이 강한 시대에 살고 있다.

이렇게 다원화와 다변화하는 문명의 소용돌이 환경 속에서 미래 사회의 주역인 청소년들이 취해야 할 행동 법칙은 제일 먼저 정신을 똑바로 차리고 자기 자신의 중심을 잃지 말아야 한다. 그리고 시대의 조류에 억지로 떠밀려가지 않는 정신과 마음의 자세이다. 이런 자세는 불안정한 상태에서도 절대 균형을 잡고 쓰러지지 않는 정신이다. 그리고 적시 적합에 의한 지혜로운 사고와 의식으로 새롭게 변화하는 환경에 유효적절하게 대응하고 적응하는 기술을 습득해야 한다. 그것이 잘살아갈 수 있는 최고의 방법이다.

그대들의 삶은 드넓은 대양의 한가운데서 즐기는
파도타기 기술

삶은 드넓은 대양에서의 높은 파도와 싸우는 생존의 기술[2]
이다. 위험해도 어쩔 수 없다. 파도타기는 다소 위태롭기는 하
지만 노련한 '균형 잡기'에 기술을 습득하고 나면 웬만한 파고
엔 휩쓸리지 않는다. 균형만 잘 잡으면 절대 쓰러지지 않는 자
전거 타기처럼 멋진 삶의 '파도타기'가 가능하다. 더는 '파도
타기'가 두려움 또는 공포에 대상이 되질 않는다.

그것은 양화와 음화의 격랑 속에서도 전혀 위험을 느끼지 않
는 안전한 무풍지대에 있는 것과 마찬가지이다. 그 기술이 바
로 나 자신의 중심을 지켜내는 '균형 잡기' 또는 '중심 잡기'의
생활 실천 사상이다. 이 중심 잡기의 기본적 바탕은 『중용』의
사상에 있다. 이 사상이 현대인의 삶을 지켜내는 '행복기술'이
다. 이 균형 잡기가 제대로 이루어져야 괴로움과 고통의 시간
보다 기쁨과 즐거움에 시간이 많아져서 비로소 안정된 중심
(中心)의 평온과 행복감을 내가 소유할 수 있다.

그러나 과도한 문명의 이기와 자본과 결탁한 시대성의 소용
돌이에 휘말리면 결국 나는 중심을 잃고, 헤어날 수 없는 고통
의 바다 깊숙이 자신의 인생을 자칫 침몰시킬 수 있다. 그렇시
않기 위해서는 의식의 균형을 잘 잡고 '파도타기 기술'로 현대
사회의 높은 문명의 파도를 헤엄쳐 나가야 한다.

‘파도타기 기술’도 때론 높은 상공에서 외줄을 타는 것처럼 아슬아슬하긴 마찬가지다. 자칫 몸의 균형을 못 잡으면 허공의 나락으로 추락하게 된다. 그러나 아무리 거센 파도라도 몸의 균형만 잘 잡으면 그 ‘파도타기 기술’은 인생의 묘미를 잘 느낄 수 있는 희열이요, 희망이요, 행복이다. 그리고 더 나아가 순간순간 살아 있음에 스릴과 큰 기쁨을 동반하게 된다. 이것이 인생의 진정한 탐험이자, 도전이자, 극복해야 할 ‘파도타기 기술’이 아닐까?

 그렇다면 21세기 미래 사회의 구성원으로서 동참하고, 자신을 책임지고 살아야 하는 청소년 여러분들은 이제 행복의 원칙과 인식을 새롭게 해야 한다. 그리고 그 속에서 불안전한 불균형과 부조화의 시대성과 영속성의 사이에서 끈질기게 ‘파도타기의 행복기술’을 위한 훈련도 태만하지 말아야 한다.

 그것만이 나와 우리 모두의 균형 잡기를 통해서 소중하게 미래의 꿈을 쟁취할 수 있는 ‘중용의 행복론’이다. 이것이 중용의 인문정신과 생활 실천 사상이다. 또 이것이 미래 인류사회의 진정한 ‘참가치’임을 알고 『미래 살아가기』‘잡자’ 용기 편의 말처럼 도망가지 않도록 두 손으로 꼭 움켜잡자.

문명의 신
슈퍼클래스와 종교적 이해

인간은 오랜 기간
신을 숭상하면서 삶의 희망과 행복을 빌어 왔다

　현대사회는 하늘의 신보다도 땅에 있는 '문명의 신'에게 의
존하고 더 큰 영향을 받는다. 문명의 신에게 어떻게 보이느냐
에 따라서 행복할 수도 있고, 불행할 수도 있다. 본시 인간의
삶은 행복(幸)보다는 고통(苦)이 더 많은 생존구조이다. 그 때
문에 깨달음이 없는 사람들이 일상에서 겪고 있는 고통과 슬
픔에 대해 선각자들이 힘과 용기를 주기 위한 위로의 말씀으
로 "삶(生)이 고통(苦)이다."라고 하신 말씀이 아닐까?

　그 말씀은 다시 말해 '삶이라는 것이 본래 그런 것이니 그냥
그런 줄 알고 살아야지 별도리가 있겠는가.'라는 의미 같기도

하다. 하지만 이는 인간의 삶에서 살아 있음 자체가 행(幸)보다는 고(苦)에 더 밀접하고 가깝다는 의미이다. 예수님의 생애도 그랬을 것이고, 카필라 왕국의 태자였던 붓다의 삶도 깨달음이 있기 전까지는 말할 수 없는 고통과 고난의 시간이 있었다.

사실 현대인들의 일상적 삶에서도 즐겁고 기쁜 일보다는 힘들고 어려운 고통의 시간이 더 많다. 바로 그런 삶의 과정과 자체가 우리의 삶이요, 일상이다. 그러니 큰 기쁨이나 즐거움이 아닌 작은 기쁨조차도 있는 듯, 없는 듯 평온의 상태로 사는 것에 우린 익숙하다.

이처럼 우리가 추구하는 행복은 마치 한겨울 혹독한 눈보라 속에서 추위를 이겨낸 나무가 봄을 맞아 싹을 틔우고, 꽃을 피울 때처럼 고난과 불행으로부터 온갖 시련과 고통을 극복해낸 뒤에야 값지게 피는 꽃이 아닐까 싶다.

종교는 현실의 고난과 난관을 극복하고 미래에 대한 희망을 품게 한다

현대사회에서의 종교적 역할은 매우 중요하다. 모든 종교는 이렇게 인간의 삶에 구조적으로 수반될 수밖에 없는 육체적·정신적 고통과 괴로움으로부터의 평안과 위안을 제공하는 안식처이기도 하다. 그뿐만 아니라 종교는 사후세계(死後世界)

의 개념을 정립하고 정토나 극락, 천국 등 일종의 구원 시스템을 마련하고 현세에서의 고통과 죽음에 대한 공포감과 절망을 일정 부분 없앤다. 그러면서 미래에 대한 강한 믿음으로 희망을 품게 한다.

종교는 이렇게 죽음과 절망을 극복하고 미래 세계와 더 나아가 내세의 '구원과 희망'으로까지 승화시킬 수 있는 것이 신에 대한 절대적 믿음이고 종교적 힘이다. 이처럼 많은 종교에서는 나름 그 종교적 이념을 바탕으로 '인간을 행복하게 하자(Let me be human happiness)'라고 하는 철학적 사상이 담겨 있다. 그 행복 지향의 방법론도 종교나 종파에 따라 다양하게 추구되고 있다.

과거 애니미즘(animism)이나 샤머니즘(shamanism) 또는 토테미즘(totemism) 같은 초기 원시종교[1]에서는 자연과 인간, 인간과 신의 관계에서 신비성(이해할 수 없는 초자연적 현상)을 이루고 있다. 그러면서 신과 인간 그리고 자연이 함께 '균형과 조화'의 관계를 맺고 있었다. 그리고 초자연적인 절대자의 힘에 의존하여 인간 생활의 고난을 해결하고 삶의 궁극적 목표와 의미를 추구해 왔다. 이처럼 과거의 종교나, 현대의 종교는 종교가 지향하고 추구하는 궁극적 가치의 목적은 별반 다르지 않다.

그것은 다름 아닌 인간다움의 본성과 행복추구의 가치 때문이다. 그러나 현대는 과학 문명사회로부터 점점 메말라가고 고갈되는 인간다움의 본성을 조금이라도 회복하고 지켜낼 사회적 기능이야말로 이런 종교가 아니면 불가능하고 종교만이 유일한 대안이라 할 수 있다. 하지만 이젠 그 종교적 신념과 믿음으로 신과의 은밀한 내통을 할 수 있는 믿음의 종교마저도 인류의 소망이나 행복을 영속적으로 안전하게 지켜내고 담보할 수 없는 상황이다. 그것은 오늘날 종교도 문명의 소용돌이에서 그 중심을 점점 잃어가고 있기 때문이다.

문명의 신 슈퍼클래스의 등장과 지배

현대 문명사회의 종교는 그 종교적 이념과 정신에 맞게 그 가치에 대한 중심을 잡고 인류 문명사회의 균형과 조화를 이루는 데 성공하지 못하고 실패했다. 따라서 현대의 종교적 가치도 점점 퇴행적 변화를 맞고 있다. 전통적 종교의 신비성은 약화하고 오히려 인류가 창달한 '문명의 신(슈퍼클래스 super class)'[2]만이 더욱 눈부시게 빛나고 주목받으면서 현대사회의 인류를 지배하고 있다.

클린턴 행정부 당시 상무부 차관을 지낸 데이비드 로스코프는 〈슈퍼클래스-누가 우리 시대를 형성하고 있는가?〉라는 책에서 슈퍼클래스는 "시구상의 그 어느 집단 보다도 막강한 힘을 가진 글로벌 엘리트 집단"이라고 정의했다. 이들은 무소불위의 힘과 권력을 가진 리더들로서 전 세계 인류의 생존과 모든 문제의 중대사를 결정한다. 학자들은 권력과 영향력을 키우고, 행사하려는 의지와 기량이 현대사회의 리더들에게 필수적이라고 역설한다.

권력이란 행동에 영향을 미치고, 사태의 전개 과정을 바꾸고, 저항을 극복하고, 사람들이 실행하게 만드는 잠재적 능력을 갖추고 있다. 필자가 말하는 '문명의 신'은 문명을 이끄는 슈퍼클래스들의 신적 능력을 함축시켜 표현한 말이다. 이제 문명사회의 현대인들은 '문명의 신'에게 의지하고 희망을 걸어야 하는 상황이다. 그렇다 보니 현대인의 존재적 가치와 행복의 가치도 '문명의 신' 그 손에서 재단되고 평가되는 상황이다.

그렇다면 지금의 청소년 여러분들은 향후 이러한 '문명의 신'이 지배하는 세상에서 어떻게 인간으로서 살아갈 수 있을까? 과연 인간다운 인간의 모습으로 잘 살아갈 수 있다는 보장이 있을까? 결론적으로 말하면 그 어디에도 그런 확실한 보장은 없다. 현대사회의 인류에겐 하늘에 신보다도 '문명의 신'이 더 절대적 존재라는 생각이다.

그렇다면 인간의 삶은 과연 어느 신에게 어떻게 귀속되는 것이 좋을까? 하늘에 있는 신인가? 땅에 있는 문명의 신 '슈퍼클래스'인가? 그러나 이미 세상은 그렇게 정해진 것처럼 돌아가고 있다. 단 나와 우리가 모르고 있을 뿐이다. 우리는 그들이 내린 결정에 이의제기할 수가 없고 무조건적이다. 21세기 현대사회에서는 하늘에 있는 신들보다 땅에 있는 문명의 신들이 더 큰 영향력을 행사한다. 하늘에 신들이 땅에 신들에게 일일이 간섭할 계제도 아닌 듯싶다.

아니라고 부정해도 소용없다. 세상은 그런 방향으로 물처럼 흘러간다. 그들의 결정에 세상은 그 어떤 불평불만과 저항도 그들 앞에선 아무 소용이 없다. 슈퍼클래스 오직 그들의 뜻대로 문명의 조화(造花)들은 피어나고 있고, 어제도 피었고, 내일도 피고, 먼 미래에도 끝없이 피어날 것이다. 다만 우리 인간들은 문명의 신 전유물이 되어 그들을 위해 존재하는 피조물과 같은 존재로 전락해가고 있는 것이 아닌지 한번 곰곰이 따져봐야 할 일이기 때문이다.

그렇다면 문명의 신 '슈퍼클래스'는 현대의 인류를 위해 과연 얼마나 공정하고 공평한 세상을 위해 노력하고 있을까? 과연 그들의 세상은 미래 인류의 번영과 평화를 위해 얼마나 공평할 수 있을까? 그러나 그런 기대는 순진무구한 우리의 믿음과 희망 사항일 뿐이다. 그런 현대인의 바람은 불행하게도 빗나가고 있다. 그런 기대와 희망은 절망처럼 어둡기만 하다. 그것은 현재 우리의 삶이 허구(fiction) 같기 때문이다.

'슈퍼클래스'의 저자 데이비드 로스코프는 현재의 불균형과 불평등이 악화힐수록 세계는 더욱 심각한 위기를 맞게 될 것이라고 충고하고 있다. 때문에 '슈퍼클래스'의 합리적 역할과 이성적 판단에 의한 '균형과 조화로움'이 필수 요건으로 전제

되어야 함을 충고하고 있다.

그러나 그들은 우리가 생각하는 것처럼 그렇게 합리적이지도 않고 이성적이지도 않다는 데 문제가 있다. 그들은 그들에게 내재 된 본성과 속성의 DNA에 의해 작용할 뿐이다. 다시 말해 그들의 비합리적, 비이성적인 오류의 검증과 책임 추궁이 불가능하다. 다만 그들에 의해 굴러가는 세상은 무감각하고 당연하게 받아들여진다. 불균형과 부조화의 현상이 더욱 심화하고 고조되어도 그런 결과에 아무도 책임지는 슈퍼클래스는 없다.

그렇다면 미래의 '슈퍼클래스'와 미래 사회의 주역이 될 오늘에 청소년들은 어떻게, 어떤 모습으로 미래 세계의 무대에서 상호 공존할 수 있을까? 또 그들은 어떻게 자기네들이 유리한 방향으로 세상을 변화시킬 것인가? 지구의 60억 인류는 불안하지 않을 수 없다. '슈퍼클래스'의 근성과 속성에 DNA는 돈과 권력이다. 돈으로 권력을 만들고, 권력으로 돈을 만든다. 또한, 그들은 나눔이 아니라 독점적 성향과 지속적 지배 욕구의 지향성이다. 쉽게 눈에 보이지 않는 무서운 얼굴과 손을 가졌다. 무엇이든 하고자 하면 할 수 있다. 그들의 가슴은 따뜻한 피가 흐르지 않는다. 다만 부와 권력의 탐욕적 애착만 힘찰 뿐이다.

세상의 많은 생명 가운데 사람만큼 사람이나 생명을 많이 죽이는 존재도 없다. 하지만 약자는 사람을 죽이지 않는다. 모든 생명의 죽음에는 권력과 강자의 음모와 유린, 횡포가 그 배후일 뿐이다. 그러나 그렇다고 그들을 무조건 배척하고 부정적으로만 단정할 수는 없다. 그럼 그것은 왜 그럴까? 그들은 이미 우리의 생활과 삶 속에서 깊숙이 똬리를 틀고 자리 잡고 있다. 엄연한 현실에서 신과 같은 동거의 존재이기 때문이다.

  이제 우리를 먹여주고, 재워주고, 일하게 하는 것은
    바로 '문명의 신'이다

  그렇다. 문명의 신들은 우리를 먹여주고, 재워주고, 일하게 한다. 그뿐만이 아니다. 문명의 신들이 창조한 모든 혜택을 누릴 수 있도록 일정한 작은 권리와 자유를 배분하기도 한다. 그러나 그들은 그들 지배하에 놓여 있는 모든 대상에게 끝없이 배려만 하는 것은 아니다. 어느 한순간에 무가치하고 하찮은 존재로 게임을 전락시키고 절망을 안겨줄 수도 있기 때문이다.

  그렇다면 이처럼 현실적으로 그들이 가지고 있는 돈과 권력의 힘이 아니면 우린 어떻게 이 땅에 존재할 것인가에 대해 의문을 갖게 된다. 그들과 같은 문명의 신이 없었으면 이 땅 위에 이룩한 인류의 풍요와 행복은 과연 이렇게 만들고 또 어떻게 지속할 것인가?

  잠실 롯데월드타워는 지상 123층, 지하 6층, 555m 규모로 세계에서 5번째 높이의 건물로 기록된 초고층 건물이다. 이 건물은 진도 9 리히터 규모의 지진에도 견딜 수 있도록 내진 설계가 되어있다. 123층 500m 높이에서 서울을 조망할 수 있는 서울스카이전망대도 있다.

이 전망대에 오르면 서울과 세상이 까마득하게 한눈에 들어온다. 이런 것은 '문명의 신'이 창조하고 이룩한 게임 중의 일부이다. 글로벌 무대에서 전개되고 있는 모든 게임은 이 '문명의 신'이 주도하는 게임이다. 문명의 신은 지구와 우주의 공간 안과 밖에서도 끊임없이 창조의 신과 대립적 관계에서 인류를 통제하고 장악하기 위한 능력을 유감없이 과시하고 있다. 이에 대하여 미래 문명사회의 주역인 오늘의 청소년들은 어떤 선택을 할 것인지에 대한 진지한 고민이 필요하다.

어쨌든 우리 인간들은 문명의 신 슈퍼클래스의 마음에 들어야 한다. 이미 그들의 지배와 통제 속에 있다. 그들의 입맛과 기분에 맞춰가야 한다. 그들이 하고자 하는 일에 찬성하고 동참해야 한다. 동참하지 않으면 현실에서의 생존은 매우 어렵다. 그것이 현대인들이 당면한 현실적 과제이고 고민이다.

그러나 때가 되면 우린 우리의 의지와는 관계없이 그들의 요구와 결정에 따라 흩어지거나, 뭉치거나 해야 한다. 혹은 이 길이거나, 저 길이거나 혹은 죽거나, 살거나 하게 된다. 한마디로 그들은 우리의 목줄을 콱 움켜쥐고 삶의 생사를 쥐락펴락하고 있다. 이것이 바로 '문명의 신'이 이룩한 현대 문명사회의 피할 수 없는 현실이다. 이것은 앞으로 우리 청소년들이 각자의 삶에서 진지하게 풀어야 할 또 하나의 과제이다.

'문명의 신'
그들의 일방적 지배력과 영향력 아래서
어떻게 벗어날 수 있을까?

그렇다면 우린 어떻게 그들의 일방적 지배력과 영향력 아래서 벗어나 자유로울 수 있을까? 어떻게 하면 그들의 뜻의 따라 죽거나 사는 대상이 아니라 자유로운 존재로서 억압받지 않아도 될 수 있을까? 그리고 어떻게 하면 소원해진 하늘 신과의 관계를 복원하고 하늘로부터 부여받은 소중한 생명을 어떻게 보존하고 유지할 수 있느냐는 명제에 정확한 지혜의 답을 구할 것인가가 관건이다.

중용 제1장 첫머리의 말씀이다. '천명지위성, 솔성지위도, 수도지위교(天命之謂性, 率性之謂道, 修道之謂敎)'라 했다. 이 말씀은 '하늘로부터 받은 생명이 성(性)이고, 그 성(性)에 따라 살아가는 것이 사람의 길(道)이고, 그 길(道)에 부합하도록 가르치는 것을 교(敎)라 한다.'이다.

문명의 신이 등징하기 전 바로. 하늘과 인간의 관계는 이외 같았다. 따라서 인간은 하나님과 본래의 관계를 다시 복원하는 것이 최상의 방법이다. 그러나 그것은 불가능해 보인다. 그런 것들은 우리의 보편적 생각과 상식으론 절대 불가능한 일들이다. 이 또한 순리에 역행하는 억지다. 그리고 또 다른 문명의 신 '슈퍼클래스'의 탄생만 초래하게 될 뿐이다. 현대의 문명사회는 이처럼 오로지 강자만이 살아남는 '정글의 법칙'처럼 지배적 관계에 순응하며 사는 존재이다.

문제는 현재의 문명사회가 매우 공평하고 합리적인 것 같이 보이지만 실제는 그렇지 않은 데 있다. 민주주의가 어떻고, 사회주의가 어떻고, 세계화가 어떻고, 신자본주의가 어떻고 하는 것은 모두 다 형식논리에 불과하다. 인간의 삶에 본질과는 매우 다른 이질적 가치와 규칙에 불과하다.

현대사회의 민주주의가 인권의 존엄성과 자유를 표방하고 있지만 진정한 의미에서 존엄성과 자유에 대한 권리와 보장은 없다. 모두가 이해관계의 무한 경쟁이고 승부에서 이기는 것이 목표와 목적이 될 뿐이다. 이것이 최고 절대 강자만이 누릴 수 있는 존엄성과 자유이다. 그런 침탈과 유린의 의식 속에서 영혼의 황폐함을 감내하는 것이 오늘날 무한 경쟁과 승부에서 진 패배자들에 무기력한 위안일 뿐이다.

그렇다면 긍정의 슈퍼클래스를 창조하자
그것만이 인류를 수호하는 방법이다

그렇다면 이제는 '긍정의 슈퍼클래스를 창조'하자. 경쟁과 승부에서 졌다. 그렇다고 서둘러 절망할 필요는 없다. 또 그 '슈퍼클래스'를 두려워할 필요도 없다. 이 땅에 신 아닌 신과 같은 존재로 새로 창조되어가는 인류의 문명 창달이 기형적 문명으로 퇴화하거나 변절 되지 않아야 한다. 본래 우리가 가지고 있는 삶의 본질과 본성에 또 다른 괴물 같은 숙주를 탄생시키지 않기 위해서라도 공존의 조화로움과 균형으로 반드시 그 관계의 중심을 잃지 말고 수호해야 한다.

  그것은 인류가 없으면 슈퍼클래스의 존재도 무의미하다. 단 부정의 슈퍼클래스와 공생 공존하려면 비합리적 불균형으로부터 합리성과 그 중심의 균형점을 인류가 지켜내는 일이다. 그것만이 공생공존의 길이다. 부정의 슈퍼클래스가 부는 비바람 태풍에도 장차 미래 세계의 주역이 될 오늘에 청소년들은 그 중심을 잃지 말아야 한다. 슈퍼클래스의 거센 물결과 소용돌이 속에서도 내일의 중심을 굳건히 지켜낼 수 있다면 이것이야말로 진정한 강자의 강(强)[3]이 되는 미래 사회의 굳건한 주역들이 될 것이기 때문이다.

  그러나 슈퍼클래스가 가지고 있는 강(부와 권력)함에 똑같은 방법으로 그들을 대적한다는 것은 승산이 없는 대결이다. 슈퍼클래스의 주된 무기는 돈과 권력이다. 그 때문에 돈과 권력으론 슈퍼클래스의 강힘에 대직힐 수 있고 질대 이길 승산이 없는 게임이다. 그렇듯이 돈과 권력의 무도(無道)[4]함은 막강한 힘을 발휘할 수 있다. 하지만 무도가 아닌 정도(正道)[5]에서는 슈퍼클래스의 강(强)함도 제대로 그 힘을 발휘할 수가 없다. 그것은 정도가 무도에 휘말리지 않기 때문이다. 정도는 중용의 중도(中道)[6]를 근본으로 삼고 지키기 때문이다.

따라서 '균형과 조화'[7]로서 나의 중심과 우리의 중심을 지켜낸다면 문명의 신 슈퍼클래스를 완전히 이기지는 못해도 슈퍼클래스의 무도한 압력과 전횡을 제어할 수 있다. 슈퍼클래스와의 일방적 관계가 아니라 최소한의 상호 합리적 관계를 도모하고 공존할 수 있다는 것이 바로 중용의 '균형과 조화'에 근거한 이론이다.

문명의 신에게 압도되어 용기를 잃은 현대인들

이제 21세기 미래를 살아갈 청소년들이여! 긴장하자. 문명의 신이 창조한 아바타 AI '알파고'가 바둑의 신 최고수 이세돌 9단을 무너트렸다. 기호화된 정보와 빅데이터 자동연산 처리의 획기적인 기술 발달과 더불어 새로운 지식체계로 진화하는 것이 인공지능(AI-Artificial Intelligence)이다.

이 인공지능은 반복된 학습을 통해 인간이 가진 지적 능력을 컴퓨터를 통해 지능적으로 구현해가는 컴퓨터 기술이다. 인간의 지능은 이해와 추론을 통해 새로운 상황에 효과적으로 대처하고 경우에 맞게 행동하게 된다. 그것은 만물의 영장인 인간만의 영역이었다. 그런데 이제 AI가 빠르게 진화하면서 인간의 영역을 위협하고 있다.

2016년 3월 9일 알파고가 세계 최상위 수준급 프로기사 이세돌 9단과의 5번기 공개 대국에서 대부분의 예상을 깨고 최종 전적 4승 1패로 승리해 현존 최고 AI로 등극하면서 세계를 경악하게 했다. 인간과 인공지능의 대결, 문화와 과학의 대결로 수많은 화재를 불러일으키며 역사적인 세기의 대결로 주목받았다.

알파고는 치밀하고 정교한 수읽기와 지능으로 정확한 집수 계산 능력을 앞세워 1~3국을 연속으로 승리했다. 말이 좋아 인간과 인공지능의 대결 또는 문화와 과학의 대결이라고 하지만 이것은 인간과 신의 대결이었다. 이미 인간은 문명의 신을 이길 수가 없는 상황이다. 곧 인간에겐 문명의 신이 더 무서운 신이 된 상황이다.

이미 인간은 자신들이 만들어 놓은 기계문명의 신에게 많은 분야에서 굴복당하고 있다고 해도 과언이 아니다. 알파고도 그중 하나다. 인간은 신의 영역에 도전하고 있지만 무한한 신의 영역을 조금 탐색하는 정도에 수준이다. 그런데 문명의 신은 인간의 영역에 당당히 도전해서 하나하나 인간을 지배하고, 굴복시키고 있다. 그다음 기계문명의 신은 어떤 신을 대상으로 도진을 할까? 결국, 하늘의 신(神)과 땅에 있는 신(문명의 神)의 대결이 될 것이란 예상이다.

앞으로 AI가 활용할 수 있는 빅데이터와 지식의 양과 기술이 결합하면 엄청난 시너지와 힘의 주체로 진화할 것이란 예상이다. 따라서 우리도 언제 어떻게 '문명의 신'과의 대결에서 패배를 당할지 모를 일이다.

　이제 문명의 신 그들로부터 나 자신을 지켜내는 방법을 바로 알자. 또 스스로 우리의 중심을 지켜갈 때 우리 사회의 중심이 지켜지고, 국제화, 세계화의 거센 문명의 소용돌이 속에 휘말리지 않게 될 것이다. 그럴 때 우리 인류의 미래를 지켜가는 또 다른 강력한 긍정의 '슈퍼클래스'가 탄생 될 수 있다는 생각이다. 그것이 부정적 '슈퍼클래스'의 전횡으로부터 나와 인류를 지켜내는 또 하나의 방법이고 대안이 될 수 있다. 이제 미래 사회의 주역인 그대들에게 그런 희망을 걸어 본다.

제2부 인성(personality)

쓰자—나를 더욱 사람답고 유익하게 쓰자

청소년이 나아가야 할 길

나를 나답고 사람답게 써야 하는 이유

청소년의 인성과 마음

사람다움의 길과 인문정신

길잃은 위기의 인문학과 청소년의 미래

청소년이 갖추어야 할 인의예지신(仁義禮智信)

가정이 왜 중요한가?

제2부 인성(personality)

쓰자−나를 더욱 사람답고 유익하게 쓰자

청소년이 나아가야 할 길

사람으로 태어나서 힘들게 학문을 갈고닦는 목적은 무엇일까? 그것은 나 자신을 위해서라기보다 나를 이 세상에서 더욱 유익하게 쓰고 공익에 이바지하기 위해서다. 그러기 위해서는 학문도 중요하다. 하지만 인성이 매우 중요한 요소이다.

인성(人性)은 사람으로서 마땅히 지녀야 할 성품이다. 또는 다른 사람과 구별되는 사고(思考)와 태도 및 행동의 특성을 말하기도 한다. 이러한 인성에 바탕은 개개인의 타고난 성향이나 성격에 기초한다. 이러한 성격은 개성에 따라 사람의 기분·태도·의견을 포괄하며, 다른 사람과의 상호작용에서 뚜렷이 나타난다.

이러한 인성을 표현하는 말은 다양하다. 인성은 개개인이 지닌 마음이라고 할 수 있다. 이러한 마음가짐에 대하여 틱낫한 스님은 "우리의 마음은 밭이다. 그 안에는 기쁨, 사랑, 즐거움, 희망과 같은 긍정의 씨앗이 있는가 하면 미움, 절망, 좌절, 시기, 두려움 등과 같은 부정의 씨앗이 있다. 어떤 씨앗에 물을 주어 꽃을 피울지는 전적으로 자신의 의지에 달려있다."라고 했다. 또 셰익스피어는 "꽃에 향기가 있듯이 사람에게는 품격이 있다. 그러나 신선하지 못한 향기가 있듯이 사람도 마음이 밝지 못하면 자신의 품격을 지키기 어렵다. 썩은 백합꽃은 잡초보다 그 냄새가 고약한 법이다."라고 말했다.

따라서 청소년기에 아름다운 마음으로 아름다운 꽃과 향기를 피우기 위해서는 틱낫한 스님의 말처럼 우리의 마음 밭을 잘 가꾸어야 한다. 그렇게 함으로써 먼 미래에 부정의 씨앗이 아니라, 긍정의 씨앗이 열매 맺도록 해야 한다. 그리고 그러한 긍정의 씨앗은 자신을 더욱 아름답고 인간답게 꽃피워 자신과 우리 사회에서 유익하게 쓰이도록 해야 한다. 그런 인성과 열매가 곧 자신의 인생에 성공한 삶을 보장하기 때문이다.

그렇다면 나는 나의 아름다운 인성의 꽃밭과 씨앗에 어떤 성분의 물을 줄 것인가? 아무 영양가 없는 물, 아니면 썩고 오염된 물을 주어서는 절대 안 될 것이다. 그렇다면 내가 기대한 아름답고 향기로운 꽃을 피우기 위해서는 무엇이 필요할까? 그것은 바로 '인문정신'이라는 영양소가 듬뿍 담긴 물을 주어야만 내가 기대했던 꽃을 피울 수가 있다. '인문정신'은 사람이 사람답게 사람의 길로 가도록 하는 정신의 에너지원이다. 이 에너지가 부족하거나 떨어지면 우리는 아무리 다양한 지식을 머리에 가득 채우고, 가슴 터지도록 품고 있어도 나에게 주어진 인생의 길을 제대로 끝까지 운행하기 불가능하다.

인문정신의 에너지가 충만히 채워진 사람은 그 삶의 길이 어떠한 길이든 그 길을 성공적으로 운행하면서 자신과 타인 그리고 세상에 유익하게 쓰이고 있다는 것을 보람된 가치로 생각하게 된다. 그것이 바로 이타적 공익 정신이다. 따라서 나를 함부로 막 쓰면 나와 세상에 폐를 끼치게 되고 스스로 무익한 존재로 전락해버린다. 그런 시행착오를 예방하자는 목적이 『미래 살아가기』 '쓰자' 인성 편의 담론이다.

나를 나답고
사람답게 써야 하는 이유

미래의 청소년들에게 사람다움이란 뭘까?

지금은 21세기이다. 과학 문명은 찬란히 빛난다. 그런데도 '사람다움'의 가치와 인성은 찬란한 문명의 빛에 가려지고 흐려져 그 아름답고 선명한 본래의 빛이 퇴색하고 그 향기마저도 점점 사라지고 있다. 그 때문에 사람다움을 강조해야만 하는 시대가 되었는지 모르겠다. 따라서 현대사회는 왜, 미래의 청소년들에게 효(孝)를 가르치지 않고 사람답게 사는 방법을 충고하지 않는지? 그리고 나를 나답게 하는 것이 어떤 것인지에 대해 알아보자.

《논어》학이(學而)편에 나온 공자님의 말씀이다.

子曰 : 弟子入則孝 出則弟 謹而信 汎愛衆 而親仁.

　　　行有餘力 則以學文.

자왈 : 제자입즉효 출즉제 근이신 범애중 이친인.

　　　행유여력 즉이학문.

　공자께서 말씀하셨다. "제자들은 집에 들어와서는 부모에게 효도하고, 밖에 나가서는 모든 이에게 우애가 있도록 해야 하며, 신중하여 믿음이 가게 해야 하며, 널리 사람들을 사랑하고, 학문과 도덕을 갖춘 사람을 친근히 하여야 한다. 이렇게 행하고도 남은 힘이 있거든 글을 배우라."라는 말씀이다.

　그렇다. '우리의 젊은이들은 집에서는 부모님께 효도하고, 나가서는 어른들을 공경하며, 언행을 삼가고 신의를 지키며, 널리 사람들을 사랑하되 어진 사람과 가까이해야 한다. 그렇게 행하고도 남는 시간과 힘이 있으면 그 힘으로 학문에 힘써야 한다.'라는 말이다.

　즉, 인간의 삶은 학문을 위한 목적이 아니다. 우선은 내가 살아 있어야 하고 다음이 사람을 사랑하고 신의를 지키는 일이다. 공자께서 살았던 춘추전국시대도 정치, 경제, 사회, 문화적으로 매우 불안전하던 시대였었다. 그래서 칠웅오패(七雄五覇)가 생겨났고 하루아침에 나라의 주인이 새로 바뀌는 매우 혼란스러운 사회였다. 자칫 잠시라도 한눈팔면 목숨을 잃고 인생이 끝나거나 자신의 삶도 타인에게 뒤처져 경쟁에서 밀려나게 된다. 그래서 공자께서는 공부부터 하지 말라고 강조하였다.

삶이란? 여러 사람과 바람직한 관계를 맺어가며, 함께 호흡하고, 함께 사랑하며 서로 도와가며 행복하게 살아가는 것이 그 목표이다. 이것은 인(仁)에 기초한 결과이다. 인이 사람을 사람답게 혹은 나를 나답게 하기 때문이다. 즉 사람이 사람답게 되는 것이나 혹은 내가 나답게 된다는 것은 학문이나 사회적 성공이 아니다.

내가 나답다는 것은 스스로 자기가 원하는 대로 세상을 향해 간다는 것을 의미한다. 하지만 많은 사람은 자신이 무엇을 원하는지조차도 모른다. 그리고 타인의 길과 성공이 마치 자신의 길인 양 따라간다. 그런 점에서 공부가 인생의 궁극적 목표가 될 수도 없다는 말씀이다.

목적과 목표가 뒤바뀐 현대사회

현대사회는 '사람 됨됨이'에 신경 쓸 겨를이 없다. 인성보다는 일이 먼저고, 일보다는 성공이 우선이라고 생각하는 사회이다. 그것은 왜냐? 우리의 자식들이 모두 성공해야 하기 때문이다. 성공하기 위해선 남보다 먼저 일등이 되어야 하고, 일등이 되기 위해서는 일이나 인성은 별로 중요하게 여기지 않는 사회적 풍토와 분위기가 문제이다. 그러니까 공부 잘하고,

좋은 직장 들어가서 성공만 하면 된다. 더는 바랄 게 없다고 생각하는 인식이다. 그런 의식과 노력의 결과로 우리 사회와 대한민국은 80~90년대 초고속 경제성장을 이루어냈다. 그리고 이제 살만한 나라가 되었다.

그러나 사람다운 삶과 나다운 나를 등한시하고 국가산업과 경제발전의 성장 위주로 살다 보니 우리 사회의 곳곳에서 이제 여러 가지 폐단과 불균형적 문제가 터져 나오기 시작했다. 그리고 그 불균형은 또 다른 불공정과 불평등을 만들었다. 무엇보다도 도덕적 인간성의 파괴와 상실이 가장 큰 문제이다. 이것은 사람이 사람답지 못하고 인간으로서 당연히 가야 할 인도(人道)를 가지 못함으로써 발생하는 사회적 문제들에 기인한 현상이다.

따라서 아무리 경제성장을 이루고, 과학 문명이 발달하고, 부와 권력을 거머쥐었다고 해도 인성 없는 실력과 지식 또는 성장은 아무런 쓸모가 없는 무용에 가치가 된다. 그것을 뒤늦게 깨달은 교육 당국과 학교, 기업에서 인성을 갖춘 인재를 찾으려고 무지 애쓰고 있다. 그래서 면접방식도 많이 바뀌고 있다. 그것이 '다면(多面) 인성·적성면접(MMI·Multiple Mini Interview)'과 같은 방식이다.

세계 최고의 대학인 하버드대학교는 성적뿐만 아니라 인성과 리더 십의 덕목을 가장 중요하게 여긴다. 세계 최고의 명문고 필립스 엑시터 아카데미는 '지식보다 경쟁력이 있는 것이 바로 인성'이라고 강조한다. 이 학교 설립자 존 필립스는 학교 건립 기부증서에 이렇게 썼다. "교사의 가장 큰 책임은 학생들의 마음과 도덕성에 주의를 기울이는 것이다. 지식이 없는 선함은 약하고, 선함이 없는 지식은 위험하다. 이 두 가지가 합쳐서 고귀한 인품을 이룰 때 인류에 도움이 되는 토대가 될 수 있다."라고 글을 남겼다.

기업에서도 이제는 남을 배려할 줄 아는 인재를 찾고 양성하기 위해 사원을 대상으로 봉사활동을 통해 인간성을 회복시키고, 이타적 정신과 마음을 가슴에 품도록 유도하고 있다. 또 업무적 능력보다도 인성이 좋은 사람이 인기가 많다. 업무능력은 좀 떨어지더라도 인성이 뛰어난 동료가 조직문화에 잘 적응하고 화합을 이룰 수 있기 때문이다.

보스턴대학교의 헬스만 교수는 한 연구에서 인성에 큰 영향을 주는 정서 능력에 대하여 이렇게 말했다. "아이큐는 성공의 20%를 보장하지만, 정서 능력은 80%를 보장한다."라고 했다. 그것은 정서 능력 즉 인성이 매우 중요하다는 뜻이다.

공자께서는 논어 태백 편에서 이렇게 말씀하셨다. "뜻은 크면서 정직하지도 않고, 무지하면서 성실하지도 않으며, 무능하면서 신의도 없다면, 그런 사람은 내가 알 바 아니다."라고 하셨다. 그것은 인성이 부족한 사람은 상대힐 만한 가치가 없다는 의미이다. 자! 이제 청소년 여러분들은 냉정하게 자신을 한번 돌아보자. 자신을 비롯한 우리의 인성은 어떠한지?

청소년의 인성과 마음

나무도 좋은 토양에서 잘 자란다

사람의 마음(心)은 개인의 생각 또는 기억 따위가 깃들어 있거나 생겨나는 곳을 마음이라고 한다. 이러한 마음자리에 싹을 틔우는 것이 '마음의 씨앗' 즉, 심성(心性 personality)이다. 이 심성이 마음자리 혹은 마음 밭에서 좋은 토양과 만나 잘 자라면 사람들은 훌륭한 인성(人性) 또는 좋은 품성을 지녔다고 한다.

이러한 인성은 자각하고, 사유하고, 추론하고, 분별하고, 판단하며 자신을 통제하는 역할을 한다. 이처럼 마음은 좁은 의미로서 육신에 상대되는 '지각능력'을 중심으로 인식되기도 한다. 하지만 넓은 의미로는 우주와 마음을 일치시키는 유심론적(唯心論的)[1] 세계관의 개념이기도 하다. 따라서 인성은 곧 성격[2]이다. 성격은 개개인이 가지고 있는 마음의 품격이다. 이러한 성격은 사람의 기분·태도·의견을 포괄한 마음의 상태이기도 하다. 이러한 성격은 다른 사람과의 상호작용에서 뚜렷이 드러난다.

사람에 심성이나 품성을 나타내는 마음[3]에 대하여 원효(元曉)는 "삼계(三界:중생이 생사 왕래하는 세 가지 세계)가 곧 마음이다."라 하여 우주를 하나의 마음을 일으키는 현상으로 제시했다. 우리의 일상생활에서 쓰는 말 가운데 '마음자리', '마음결', '마음 씀', '마음씨'와 같은 말들이 있다. 그것은 근원적인 마음의 바탕(體)과 그것의 움직임(動)과 그것의 발현(用)과 그것의 모양(狀)과 같은 것이다.

'마음자리'는 사람의 마음에 바탕을 나타낸 단어이고, '마음결'은 마음의 움직임을, '마음 씀'은 마음의 발현을, '마음씨'는 마음의 모양이다. 쉽게 말해서 꽃밭이 있다면 '마음자리'는 이 꽃밭이 '여기'에 있는지, 아니면 '저기'에 있는지, 또는 서울에 있는지, 부산에 있는지, 산에 있는지, 들에 있는지와 같이 구별되는 의미다.

또 '마음결'은 꽃밭에 어떤 종류의 꽃들이 피고 있는지. 또 '마음 씀'은 어떤 빛깔에 꽃들이 어떻게 피었는지 이다. 그리고 '마음씨'는 꽃들의 모양과 향기 그리고 씨앗이다. 꽃밭이 있는데 어떤 꽃밭은 동그랗고, 어떤 꽃밭은 네모 같고, 어떤 꽃밭은 세모같이 각기 다른 꽃밭의 모양을 말한다. 이처럼 사람의 마음도 겉으로 드러나는 생김새나 모양이 각기 다르다. 이런 마음을 바탕·움직임·발현·모양 이 4가지 범주로 구분한 것이다.

첫째, 마음자리는 '마음의 근원'이다. 심성이 머무르는 곳이다. '마음의 바탕'은 한자어인 '심지(心地)' 또는 '심원(心源)'이다. 그러나 이것은 마음의 근본을 이루는 어원일 뿐 아직 밖으로 나타난 것이 아니고 관념적 인식의 대상이다. 그것은 선과 악(善惡)이나, 아름다움과 추악함(美醜)이나, 깨끗함과 더러움(染淨)에서 분별없이 떠나 있다. 붙잡을 수도, 보고 들을 수도 없이 다만 고요하고 담담한 심연(湛然) 같다.

고요하고 담담한 심연의 마음자리는 외재 사물에 감응되어 작용하면 물결을 일으키게 된다. 그러나 다시 감응의 물이 심연에 고요하게 가라앉으면 다시 본연의 상태로 돌아간다. 마치 바람이 불면 물결을 일으키다가도 바람이 자면 고요한 상태로 돌아가는 바다와 같다. 원효는 이러한 마음의 현상과 작용을 '일심(一心)의 바다'라 표현했다. 이러한 마음은 바탕을 이루기 때문에 만물을 낳은 하늘이 하나인 것처럼 '마음자리'도 하나로 인식하고자 했다.

둘째, 마음결은 외재 사물에 감응되면 쉽게 물결을 일으키는 속성을 가지고 있다. 그 물결을 일으키는 상태가 '마음결'이다. 이것을 중용에서는 중화(中和)적 현상이라 한다. 바다나 강물은 천년이라도 고요함을 지킬 수 있다. 하지만 태풍을 만

나면 격랑을 일으키고, 벼랑 아래에서는 용솟음치고, 탁류를 만나면 물색이 변한다. 하지만 그렇다가도 중화적 작용을 통해서 안정된 상태로 돌아가려 한다.

이렇듯이 마음자리도 외재 사물에 감응하면 그 외재 사물의 속성대로 물결을 일으킨다. 여기에 해당한 단어들은 '마음결' 외에 '마음가짐'과 '마음보' 등이 있다.

셋째, '마음 씀'이다. '마음결'이 마음의 움직임을 뜻한다면 '마음 씀'은 '마음결'이 실제 밖으로 드러나는 발현이다. 물론 '마음결'과 '마음 씀'을 다 같이 마음의 발현으로 묶을 수도 있다. 그러나 그것을 미세하게 쪼개어 보면 마음의 동요와 작용이 실제로 밖으로 드러나는 현상을 알 수 있다. 또한, 마음이 움직여도 그 움직임이 밖으로 드러나지 않을 때도 있다.

넷째, '마음씨'다. 심성이 고운 사람을 마음씨가 곱다고 한다. 마음씨는 마음결이 일어날 때와 마음 씀이 드러날 때 어떤 모양으로 일어나고 작용하느냐 하는 모양을 나타내는 말이다. 곧 마음과 관련된 형용사는 모두 이에 해당한다.

이처럼 일상어에 나타난 마음은 그 구조상으로는 바탕 · 움직임 · 발현 · 모양 이 4가지 체계를 가지고 있다. 하나밖에 없는 마음의 바탕이 움직임 · 발현 · 모양으로 전개되면서 많은 난어를 파생시키고 표현되는 것을 알 수 있다. 훌륭한 인성은 이처럼 좋은 토양에서 싹트고 자라서 아름답고 향기롭게 피는 꽃과 같다.

청소년은 마음 밭에 어떤 씨앗을 심을까?

사람의 마음 밭에 어떤 씨앗을 심느냐에 따라 인간의 '됨됨이'가 결정된다. 자신의 마음 밭에 어떤 씨앗이 심겨 있는지를 발견하는 것도 매우 중요하다. 어떤 씨앗이 심겨 있는지를 알면 올바르게 성장할 수 있다. 이것이 중용의 이론에서는 '가운데 마음 보기=중심(中心)'이다. 이 중심을 통해서 사람답게 살아가는 방법을 알 수 있다. 인간의 마음 밭에 심겨 있는 씨앗의 근원은 '인간의 본성'이다.

사람은 반드시 자기 자신의 존재를 알아야 한다. 특히 청소년 사춘기 때는 이런 질문에 민감하다. '나는 왜 태어났고, 나는 누구인가? (Why am I born, and who am I?)' 그리고 '나는 어떻게 세상을 살아가야 하나? (How do I live the world?)' 이런 자기 정체성에 대해 고민하지 않는 청소년은 청소년이 아니다. 인문학은 청소년기에 고민하는 자신의 정체성과 존재에 대한 문제와 의문들을 조용히 사색하며 해결할 수 있도록 도와준다. 이런 과정이 인간의 본성과 심성을 이해하고 아울러 사람다움 또는 나다움의 인성을 형성하도록 돕는 마음의 작용이다.

인(仁)은 사람으로서 갖추어야 할 마음이고, 의(義)는 사람이 마땅히 실천해 가야 할 길이요 도리(道理)이다. 따라서 학문하는 목적과 방법은 다른 데 있는 것이 아니라 자신의 마음을 찾는 것에 가장 큰 목적이 있다. 그 마음 안에 인이 있고, 의가 있으면 그것이 인성(人性)이다. 따라서 인성교육이란? 사람다움의 길을 잘 갈 수 있도록 돕는 인(仁)과 의(義)에 가르침이다. 이것이 인문정신의 바탕이다. 이런 인성을 갖춘 청소년이 천재보다 낫다. 그러면 그 무엇보다도 행복한 인생을 성공시킬 수 있기 때문이다.

사람다움의 길과 인문정신

사람다움의 길을 가다

사람다움의 길이라는 것은 인간이 마땅히 지켜가야 할 윤리와 도덕에 기반을 둔 생활방식의 행위이다. 또 사람이 사람답게 살기 위하여 행하는 생활의 실천방식이다. 사람이 사람다움의 길을 가는 데 있어서 공자는 하늘의 이치에 따르는 도리와 사람의 도리가 합쳐진 이치라고 보았다.

그와 같은 이치의 가장 본질적인 것은 인(仁=어진 마음)이라고 생각했다. 그리고 인간과 인간 사이에서 지켜야 할 이상적인 도(道)의 방법으로는 덕(德)의 실천을 꼽았다. 따라서 덕은 도의 수단임을 알 수 있다. 도는 윤리적 표현뿐만이 아니라 인간의 본성을 뒷받침하기도 한다. 다시 말해서 인간이 인간답게 사람다움의 길을 간다고 하는 의미는 곧 천도와 인도를 얼마나 잘 실천하고 있느냐에 의미를 내포하고 있다.

논어에서 예(禮)·충(忠)·효(孝)·인(仁)·신(愼)·성(誠) 등의 덕목은 바로 인간이 사람다움의 도리를 실천하는 방법이다. 따라서 사람의 도리를 잘 지켜 사람다움의 길을 행하는 것이 곧 천도를 따르는 자세로 보았다. 이와 같은 관점에서 천도나 인도는 바로 인간 본연의 사람다움에 길을 실현하는 윤리규범이라 정의할 수 있다.

따라서 사람다움의 길로 가는 인문정신의 바탕이 바로 인문학(人文學, humanities)이다. 따라서 인문학은 인간과 인간의 근원적 문제 또는 인간의 사상과 문화에 관해 탐구하는 학문이다. 즉 사람인 나의 문제와 나를 중심으로 한 타인과의 문제들. 그리고 그들과 저들과 같이 사람과 사람의 관계에서 생겨나는 모든 문제가 다 인문학의 범주에 속한다. 인문학에서 가장 중요한 것은 사람의 됨됨이 즉 '인성(人性=human nature)'이다. 그렇듯 인성은 사람에게 형성되고 갖추어진 사람됨의 성품이다.

인문학이 실종된 현대사회의 문제들

우리 사회에서 인문학을 무가치하고 무용한 학문으로 홀대한 결과 이미 인문학은 밑바닥까지 추락하고 실종된 지 오래다. 그런데 얍삽한 현대사회가 이제야 다시 인문학의 중요성을 깨닫고 여기저기서 인문학을 외쳐댄다. 그런데 그 과거와는 목적이 판이하다. 과거엔 올바른 사람이 되어서 제대로 된 사람다움의 길을 가기 위해서 인성교육이 필요하다고 했다.

그런데 오늘날 현대사회가 인문학을 외치는 목적은 좋은 대학을 가기 위해, 대기업에 입사하기 위해, 창의적인 사고를 위해, 상상력을 위해, 성공하기 위해 등등의 목적으로 중요성이 바뀌어 있다. 하지만 인문학은 사람다움으로 살아가는 방법과 과정에 대한 것이지 사회적 성공을 이루는 것에 목표는 아니다. 이미 무너져 내린 인문학의 토대를 다시 복원시키는 데는 상당한 시간이 걸리겠다는 생각이다.

그렇게 호들갑스럽게 인문학을 외쳐대고 있지만, 인문학의 처지에서 보면 별로 유쾌하지 않다. 이미 대학에서는 인문학이 설 자리를 없애버린 지 오래다. 지성에 전당 대학에서조차 인문학과 인성이 경시되는 사회 풍조 속에서 과연 그 외면당한 본질의 섭섭함이 진정성이 없는 요란한 구호성에 과연 협조해줄지 의문이다. 그러나 21세기 미래의 인류 번영과 유토피아를 위해서라면 현대사회는 삼고초려를 해서라도 다시 인문학을 우리의 마음과 인문정신에 스승으로 모셔와야 한다는 생각이다.

인문학을 대표하는 학문은 문학과 철학 그리고 역사이다. 문학(文學, literature)은 인간이 살아가는 삶의 이야기를 상상력을 동원해 독자들에게 전달한다. 우리는 이런 문학작품을 통해서 삶의 본질과 존재에 대한 이해를 높이게 된다. 참다운 삶이란 무엇인지? 문학을 통해서 생각하고 배우게 한다.

역사(역사, history)는 인간이 어떻게 살아왔는가를 관찰하고 탐구하게 한다. 역사는 인류가 살아온 삶의 과정을 통해서 어떻게 존재하고, 국가의 흥망성쇠가 어떻게 이루어졌는지 알게 하는 자료를 제공한다.

철학(哲學, philosophy)은 인간의 삶 본질에 대하여 무엇인가를 탐색하게 한다. 수많은 질문과 답을 통해 인간의 삶이란 무엇이며, 어떻게 살아갈 것인가를 성찰하도록 하여 삶의 지혜를 갖도록 하는 것이다. 그러니까 어떻게 살아가는 것이란? '사람답게, 인간답게' 그리고 바르게 사는 것을 일깨우는 학문이다. 그것을 통해서 나와 너, 그들과 저들 사이에 관계를 합리적이고, 객관적이고, 인간적인 방법으로 조정해내는 품성을 갖추도록 하는 학문이다.

인문학에서 절대 빼놓을 수 없는 것이 '인성(人性)'이다. 인성은 사람이 가지고 있는 마음이라고 했다. 그래서 사람다운 고운 마음을 가지고 있는 사람을 '심성이 곱다'고 한다. 이처럼 마음은 사람의 내면에서 성품(性)·감정(情)·의사(意)·의지(志)와 같은 것들을 포함하는 주체이다.

이처럼 인간다움으로 사람답게 사람의 길로 삶을 살아갈 때 비로소 세상에 태어난 보람과 의미가 있게 된다. 또한, 인문학은 인간의 삶에 대해 고민하고, 탐구하고, 사색하면서 그 해답을 발견하기 위한 목적이기도 하다.

인간의 삶에 대한 진지한 고민은 '나는 누구인가?' 또는 '삶이란 뭘까?'로부터 시작하는 것이다. '나는 어떤 사람인가'라는 질문으로 시작해서 '인간이란 어떤 존재이며, 인간의 생각과 행동은 어떻게 이루어지는 것일까?' 등에 대한 지속적인 질문과 의문을 품는 데서부터 삶은 시작되는 것이다. 또 '어떻게 사는 것이 올바른 방법일까?', '행복한 삶이란 어떤 것인가'에 대한 생각을 끝없이 탐구하는 정신이다.

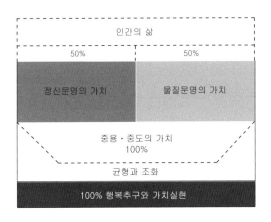

▲100% 행복추구의 가치와 존재

그러나 분명한 것은 사람다움의 정신을 소유할 때 비로소 행복한 삶의 가치를 구현할 수 있다. 따라서 청소년들이 미래 사회의 주역으로서 행복하려면 반드시 이 사람다움의 정신, 인문정신을 가슴에 간직하고 균형을 잃지 말아야 한다. 그러한 인성을 나 자신과 타인을 위해 유익하게 아낌없이 써야 한다. 그러려면 물질문명과 정신문명의 가치에서 중심 있게 균형과 조화를 지켜내야 한다. 그럴 때 비로소 사람다움으로 성공하는 행복한 삶이다.

길잃은 위기의 인문학과
청소년의 미래

위기의 인문학에 희망을 걸다

인문학(人文學:humanities)은 인간의 사상 및 문화를 대상으로 하는 학문영역이다. 미술·문학·철학·인문과학 등 광범위한 학문영역이 포함된다. 인문학은 인간과 인간의 근원적인 문제를 비롯한 인간의 사상과 문화에 관해 탐구하는 학문영역이다. 자연과학과 사회과학이 경험적인 접근을 주로 사용하는 것과는 달리, 인문학은 분석적이고 비판적이며 사변적 방법이 폭넓게 적용되는 범주이다.

그런데 이런 인문학이 문명의 소용돌이에 휘말려서 지금 갈 길을 잃고 방황하고 있다. 이렇게 우리 사회에서 인문학이 소외되고 천대를 받는 처지가 되다 보니 우리 사회의 민낯과 몰골은 말이 아니다. 각종 부정부패와 범죄가 들끓고, 흉악범이

활개를 치고, 인륜과 도덕의 가치가 마치 모래성 같이 무너져 내리고, 사람과 사람 사이에는 불신과 배신이 만연하고 있다. 그러므로 인해 사회의 불안정성은 높아지고 국민의 행복지수는 낮아지게 되었다. 이런 현상은 우리 사회의 불균형과 사회의 안전망인 인문학이 위기를 맞으면서 실종된 데서 기인한 현상이다.

> 사회안정이 확대되면 행복지수가 높아지고, 사회불안정이 확대되면 불행지수가 높아진다. 따라서 국가는 반드시 정치, 경제, 사회, 문화에 있어서 사회안정은 물론 정치의 균형발전을 꾀하여야 한다.

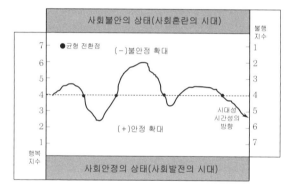

▲ 사회의 안정과 불안정의 상태

이렇게 인문학이 땅에 떨어지고 천덕꾸러기가 되어 거리를 방황하고 있는 것이 어제오늘에 얘기가 아니다. 그래서인가 인문학이 살아야 한다고 세상은 여기저기서 외쳐댄다. 하지만 그것은 지나가는 솔바람에 불과한 일시적 현상이다. 인문학이 본래의 제 길을 가기 위해서는 근본적인 문제들이 해결되어야 가능하다.

인문학은 사람과 사람의 관계를 다루는 학문이라 했다. 사람과 사람의 관계는 미묘하고 복잡하다. 그래서 자칫하다가는 길을 잃기가 십상이다. 따라서 그런 복잡한 길에서 길을 잃지 않기 위해서는 무엇보다도 인성을 키워내는 인문학이 중요하다. 그 인성은 사람이 사람의 길로 가기 위해 이끄는 따뜻하고 부드러운 소양과 품성이다.

그 때문에 청소년 때엔 지식을 습득하는 일도 중요하다. 하지만 인성교육을 중요시하는 것이다. 그런 인성으로 문명의 세파에 마구 흔들리는 우리 사회의 중심을 바로 잡아 세워야 한다. 그런데 우리의 가슴과 머리엔 그 삶의 중심을 바로 잡아 세우게 할 제대로 된 인성이 떠나버리고 없다. 인성이 있어야 할 자리엔 자리(自利)에 욕망과 탐욕이 자리 잡고 있고, 에고(ego)가 독버섯처럼 만연하고 사회 곳곳에 절망과 분노의 바이러스를 확산시키며 뿌리를 내리고 있다.

현대 교육의 시스템은 사람을 만들기 위한 교육을 중시하는 것이 아니라 남보다 빨리 성공시키고, 빨리 돈을 많이 벌고, 빨리 부자가 되는 것을 교육에 목적으로 삼고 있다. 그래서 결혼을 할 때도 학벌과 재산, 환경 그리고 외모와 성격 순이다. 이러한 우리 사회의 인식이 바뀌지 않는 한 무너진 인문학의 위상을 바로 세우기는 어렵다. 그러나 모든 것을 포기하기엔 아직 이르다. 특히 우리의 청소년과 미래세대를 위해서는 어떠한 난관과 경제적 비용 그리고 희생이 따르더라도 인문학과 인문정신을 지켜내는 일은 결코 포기할 수 없는 과제이다.

인문학과 인문정신이 죽고 없는 삭막하고 암울한 사회. 그런 사회에서 문명사회를 사는 현대인들이 과연 무엇을 기대할 수 있겠는가? 국가적 발전과 번영만이 전부가 아니다. 중요한 것은 인간의 삶이다. 그 속에 나와 우리 그리고 그들과 저들의 삶이 있다. 그 각자의 삶이 추구하는 가치가 있다. 물질이 풍요롭고 풍족해도 우리가 지닌 정신적 황폐는 삶을 공허하게 하고 무의미하게 만든다. 공허함 속에서는 희망을 창조할 수 없다. 희망이 죽고 없는 사회. 그런 사회는 절망뿐이다. 그러한 절망 앞에서 과학 문명의 찬란함에 의미는 무엇이고, 미래로의 꿈과 희망 그리고 진정한 행복은 가능할까? 라는 우려는 이제 우려가 아닌 현실이 되었다.

절망을 희망으로 바꾸는 인문정신의 힘

자! 그렇다면 21세기 우리 청소년들은 미래의 전진을 위해서 이제부터라도 인문학적 소양과 인성을 갖추어야 한다. 그래야 미래가 있고, 희망이 산다. 인문학을 대표하는 학문을 흔히 문(文), 사(史), 철(哲)이라 했다. 문학, 역사, 철학이 세 학문이 인문학을 주도하는 대표주자 격이다. 이 세 학문이 사람이 사람답게 살아가는 데 있어서 근원적 물음에 답을 제시해주기 때문이다.

미국에 유명한 작가 윌리엄 포크너는 1949년 노벨문학상을 받으면서 이런 말을 했다. "문학은 인간이 어떻게 극복하고 살아가는가를 가르친다."라고 했다. 또 아리스토텔레스는 "역사는 사실의 기록이요, 문학은 가능한 세계의 기록이다."라고 말했다. 그렇듯이 현대사회에서 우리 인간이 역사를 만들어가고 또 문학이 인류의 문명 창달에 얼마나 중요한 역할을 하고 있는지, 문학의 사명과 책임이 그 얼마나 큰 것인지를 짐작하게 한다.

이처럼 문학은 인간이 살아가는 삶에 이야기들을 무한한 상상력을 동원해서 전달해 준다. 미래의 청소년들은 이런 문학 작품을 통해서 인간 존재에 대한 깊은 이해와 사유를 갖게 된다. 간접적으로나마 인간과 사회 그리고 우리가 살아가는 현재와 미래 세계에 대해 경험하고, 생각하고, 느끼면서 성숙한 청년 혹은 어른으로 성장을 하게 된다. 그 성장의 과정을 통해서 우리 인간의 삶에 '참다운 가치'에 관해 묻고 생각하게 하기 때문이다.

인문학은 청소년과 현대사회의 미래이다

역사는 인류가 어떻게 생존하면서 어떻게 살아왔는가를 살피게 한다. 그러나 이제 인문학의 길은 막막하다. 청소년의 미래도 갈팡질팡 길을 잃었다. 청소년의 꿈과 희망도 길을 잃었다. 그 원인은 무엇일까? 많은 원인이 있겠지만 무엇보다도 가장 큰 원인은 문명사회의 과도한 물신주의와 물질만능주의에 빠진 탐욕주의가 우리 사회의 불균형을 조장하고 부조화를 빚은 결과이다. 그런 가장 큰 원인과 폐단이 결국 인문학의 실종을 불렀다는 생각이다.

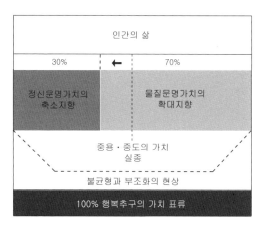

▲ 정신문명과 물질문명 가치의 불균형

그럼 길을 잃은 인문학과 청소년들은 무엇을 어떻게 해야 할까? 그것은 무엇보다도 앞으로 나아갈 방향성에 대한 이정표와 좌표를 설정하는 일이다. 그리고 높은 세파의 소용돌이에서 휘말리지 않고 중심을 똑바로 잡고 적응하는 기술과 훈련이 절대적으로 필요하다. 그다음 우리 사회의 불균형과 부조화를 균형과 조화롭게 바로 잡아 세우는 일이다.

그것에 첫째 조건은 인문정신의 무장이다.

인문정신의 무장은 사람다움의 길을 잘 갈 수 있도록 인문학적 소양과 자질을 스스로 배양하고 습득하는 과정이다. 예컨대 무엇이 옳고 그른 것인지 사리 분별을 할 수 있도록 하는 것이다. 사리 분별이란? 세상과 자연의 이치에 부합되도록 사물에 이치나 일의 도리를 헤아리고 인식하는 지혜이다. 그리고 사리를 안 다음에는 이것에 역행하지 않도록 순리에 맞춰 행동할 줄 아는 태도와 힘이다. 그렇게 함으로써 과도하게 물질문명에 기울어진 정신문명에 가치를 회복하고 함께 균형과 조화를 이루도록 하는 것이다.

그렇게 하려면 상황에 따라 벌어지는 어떤 사안에 대해 정확한 이해와 확실한 개념을 정리할 줄 알아야 한다. 개념이 정리가 안 되면 분별할 수가 없다. 그리고 이것을 '해야 할지', '말아야 할지' 판단하기가 매우 혼란스럽고 어렵다. 이러한 분별력이 없이 일에 의욕만 앞세워 무분별하게 마구 덤비는 것은 매우 위험하다. 자칫 일을 그르칠 확률이 높다. 그런 무분별한 행동이나 처신을 하는 사람을 가리켜 옛 성현들은 소인 또는 소인배라 했다.

중용 제2장에 말씀이다.

君子中庸, 小人反中庸.

군자중용, 소인반중용.

군자는 중용을 지키고, 소인은 중용에 반한다.

이 말씀은 군자는 세상과 자연에 이치에 부합되도록 사물의 이치나 일의 도리를 잘 헤아려서 순리에 따라 잘 맞춰 행동한다는 뜻이다. 그러나 소인은 어떤가? 군자와 달리 사물의 이치나 일의 도리를 잘 헤아리지 못하고 세상과 자연에 이치에 부적합한 행동으로 역행한다는 뜻이다. 그러니까 일을 그르치게 만든다는 뜻이다.

세상과 자연의 이치에 부합한다는 것은 '바른 생각', 바른 행동'의 의미이다. 즉 바른 생각이나, 바른 행동은 나를 중심으로 한 인간관계에서 합리적인 처신으로 서로에게 유익하게 도움이 되는 인간관계와 사람다움의 처신을 중시한다는 뜻이다.

둘째는 실천이다.

생각만 하고 실천하지 않는 것은 생각하지 않은 것과 같다. 아무리 훌륭한 생각이라도 생각에만 머물러서 좋은 결과를 만들어가지 못한다면 그것은 훌륭한 생각이 아무리 많아도 소용없다. 우리 속담에 '구슬이 서 말이라도 꿰어야 보배다.'라는 속담이 있다. 이 말은 '아무리 훌륭하고 좋은 것이라도 다듬고 정리하여 쓸모 있게 만들어 놓아야 값어치가 있다는 것을 비유적으로 이르는 말이다.

그러면 여기서 다듬고 정리해서 쓸모 있게 만드는 것은 일의 행위와 실천이다. 구슬이 서 말이고, 꿰어야 값진 보배가 되는 것은 알겠는데 이를 실천하지 않으면 아무 소용이 없다. 수고롭고 고생스럽더라도 실행에 옮길 수 있을 때만 값진 보배를 소유할 수 있게 된다.

중용 제5장에 말씀이다.

子曰, 道其不行矣夫.
자왈, 도기불행의부.
공자께서 말씀하시길, 그 도리가 잘 행해지지 못할까 걱정이다!

중용 전체 말씀에서 가장 짧게 하신 말씀이다. 이 말씀은 중용에 가르침과 도리가 매우 훌륭하고 좋은데 그 도리가 잘 실천되지 못함을 걱정하시는 공자님의 마음이 나타나 있는 대목이다. 그럼 왜, 백성들은 그것을 잘 지키지 못하게 되는 것일까?

중용 제4장의 말씀이다.

知者過之, 愚者不及也.

지자과지, 우자불급야.

안다는 사람들은 욕심이 지나쳐서 그냥 지나쳐버리고, 어리석은 사람들은 그 도리에 미치지 못함 때문이다.

그렇다. 바로 이 때문이다. 머리가 좋고 뛰어난 사람들은 절대 손해 보는 짓을 하지 않는다. 그래서 도리가 아닌 줄 알면서도 자기의 이익에 치우쳐서 처신한다는 말이다. 그리고 우둔하거나 뛰어나지 못한 사람들은 그 도리에 미치지 못함으로 인해 사리 분별을 잘못하고 손해를 보기 때문이라는 말씀이다.

사리 분별을 잘못하면 실천이 쉽지 않은 것은 당연하다. 이처럼 중용의 도리는 선명하고 뛰어난 인문정신의 교훈과 가르침을 담고 있다. 그러나 사람들이 이를 외면하는 것은 눈앞에 이익을 먼저 생각하다 보니 실천하지 않는 데 있다. 이 때문에 어렵고, 잘 지켜지지 않게 됨을 공자님께서는 매우 안타까워하신 말씀이다. 그러나 공자님의 제자 중에 안회[1]는 그 누구보다도 실천을 잘한 사람으로 알려져 있다.

공자님의 제자 가운데는 학자 · 정치가 · 웅변가 등 뛰어난 사람이 많았다. 그러나 안회는 덕의 실천에서 가장 뛰어났다. 그는 가난하고 불우한 생활에도 불구하고 오로시 연(?)와 덕을 따르고 실천하는 일에만 전념하였다. 그래서 공자께서 가장 사랑하는 제자가 되었다. 그리고 공자의 제자 가운데 가장 훌류하고 겸허한 인물이 되었다.

그러나 32세 젊은 날에 요절하자, 공자는 "하늘이 나를 버리시도다."라고 탄식했다고 한다. 안회는 저술이나 업적을 크게 남기지는 못했으나 그의 자손은 공자·맹자의 자손과 함께 취푸(曲阜)라는 곳에 모여 살면서 명나라와 청나라 시대에 '안씨학'을 세워 나라의 특별한 보호를 받았다고 전해졌다.

오늘날 문명의 환경과 변화의 소용돌이 때문에 비록 인문학이 길을 잃고, 21세기 미래 시대의 주역인 청소년들이 방황하며, 인문정신으로부터 멀어지고 있지만, 앞날이 창창한 그대들은 반드시 인문정신에 꽃과 향기를 피워내야 한다. 삶의 목표가 꼭 우리 사회에서 일등이 되어야 하는 것은 아니다. 그보다 중요한 것은 삶의 가치가 무엇인지? 또 행복이 무엇인지? 그런 가치와 의미를 알아가는 삶이 더욱 중요한 일임을 알아야 하지 않을까?

청소년이 갖추어야 할
인의예지신 (仁義禮智信)

인성(人性)을 이루는 5가지 요소와 마음

우리의 마음에서 인의예지신(仁義禮智信)은 오상(五常)[1]이라 한다. 공자께서는 인간의 덕(德)으로서 인(仁)을 중시하여 지(知)·용(勇)과 아울러 그 소중함을 설명했다. 맹자는 인에 의(義)를 더하고 또 예·지를 넣어 인·의·예·지를 인간의 4개 덕목이라 했다. 그리고 한(漢)의 동중서(董仲舒)는 오행설(五行說)에 바탕을 두고 여기에 신(信)을 더해 오상설(五常說)을 확립했다.

맹자께서는 사람이 갖춰야 할 덕목 중 인의예지(仁義禮智)를 꼽았다. 이는 사람이 마땅히 갖추어야 할 네 가지의 성품으로 곧 '어질고, 의롭고, 예의 바르고, 지혜로움'을 이른다. 맹사는 본래 선한 인간이 가지고 있는 성(性)의 구체적인 내용을 인의 예지로 파악하였기 때문이다.

인(仁)²)은 '인(人)'과 '이(二)'의 두 글자가 합해져서 만들어졌다. 이는 두 사람이 '친(親)하다'라는 뜻이다. 인을 구성하는 여러 덕목 중에서 핵심은 사랑이다. '사랑이 부모에게 미치면 효(孝=효심)가 되고, 형제에게 미치면 우(友=우애)가 되며, 남의 부모에게 미치면 제(悌=공경)가 되고, 나라에 미치면 충(忠)이 된다.'라는 뜻을 담고 있다.

우리나라에서는 인(仁)을 '어질다'라고 하는데, 어질다는 '얼이 짙다'에서 온 말이다. 이는 심성의 착함, 행위의 아름다움을 뜻한다. 인을 실천에서 살펴보면, 공자께서는 남을 사랑하는 것을 인의 실천 기준으로 삼고, 백성에게 널리 베풀어서 중생을 구제하는 것을 인 실천의 종착점으로 보았다. 인은 불교의 자비나 기독교의 박애와 다를 바가 없다. 하지만 그 실천방법에서는 현저한 차이가 있다.

공자님은 사람을 사랑하는 것이 인이라고 했지만, 한편으로는 오직 인자(仁者)라야 만 사람을 좋아할 줄 알고, 사람을 미워할 줄 안다고도 하였다. 인은 무차별 사랑이 아니라 차별적 사랑으로, 착한 사람은 사랑하고 악한 사람은 미워하는 것이 인의 근본적 참사랑이라는 뜻이다. 공자께서는 인의 개념보다 인의 실천을 강조하였다.

인간의 본래 모습에서 나타나는 대표적인 행위는 남을 나처럼 생각하고 사랑하는 것이다. 이러한 의미에서 공자님은 인을 '애인(愛人)'이라고 하여 남을 사랑하는 것이라고 설명하였다. 공자님은 이처럼 인을 실현, 즉 인간의 본래 모습을 회복함으로써 사회적 질서를 확립하고자 했다.

한 가정이 인하면 나라가 흥인(興仁)하고, 위에 있는 자가 인을 좋아하는데 아래에 있는 자가 의(義)를 좋아하지 않는 일이 없으며, 인하면서 부모를 버리는 일은 없고 의하면서 임금에게 불충한 일은 없다. 인은 마음의 덕(德)이요, 가정의 보배요, 위정의 근본이요, 만물과 공생공존 하는 일체성의 의미를 담고 있다. 그러므로 배우는 사람은 먼저 인을 알아야 한다고 하였다.

또한 '인(仁)은 다른 사람에 대한 측은지심(惻隱之心)이다. 다른 사람을 사랑하는 마음은 인간에 대한 존중에서 비롯된다. 먼저 상대를 존중하는 마음이 있어야 배려하고, 나누고, 베풀 수가 있다.

독일의 철학자 니체도 이와 같은 말을 했다. "정의로운 사람은 빠르게 판단하지 않는다. 정의로운 자는 스스로 서둘러 판단하는 것을 삼간다. 정의로운 자는 남의 말을 경청하는 자이고, 정의로운 자는 남에게 친절한 자이다."라고 했다. 니체 또한 "정의는 남에게 친절하고, 남의 말을 잘 듣고, 남을 이해하는 것"이라고 말했다. 이것은 남을 존중하는 마음가짐과 태도를 말함이다. 바로 이런 것이 인성이다.

이러한 인성을 지닌 청소년은 인간관계에서도 성공할 수 있다. 이처럼 상대의 어려운 마음을 헤아리고, 공감하고, 이해하고, 격려하고, 희망을 주는 인문정신이 오늘날 청소년에게 요구되는 인문학의 중요성이다.

의(義)[3]는 사회적 인간으로서 지켜야 할 올바른 도리의 실천이다. 사회적 자아로서 자신을 자각하고 자신의 양심에 비추어 판단하는 도덕적 기준이다. 이는 실정법(實定法) 또는 자연법과 부합하는 도덕적 규범의 원칙이다.

공자님께서는 "군자는 천하에 생활하면서 이렇게 해야만 한다든지, 이렇게 하지 말아야 한다든지 하는 고정된 행동 원리를 갖지 않고 있다. 오직 의(義)를 따라 행동해야 한다. (君子之於天下也 無適也 無莫也 義之與比)"라고 함으로써 의를 인간의 실천 원리로 설명했다.

공자님의 인애사상(仁愛思想)에 의해 인이 유교의 기본 덕목으로 자리 잡았다. 맹자는 인(仁)과 함께 의(義)를 강조하여 인의 사상적 기본 내용을 정립했다. 그 후 유교에서는 일반적으로 인·의·예·지·신(仁·義·禮·智·信)을 오상이라 하여 가장 기본적인 덕목으로 여겨 왔다.

맹자님의 의(義) 사상은 모든 사람이 마땅히 받아들여야 할 정신적·도덕적 가치를 가리킨다. 맹자는 모든 사람 특히 위정자들은 물질적 이익보다는 정신적·도덕적 가치를 추구함으로써 이상적인 정치를 실현할 수 있다고 했다. 그러한 가치

구현의 대표적인 인간관계가 군신 관계이다. 그 때문에 군신유의(君臣有義)를 강조했다. 인간의 본성 중에는 자기의 나쁜 짓을 부끄러워하는 마음, 즉 수오지심(羞惡之心)이 있으며, 이러한 마음씨를 키워가면 의(義)라는 도덕 규범을 실현할 수 있다고 하였다. 맹자님의 이러한 의(義) 사상은 유교의 기본 내용으로 자리 잡았다.

예(禮)[4]는 사람이 각자의 신분과 사회적 위치에 따라 서로 행하거나 지켜야 할 도리를 말한다. 예는 동양문화를 이해하는 데에 있어서 매우 중요한 개념이 되는 것으로서 중국의 고전, 즉 육경(六經=時, 書, 易, 禮, 樂, 春秋)의 가르침이 비록 다르긴 하나 예를 근본으로 삼았다. 예는 정치, 법률, 종교, 윤리가 미분화된 채 있었던 행위규범이었다.

예(禮)의 어원적 의미는 본래 제사의례(祭祀儀禮)에서 찾을 수 있다. 예(禮)는 '땅 귀신 示' 자와 '풍년들 豊' 자로 구성되어 있다. 시(示)는 신적 존재요, 풍(豊)은 제기(祭器)인 '두(豆)'에다 제물을 담아 신에게 봉헌한다는 제사의례를 뜻한다. 이 풍(豊)자는 실제로 예(禮)의 옛 글자다. 유교의 근원적인 예는 바로 종교의 가장 일반적 실천행위로써 제의(祭儀)의 의미를 지니고 있다. 제의는 예를 실천함으로써 신(神)을 섬기고 복(福)을 오게 한다는 의미이다.

유교에서 예는 그 근원에서는 형이상학적인 근본 개념으로 이해되면서, 그 실제의 적용은 다른 어떤 개념보다 더욱 구체적인 현실에 관여한다. 중국 남송(南宋) 때의 유학자(1130~1200) 주희는 예를 '하늘 이치의 절도 있는 문채(文彩)요, 인간 사무의 본이 되는 행동규범(天理之節文 人事之儀則)'이라고 정의하였다.

실제로 예는 관혼상제(冠婚喪祭)에서부터 이웃과의 일상적 교제에 이르기까지, 음식·의복과 앉고 일어나며, 나아가고 물러나는 모든 동작을 규정하는 등, 생활 전반에 걸쳐 이루어지는 예절의 기능을 수행하는 기준이다. 따라서 유교 사회의 모든 통치기능과 더불어 유교 문화의 특징을 '예교문화(禮敎文化)'라 규정짓기도 했다.

예의 의미를 특징적으로 파악하고 있는 고전적 개념을 정리해보면 다음과 같다. ①근원적으로 제사(祭) 의식이다. ②실천적으로 구체적 행동(履)이다. ③공동체나 신과 인간 사이의 관계에서의 조화(和)이다. ④분별과 구분화를 통한 질서로서의 차례(序)를 의미하기도 한다. 예는 특히 교화 수단으로서의 악(樂)과 결합해 예악(禮樂)이라는 통합영역을 형성한다. 예악은 의례와 음악이 서로 침투되고 상호보완적 역할을 하는 데서 나타나는 현상이다. 특히 도덕규범의 핵심으로서 의(義)와 결합해 예의(禮義)라는 또 하나의 통합영역이 되었다.

이처럼 예는 보편적인 가치의 도덕성을 지니면서 구체적 현실의 변화 속에서 실천되는 우리 사람의 행동 규범과 양식이다. 이에 따라 예가 행동 양식과 절차라는 점에서 일정한 고정된 형식을 지닌다. 그것을 보통의 예법인 상례(常禮)라 했다.

공자님은 예를 인(仁)의 실천 방법으로서 '자신의 사욕(私慾)을 극복하고, 예법으로 하늘의 이치(天理)를 회복하는 것'이라 해석하셨다. 여기서 예는 인간의 도덕성을 실천하고 실현하기 위한 과제였고 목표였다.

공자님께서는 아들 백어에게 "예법을 배우지 않으면 설 수가 없다."라고 가르쳤다. 맹자님은 예를 인간 성품의 도덕적 기본 요소의 하나로 파악해, '사양(辭讓)하는 마음'이라는 선한 감정으로 나타나는 것이라 했다. 이에 비해 순자(荀子)는 예를 인간사회에서 각각의 분수를 규정짓는 기준으로서 객관적 규범으로 파악하고, 인간 성품의 악함을 통제하고 다스리는 역할을 하는 것이라고 했다.

현대사회는 광복 이후 관습화된 전통의례의 허례허식에 따른 폐단을 개혁하기 위해 1969년 정부가 건전 가정의례 준칙을 제정하면서 생활 속의 가정의례는 유교 문화 전통으로부터 점점 멀어지는 일대 변혁을 겪었다. 앞으로 전통문화적 가치로서의 예를 현대사회에서 적합하게 지속해서 계승 발전시키려는 방법을 탐색하는 문제는 이 시대를 사는 우리가 지혜롭고 시대성에 맞게 풀어가야 할 중요한 과제이기도 하다.

지(智)[5]는 사람의 일상생활에서 시리를 잘 판단하고 분별하는 슬기이다. 사물의 이치를 바르게 분별하고 이를 정확하게 처리할 방노를 생각해 내는 재능을 가진 사람을 지혜(智慧)가 많다고 한다. 유교에서 지(智)는 인간에게 천부적으로 갖추어져 있는 도덕적 인식과 인지능력을 가리키는 개념이다. 맹자는 옳고 그름을 가리는 마음을 지라 하였고, 순자는 사람이 갖추고 있는 경험적 인식능력을 지라고 하였다.

성리학자들은 인간의 인식을 '견문지지(見聞之知)'와 '덕성지지(德性之知)'로 나누고, 덕성지지는 경험과 관계없이 이루어지는 것이며, 견문지지보다 더욱 중요한 것이라고 했다. 인간의 마음속에 도덕적 본성이 천부적으로 존재한다는 사실을 깨닫고 그것을 확충하여 실현하는 것을 지(智)라고 했다. 결국, 지는 '옳고 그름을 가리는 마음'이 지혜(智)이다. 지는 인(仁) · 의(義) · 예(禮)와 함께 사람에게 천부적으로 부여된 선한 본성을 이루는 인문학적 요소라 할 수 있다.

신(信)[6]은 인간관계에서 매우 중요한 덕목이다. 이를 파자풀이하면 신(信)은 사람(人)의 말(言)이다. 이는 주로 인간의 언어적 약속이 거짓 없이 실현되는 것을 칭하는 개념이다. 허신(許愼)의 설문해자(說文解字)에 "신의는 성실(誠)이라 했는데 같은 맥락이다. 즉 말을 이룬다는 것은 사람에 입에서 나오는 말이 말다운 말이라는 말이다. 이러한 말은 곧 상대에 대한 믿음이 된다. 그러나 말이 말답지 못하면 상대를 불신하게 된다. 즉 '믿을만한 것이 못 된다.'라는 말이다.

공자 이전에 있어서 신의라는 개념은 주로 사회적인 모든 인간관계에서 강조되던 개념이다. 증자(曾子)의 삼성(三省) 가운데 신의는 벗과의 인간관계에서 지켜져야 할 덕목이며, 정치적 측면에서는 치자(治者)가 피치자(被治者)인 백성에게 지켜야 할 덕목이며, 나아가 국가 대 국가의 관계에서도 서로가 지켜야 할 덕목이었다.

현대사회의 신의는 지금 어떠한가?

신의는 개인과 개인, 개인과 집단, 집단과 집단 등 모든 사회적 관계에서 그들 사이의 갈등과 분쟁을 해소하고 이상적인 소통의 관계를 설정하기 위한 신뢰의 토대가 된다. 이는 바꾸어 말하면, 상호 신뢰의 토대가 없는 상태에서는 모든 인간관계와 사회적 관계가 불안정할 수밖에 없다는 말이다. 현대사회가 각박하고 불안정한 것은 이러한 신의의 본질이 흐리고 깨져 있기 때문이다.

공자님께서 말씀하시길 "사람이 신의가 없으면 무엇을 할 수 있는지 모르겠다. 이는 마치 큰 수레에 예(輗=끌채)가 없고, 작은 수레에 월(軏=끌채)이 없는 것과 같으니, 어떻게 움직일 수가 있겠는가?"라고 했다. 이는 현대인의 생활수단인 자동차에서 엔진처럼 바퀴에 동력이 전달될 수 없는 상태를 뜻한다. 이처럼 신의는 인간의 모든 사회적 관계와 삶을 활성화하고, 가능하게 만드는 상호 처세의 원동력과 같은 규범이다.

친구 관계로 시작된 신의에 있어서 모든 신의가 꼭 정당한 것은 아니다. 공자님께서는 "신의는 의리에 맞는 것이라야 그 말을 실천할 수 있다"라고 했다. 정당성이 수반되지 않는 약속과 신의는 참다운 것이 아니다. 이는 반생명적이고 반사회적인 신의는 마땅히 배척되어야 한다는 의미이다.

이처럼 사회적인 덕목으로서의 신의는 도덕적 정당성을 전제로 한다. 이 도덕적 정당성의 터전은 인간 내면의 본성이 가지는 성실함이다. 맹자(孟子)께서는 이런 관점에서 신의를 인간성의 하나로 규정했다. 오늘날 현대사회에서 우리의 청소년들은 친구 사이에서 얼마나 신의를 지키며 중시하는가? 또 얼마나 진정성 있게 믿음을 갖고 친구를 아끼고 사랑하는가? 곰곰이 따져 생각해 볼 일이다. 아무리 친구가 많더라도 이와 같은 신의에 부합하지 못하면 진정한 신뢰의 친구라 할 수 없지 않을까?

가정이 왜 중요한가?

인간관계의 시작은 가정에서부터의 출발이다

'가정'은 우리 사회의 모든 관계와 관계, 조직과 조직의 구성 요건 중 가장 기본이 되는 구성 요소의 최소 공동체 단위이다. 이 최소 단위의 밀접한 관계에서 모든 관계의 출발이 이루어 진다. 또 여기에서 관계의 모든 이론이 만들어지고 형성된다 고 해도 과언이 아니다. 혼인 관계 및 혈연관계로 구성된 가족 공동체의 구성원들이 생활하는 장소 또는 조직체로서 좁은 의미의 가정은 주로 가족이 살아가는 내밀한 공간적 장소를 가리킨다. 하지만 넓은 의미의 가정은 인간관계의 초점이 주어지는 가족(family) 공동체이다.

이처럼 가정은 생활과 거주 장소에 초점이 주어지는 집 (house)이다. 공동의 소득에 근거한 생산, 소비 활동이 이루어지는 가계(house hold)가 가정이다. 이렇게 가정이란? 의식주를 비롯한 일련의 가족자원관리 활동을 모두 포함하는 개념이다. 다시 말해서 가정은 가족이 안주할 수 있는 공동체적 생활에 근본이 되는 장소를 가리킨다.

그것은 물질적 환경만을 의미하는 것이 아니다. 가족 구성원들이 건전하게 성장 발달할 수 있도록 기본적인 생존 욕구를 충족시키고, 안식과 애정을 제공하는 안락한 장소이면서 행복을 꿈꾸는 보금자리이다. 가정의 핵심은 가족이며 가정의 목표는 가족 구성원의 행복과 복지의 지향성이다. 이러한 목표를 달성하기 위해서는 다양한 환경과 가족 구성원 간의 기능과 협력관계가 균형과 조화를 이루어야 한다.

가정의 기능은 역사적, 문화적 배경에 따라 달라진다. 보편적으로 제기되는 기능은 크게 가족 구성원을 위한 가정의 대내적 기능과 대외적 기능으로 나눌 수 있다. 가정 내 기능으로는 성(性)과 생식, 자녀의 양육 및 교육 · 보호 · 휴식 · 생산과 소비 · 오락 · 종교와 같은 기능들이 있다.

대외적인 기능으로서는 합법적인 성적(性的) 통제, 생식을 통한 사회의 유지 · 존속, 노동력 제공과 같은 소비 활동을 통한 경제적 기능과 자녀의 사회생활을 통한 사회의 구성원 제공 등과 같은 사회적 목적의 기능이 있다. 따라서 가정은 개개인이 생활하고 보호받는 터전인 동시에 한 사회를 유지 · 존속시키는 사회적 기능의 총체적 메커니즘(mechanism)의 기능이라고 정의할 수 있다.

그동안 역사의 변천 과정에 따라서 가정의 기능은 여러 측면에서 빠르게 변화됐다. 그 가정이 위치한 사회적 조건에 따라 달라지는 것이 가정의 형태이다. 과거 가정의 사회적 기능은 크게 발달하지 못했기 때문에 인간의 생활에 필요한 조건과 요소들을 자급자족 해왔다고 해도 과언이 아니다. 점점 사회가 근대화, 산업화를 거치면서 가족관계 기능과 집단이 다양하게 분화된 발달과정을 거치게 되었다.

따라서 그 이전의 가정이 가지고 있던 기능은 하나하나 기능집단으로 흡수되어 갔다. 또한, 가정에 남겨진 기능도 사회의 발달과정에 따라 합리화, 기계화, 간편화가 되었다. 가정생활은 현 사회의 변화 조건에 따라서 끊임없이 변모하고 있다. 또 가정 내 전기·전자제품의 보급에 따라서 가사 노동은 차츰 줄어들기 시작했고 따라서 가정을 책임지고 꾸려가던 여성들의 인력과 역할도 대거 사회로 진출하는 현상을 맞았다.

이렇게 가정이라고 하는 공동체는 부모·자식·부부 등의 가족관계로 맺어진 집단(대가족)이다. 이렇게 가정은 지구상 인류의 발생과 거의 때를 같이하여 발생한 가장 오랜 집단 체이다. 따라서 어떤 사회, 어떤 시대이건 공동의 집단 체로 존재했던 가장 근본직이고 기본이 되는 집난 구성체의 단위가 되었다. 가정이나 가족에 대한 정의는 학자마다 조금씩 견해를 달리한다. 그러한 여러 학설을 간추려 보면 다음과 같다.

성(姓)과 혈연의 공동체, 거주의 공동체, 운명의 공동체, 애정의 결합체, 가계의 공동체 등과 같은 내용으로 구분하여 정의할 수 있다. 현재 지구상엔 많은 야생동물이 생식하고 종족을 양육, 보호 등을 통해서 번식하며 살고 있지만 아무도 이들을 인간의 가족과 동일시하지는 않는다. 동물들은 무리 지어 사는 자연생태학적, 생물학적인 데 비해 인간의 가족은 생물학적인 차원을 뛰어넘는 과학적, 문화적 형태의 성격과 기능이 함께 수반된다.

가정과 가족관계는 어떤 기능을 하는가?

가족은 개인의 성장·발달과 사회의 유지·발전을 위해 여러 가지 기능을 수행한다. 이러한 가족의 기능은 산업화의 발달과 도시화의 확대 영향으로 많은 변화의 과정과 문명적 진화를 겪었다. 그것은 가족 기능의 일부가 다른 사회기관이나 집단, 공동체에 의해 병합 수행됨으로써 그 가정과 가족의 기능이 축소·약화 되었다. 반면에 자녀를 사회화시키는 기능이나 가족 구성원의 긴장과 피로에서 회복시키기 위한 휴식 기능과 사회발전에 이바지할 수 있는 기능 따위는 오히려 확대되고 강화되는 추세이다.

일반적 가족의 기능은 다음과 같다. 성적 욕구 충족의 기능, 자녀 출산의 기능, 자녀 양육과 사회화의 기능, 새로운 가족 구성원에게 사회적 신분을 부여하는 기능, 가족원에 대한 보호와 안전을 위한 기능, 경제적 기능, 사랑과 애정을 공급하는 본능적 기능, 정서적 기능, 종교적 기능, 오락적 화합의 기능 등이다.

또한, 위에서 열거한 가족의 기능은 개인적 만족과 사회적 만족으로 나누어서 생각해 볼 수도 있다. 개인에 대해서는 의식주의 기본적 욕구에 충족과 정신적 안정 및 제2차적인 성취의 욕구를 충족시켜준다. 또한, 사회에 대해서는 정신적 가치의 새로운 재원을 보급하고 노동력을 재생산해내는 경제적 생활의 구실을 요구한다.

즉, 가정은 사회 구성원인 개개인의 내밀한 생활의 장소이며 가장 원초적이고도 기본적인 단위이다. 이처럼 오늘날의 가족 기능은 공동체적 개념보다는 개인의 자유와 권리가 중시되는 개념으로 과거와는 아주 뚜렷하게 달라졌다. 다가올 미래 시대엔 더욱더 개인주의가 중시되고 확대되는 변화가 예상된다. 그러나 가족이 사회의 기본단위로서 존재하는 대원칙과 규범엔 변함이 없다.

가족의 유형은 가족을 구성하는 식구의 수나 혈연관계, 거주 형태 그리고 가족 내에서의 가장권과 권위의 형태이다. 이것은 부부의 결합 형태 등에 의해서 결성된다. 가속의 범주나 범위는 대가족·소가족 또는 핵가족·확대가족으로 나눌 수 있다. 또 핵가족은 개별·단순·부부 가족 등이고, 확대가족은 총체·합성·복합·직계가족들이다. 소가족 및 핵가족의 전형적 형태는 부부와 그들의 미혼 직계 자녀들로서 구성된다. 핵가족은 부부가 중심이 되는 가족이다. 이에 반해 대가족 및 확대가족은 혈연관계가 중심이 되는 직계친족 형태이다.

앞으로 미래 현대사회 속에서 성공적인 가정을 조성해 가는 것은 이런 이론만 가지고는 절대 그 소기의 목적을 이룰 수 없다. 현대사회에서 빈번하게 발생하고 있는 가정 파탄이나, 가족의 해체 같은 문제와 그로 인해서 발생하는 2차, 3차의 문제는 이론이 불충분해서 발생하는 문제들이 아니다. 그것은 여러 가지 원인적 요인과 문제가 있겠으나 가장 큰 문제는 시대를 따라가지 못하는 우리 사회의 잘못된 인식과 오해 그리고 문제의 잘못된 진단 때문이다.

이 분야에 많은 학자와 전문가들이 오늘날 우리가 직면하고 있는 가정의 문제들에 관하여 연구와 고민을 많이 하고 있다. 하지만 그들만의 노력과 문제의식만으론 오늘날 중심(中心)을 잃고 흔들리는 이 한국사회의 '가정(家庭)'을 바로 세우기엔 매우 역부족이란 생각이다.

물론 가정은 개개인이 생활하고 보호받는 터전인 동시에 한 사회를 유지·존속시키는 사회적 기능이고, 공동체의 틀(frame)이다. 또 모든 공동체와 관계의 기능이 작용케 하는 하나의 메커니즘(mechanism)이다. 따라서 이 기본 사회적 시스템에 충실해야 하는 것은 당연하다. 그러나 이 '가정'에 대한 우리 사회와 정부는 심각한 사회적 위기를 맞고 있다. 이렇게 불안전한 가정의 위상과 존립에 대해 정부는 매우 심각한 고민과 방안이 필요한 때이다.

그러나 문제는 이러한 것에 딱 맞는 대안이 없다는 것이 더 큰 문제이다. 이제부터라도 한 가정, 한 가정이 우리 사회의 중심이고, 한 나라의 튼실한 중심이 된다는 것을 새롭게 인식해야 한다.

현대사회의 다원화와 다양성의 출현과 기능적 가치가 충돌하고 진화하면서 우리 사회의 모든 가치도 급변하고 있다. 그것은 우리의 삶 자체를 근본적으로 바꿔놓는 원인과 요인이 되고 있다. 그런 시대적 환경과 배경은 이 시대를 살아가는 현대인으로서는 생존의 방편으로서 어쩔 수 없는 시대적 조류이고 미래로의 방향성이다.

그렇다면 빠르게 진화되고 변모하는 현대사회의 가정에 기능과 현상에 관해 정부나 우리 사회의 사회학적 관념과 인식은 너무나 안이하고 불투명하다. 다시 말해서 너무 느리고 소극적이다. 이렇다 할 대안이나 비전도 보이지 않는다. 우리 청소년의 삶에 근본적인 가정의 문제가 아무런 고민 없이 정치적 상황에 묻혀버리거나 매몰되어지는 안타까운 현실이다.

그러한 인식과 문제에 기장 큰 원인은 일치적으로 정치기 비로 서야 한다. 그런데 그럴 가능성과 기미가 전혀 보이질 않는다. 그렇다면 우리 국민 한 사람, 한 사람이 바로 서고, 그 가운데 가정이 바로 서고, 그 사회가 바로 설 수밖에 없지 않을까? 그렇게 하려면 그 사회를 책임지고 있는 사람들이 바로 서야 한다. 국가나 사회가 국민 한 사람, 한 사람을 책임지지 못한다면 이 나라의 주인인 우리 개개인이 스스로 책임지고 스스로 나와 나의 가정을 지켜갈 수밖에 없다는 결론이다. 그것이 미래 우리 사회의 주역이 될 청소년들의 삶과 행복을 지켜가는 방법이 될 수 있다는 생각이다.

핵가족은 부부가 중심이 되는 가족관계 형태이다. 이에 반해 대가족 및 확대가족은 혈연관계가 가족관계의 중심이 되는 가족의 형태이다. 그러나 혈연관계가 중심이 되는 대가족의 형태는 20세기 이후 21세기를 지향하는 현시점에서 이제 매우 드믄 현실이 되었다.

과거 일반적인 가정의 대가족제도가 차츰 핵가족화로 변모했다고 해서 핵가족이 좋은 것이고 과거의 대가족제도가 나쁘다는 의미는 아니다. 대가족은 대가족대로 장점이 있다. 소가족이나 핵가족은 좋아서라기보다 우리 사회의 시대적 변천에 따른 문제들로 인해 어쩔 수 없이 대안으로 생겨난 가정과 가족문화라고 보아야 한다. 현재는 가족이 있어도 가족 공동체를 떠나 1인 가구로 독립하는 자발적 독신이 늘어나는 추세이다.

이제 가정이나, 가족의 공동체적 의미에서 그 가치의 기준 자체가 또 다른 경계의 지향점을 넘어섰다. 이것은 현대인들의 생활양식에서 삶의 방식과 본질인 그 가치 기준이 새로운 시대와 환경에 맞게 변화되었기 때문이라고 해야 할 것이다. 과거 우린 각자가 처한 삶의 환경과 본질에 적응하고 순응하면서 행복을 이룰 수 있었다. 그런데 그 본질이 사회적 상황에 따라 변했으니 지금의 행복추구도 그 본질의 변화에 맞게 맞춰가는 것이 현명한 처사이고 지혜이다.

그럼 우린 어떻게 잃어버린 가정의 중심에서 행복의 가치를 회복하고 구현해 갈 수 있을까? 그것은 무너진 가정의 중심을 바로 세우는 것에 달렸다. 따라서 가정을 꾸리고 경영하는 데 부부의 역할이 얼마나 중요한지 알 수 있다.

가정의 중심과 구심력은
화합하는 부부로부터 생겨나고 지켜지는 것

중용 제12장 원문 첫머리에 보면 '군자지도, 비이은(君子之道, 費而隱)'이란 말이 있다. 이 말은 '군자의 도는 가깝게는 부부의 은밀한 거실로부터 멀리는 성인도 알기 어려운 세상의 영역까지를 포함한다는 뜻으로서 크기로는 밖이 없고, 작기로는 안이 없으니 이를 가히 비(費)라고 한다.'라고 했다. 즉, '비(費)'란? 쓰이는 영역이 무한하다는 뜻이고, '은(隱)'은 그 쓰임이 정미(精微)함을 뜻한다.

이처럼 부부의 사이는 가깝고 은밀한 관계이다. 하지만 군자의 도리도 이 부부로부터 시작이 되어 성인의 영역 혹은 세상의 영역까지 미치게 된다는 뜻이다. 그러므로 군자의 도리를 다하기 위해서는 먼저 부부가 각자의 도리에 충실하고 가정의 중심을 바로 세워야 한다는 뜻이다.

다석 류영모 선생은 '비이은(費而隱)'을 이렇게 풀이했다. "얼은 숨어 있어 있음이 없다"라고 했다. 얼(精神/靈性)이란? '전기에너지와 같아서 모든 사람에게 생명을 준다. 전기제품에 전기가 들어가서 전기제품이 움직이듯 사람에게는 얼(道)이 들어가서 정신 활동이 이루어지고 얼이 들어가지 않으면 살아 있되 죽은 것이나 마찬가지이다.

전기가 눈에 보이지 않듯이 얼은 숨겨져 있어 보이지 않는다.'라고 하였다. 다시 말해 그 작용(作用)은 무궁하고 그 본체의 모습은 '은미하다'라는 뜻이다. 이처럼 가정의 역할과 영역은 작고 은밀하나 가족 구성원 모두에겐 삶의 에너지를 충전하는 장치이자 장소이다.

다음은 '부부지우, 가이여지언(夫婦之愚, 可以與知焉)'이라 했다. 이 말은 '남편과 아내가 부부생활을 하면서'란 뜻으로서 이는 부부가 되어 가정을 꾸리고 자식을 낳고 기르며 살아가게 되는데 이때 '더불어서 얻고 터득하는 지식과 행위가 천지의 생성과도 맞먹는 위대함이다.'라는 뜻이다. 그래서 부부가 중심이 되어 이루어진 가정을 소우주라 칭하기도 한다.

가정은 소우주이다

이처럼 가정은 소우주이다. 이는 부부를 중심으로 하는 가족관계이지만 마치 그 작용에서는 소우주와 같다는 의미이다. 청소년들도 중학교, 고등학교를 마치고 대학교를 들어가거나 사회의 구성원이 되고, 멀지 않은 장래에 결혼하고, 가정을 꾸리게 된다. 여러분들의 부모님들처럼 말이다. 그때를 위해 미리 가정의 중요성을 알아두어야 한다.

우리 인류가 과학적으로 이룩한 문명과 문화의 창달은 '천·지·인(天·地·人)'을 중심축으로 이루어진 합작으로 이룬 결과의 대단히 경이로운 걸작들이다. 그러나 부부가 화합하여 생을 영위하고, 생명을 낳고, 양육하며 생업을 열어가는 사회 구성요소의 최소 기본단위인 '가정'이 인(人)의 영역에서도 가장 중심적인 인핵(人核)의 영향이라고 한다면 문명 창달에 이바지한 주역도 가정과 인핵(人核)의 결과이다.

이 때문에 '가정'을 말할 때 그 큰 우주 천하의 권위와 힘이라 할지라도 그것을 막거나 파괴할 수 없다고 정의한 것은 매우 설득력이 있는 해석이다. 이것은 생명을 이어가는 기본단위인 부부관계와 '가정'의 존재는 그 어떤 힘으로도 파괴할 수 없다는 역설이다. 이것은 그 '가정'이 갖는 의미와 중요성에 대한 본질을 일깨우려는 성인의 말씀이다.

다음은 중용 제12장 원문 마지막 단락에 나오는 '군자지도,

조단호부부(君子之道, 造端乎夫婦)'란 말씀이 있다. 이는 군자의 도는 평범한 부부로부터 시작되고 부부는 인륜의 중심을 이루는 도덕 질서이고 유가의 모든 이론을 아우르는 것으로서 인간 중심사상이 그 원천이 된다는 뜻이다. 즉, 유가의 사상은 인본주의 사상과 철학이다. 유가에서는 우주의 중심이 곧 사람이다. 그 때문에 사람은 자연 만물 중에 가장 뛰어난 존재로 정의하고 있다.

사람은 유한에서 무한으로 이어주고 은미(隱微)한 원초 단위에서 우주 전체로 현현하게 하는 폭주(輻輳)의 핵이 바로 부부이다. 때문에 '군자의 도는 가정이라는 문안에서 부부로부터 시작한다.'라고 하는 것이 '조단호부부(造端乎夫婦)이다. 이렇게 부부로 구성되는 가정은 소우주의 공간에서 질서의 중심을 잡는 것이 부모이다.

가정은 부모의 질서를 통해서 아버지는 아버지답게, 어머니는 어머니답게, 자식은 자식답게, 형은 형답게, 아우는 아우답게, 남편은 남편답게, 아내는 아내답게 행한다는 우리 사회의 윤리질서(父父, 母母, 子子, 兄兄, 弟弟, 夫夫, 婦婦)가 자연스럽게 형성된 가족 공동체이다. 이 가정을 단위로 한 인간의 윤리적 질서가 외부로 그대로 확장되어 나가서 우리 사회의 기본이 되는 질서의 기틀이 된다.

따라서 가정에서 시작되는 나의 인간관계에 질서가 바로 세워져야 하는 이유이다. 그렇게 되었을 때 우리 사회와 우리 국가가 튼실한 윤리의식이 뿌리를 내리게 되는 실마리가 된다. 이처럼 가정은 서로서로 협동하고 주고받는 인륜 관계의 가장 중심(中心-가운데 마음)적 의미를 담고 있다. 이처럼 가정은 세상이라고 하는 광대한 조직체의 '인본 생명을 키워내는 온상'이다.

　하늘과 땅으로 구성되는 우주의 공간에서 생명질서의 중심(中心=가운데 마음)을 잡는 것이 물과 바람과 빛이라면 인간이 살아가는 세상이라고 하는 사회의 구성 공간에선 인륜 관계의 중심과 질서는 곧 '가정'이고 가정의 중심인 핵이 '부부(夫婦)'이다. 이 '가정'은 인본의 생명을 키워내는 인큐베이터와도 같다. 가정에서 가족의 화합은 '가정의 평화이자 삶'이다. 행복은 가정의 중심에서 피어나는 '기쁨의 꽃과 향기'가 아닐까?

알자─지성을 갖추고 지혜로움을 알자

삶을 일깨우고 살찌게 하는 철학 이야기

길과 나 그리고 우리가 가야 할 길

철학(哲學)이 없는 영혼은 향기가 없다

야구를 통해 배우는 삶의 지혜

청소년기에 읽어야 할 고전 인문학

삶(生)은 살아 움직이는 경전이다

'중심 잡기'는 마음 다스리는 기술

서양의 카르페 디엠과 동양의 시중(時中)

알자–지성을 갖추고 지혜로움을 알자

삶을 일깨우고 살찌게 하는 철학 이야기

아는 것은 힘이다. 그 힘은 학문과 지식을 갈고닦아 축적하는 공부에서 비롯된다. 그러나 학문을 갈고닦는 것만이 능사가 아니다. 지성과 지혜로움도 함께 하는 공부가 중요하다. 청소년기에 그 힘을 배양하지 않으면 나를 지키는 일도, 우리 사회를 지키는 일도, 나라를 지키는 일도 매우 어렵다.

그러한 힘을 취득하지 못하면 특히 현대 문명사회에서는 마치 외계인이나 미개인 취급을 받을 수도 있다. 현대 교육의 창시자는 약 2550년 전 공자님으로부터 시작되었다. 그 교육의 발단과 발전이 오늘날의 제도화된 현대사회의 공교육을 발전시킨 것이다. 공자님은 이처럼 교육을 매우 중시하셨다. 그리고 교육에 못지않게 중요하게 생각한 것이 자성과 성찰이다.

누구에게나 성찰(省察)은 자신을 반성하며 깊이 살피는 마음이다. 성찰은 철저한 자기반성과 탐구 그리고 끊임없이 회의(懷疑)하는 데서 시작된다. 학문에서도 확실한 학문적 이론을 확립시키려면 조금이라도 의심이 나는 것은 철저히 의심하고 탐구해야만 해답을 돌출할 수가 있다.

사람은 일상생활에서 많은 시행착오와 오류를 범한다. 그리고 후회를 많이 한다. 그렇다고 교육이 모든 문제를 해결할 수 있는 것은 아니다. 그렇다면 어떻게 해야 할까? 그것은 바로 자기 진단을 통해서 후회할 일을 최소화하는 일이다. 그러기 위해서는 자신의 성찰을 통해 자신을 돌아보고 살피는 것이 중요하다. 반복되는 오류가 많으면 많을수록 삶이 고달프고 힘들다. 청소년은 작은 시행착오나 오류도 늘 살피고 되돌아보는 습관을 지녀야 한다. 그래야 앞으로 나가는데 미래의 시간을 낭비하지 않을 수 있다.

나폴레옹은 "우리가 어느 날 마주칠 불행은 우리가 소홀히 보낸, 지난 시간에 대한 보복이다."라고 했고, 윌리엄 펜은 "시간만큼 귀중한 것은 없다. 또한, 시간만큼 낭비하기 쉬운 것도 없다."라고 말했다. 청소년 때에 시간은 황금보다도 값진 가치이다. 그런 시간 속에서 오류를 최소화하는 것은 성찰을 통해서만 시간과 노력의 낭비를 예방할 수 있다. 마틴 루터는 "인생은 경주가 아니다. 일등으로 들어오냐보다 얼마나 의미 있고 행복한 시간을 보냈느냐가 바로 인생의 성공 열쇠이다.”라고 했다.

하지만 우리가 성찰해야 하는 이유는 살아가는 것에 있어 행복이나, 성공만을 위해서가 아니다. 그것은 사람다움의 길을 가기 위해서가 아닐까? 그런 의미에서 청소년들에게 『미래 살아가기』 '살자' 지혜 편은 더욱더 지성적이고 지혜롭게 우리의 삶을 일깨우고 살찌게 하는 또 하나의 성공으로 가기 위한 전략이고 과제이다. 우리의 삶에서 철학이 주는 삶의 의미와 향기는 매우 아름답고 뜻깊다. 이처럼 자신의 삶을 아름답게 꽃피울 수 있다면 이게 바로 성공한 삶이 아닐까?

길과 나 그리고 우리가 가야 할 길

길의 의미[1]

길에는 크게 세 가지 뜻으로 정리할 수 있다.

첫째는 교통수단으로써의 길.

둘째는 방도를 나타내는 길.

셋째는 행위의 규범이나 규칙으로서의 길.

길은 흔히 보행이나 교통수단으로써의 왕래를 목적으로 하는 통행의 수단을 말한다. 그런 의미에서 길은 사람이 이곳에서 저곳 또는 다른 곳으로 옮겨 갈 수 있는 공간의 이동성을 뜻한다. 그러나 우리말에서는 그런 목적이나 수단에 따라서 '길' 앞에 여러 관형어를 붙여 두렁길 · 뒤안길 · 오솔길 · 고샅길 · 산길 · 들길 · 자갈길 · 진창길 · 소로길 · 한길 · 지름길 ·

에움길 등과 같이 의미를 구체화하여 사용한다.

이와 같은 길은 교통이 발달함에 따라 개념이 확대되고 다양화되었다. 그리고 실체가 없는 관념적 통로까지를 길로 확대해 일컫게 되었다. 따라서 물 위를 다니는 배의 길은 뱃길, 레일 위를 달리는 기차나 전철의 길은 철길, 공중에 비행기는 하늘길(항로)이다.

또 어떤 일에 있어서 취해야 할 수단이나 방법을 뜻하는 방도(方道)로도 개념이 파생되어 사용되고 있다. 예컨대 '무슨 길이 없을까, 손쓸 길이 없다, 길은 무한하다, 길은 가까운 데 있다. 그런데도 길을 먼 데서 구한다, 군자의 길은 예컨대 먼 데로 가려면 반드시 가까운 데서부터 시작하고, 높은 데로 올라가려면 반드시 낮은 데서 시작하는 바와도 같다, 목표가 있으면 반드시 길이 있게 마련이다. 길이 없는 목표는 상상만 해도 인간을 절망의 나락으로 떨어뜨린다.' 등과 같은 '길'은 교통 이외의 수단으로 확대된 관념적 개념으로 쓰기도 한다.

길이 없었다면 인류의 역사도 없었다

본래 길은 인류의 생존 사와 함께 생성, 발전한 언어로서 '길'이라는 말도 우리 민족사와 함께 발생한 원초적 언어 중 하나이다.

'길'이란 인간의 의식(衣食)과 주거(住居) 사이를 연결하는 공간적 선형(線形)이다. 원시인들이 음식의 재료인 새와 짐승, 과실, 물고기와 조개류 따위를 주거인 굴로 운반하기 위해 반복적으로 통행하면서 생긴 발자취가 발전한 것이 곧 현대사회의 길(道)의 원형이다. 그렇게 해서 현대 인류사회의 복잡한 모든 길이 만들어졌다.

원시시대 인류는 주로 산골짜기에서 토굴을 파고 살았다. 즉, 산골짜기인 '골'에서 '굴'을 파고 살면서 그 '길'을 따라 물을 먹으러 다녔다. 그렇게 상상할 때 길에 어원적 암시가 보인다. '골(谷)'과 '굴(窟)'과 '길(徑·路)'은 모두 같은 '굴'에 기반을 둔 어원이다. 따라서 길의 어원은 '굴'이었을 것이다. 이렇게 어원을 생각해볼 때 우리의 '길'이라는 말은 선사 이전부터 있어 온 말로써 인류의 삶과 역사적 의미가 있는 언어이다.

우리의 역사적 문헌에서의 길은 '도로(道路)' 또는 '도(道)'나 '노(路)' 등 한자로 표기되어 있다. 우리말의 길이라 하면 자연스러운 통로보다는 이른바 신작로와 같은 대규모 인공으로 정비된 좀 더 큰길을 연상하게 된다. 우리 국어사전에도 도로는 "사람이나 차들이 편히 다닐 수 있도록 만든 비교적 큰길" 따위로 주석되어 있다.

한자에는 길을 뜻하는 글자가 10여 자에 이른다. 각기 조금씩 다르게 해석되고 있다. 하지만 길의 규모에 따라 많이 쓰이는 글자는 크게 경(徑)·도(道)·노(路)의 셋이다. 고전 ≪주례(周禮)≫의 주석에 따르면 "경은 우마를 수용하고, 도는 승거

(乘車) 한 대 또는 두 대를 수용하고, 노는 세 대를 수용한다."라고 하였다. 짐작건대 경은 오솔길이나 소로길, 도는 그보다 좀 나은 길, 노는 가장 큰길에 해당하는 길이다. 그 길이 문명과 산업의 발달로 인해 생겨난 신작로이다.

길은 곧 인류가 살아온 삶이요,
삶은 곧 그 길이다

이처럼 길(行道)은 예로부터 우리 생활과 매우 밀접했다. 그럼에 따라 문학이나 많은 글에 소재가 되었다. 우리 격언이나 속담에 나타난 길을 보면 '길로 가라 하니까 뫼로 간다', '길을 두고 뫼로 가랴', '길 닦아 놓으니 용천배기 먼저 간다.' '씨앗 싸움엔 길 아래 돌부처도 돌아앉는다.', '길을 알면 앞서갈 것이지', '길이 아니면 가지를 말고 말이 아니면 하지를 말라' 등과 같은 격언이나 속담들이 있다.

시인 장순하(張諄河)의 작품 ＜지쳐 누운 길아＞를 보자… 여기에서 표현된 길은 실체로서의 길과 인생이라는 상징적인 길이 뒤섞여 나타나 있다.

"어디에나 길은 있고/어디에도 길은 없나니/노루며 까막까치/제 길을 열고 가듯/우리는 우리의 길을/헤쳐가야 하느니.//땀땀이 실밥 뜨듯/잇고 끊긴 오솔길/신발 끈 고쳐 매며/한 굽이는 왔다마는/호오호 밤 부엉이가/어둠을 재촉한다.//날 따라다니느라/지쳐 길게 누운 길아/한심한 눈을 하고/한숨 몰아쉬는 길아/십자가 건널목에는/신호등도 없어라."

이처럼 길과 사람은 떨어지려야 떨어질 수 없는 절대적 관계에 놓여있다. 따라서 길이 있는 곳엔 반드시 사람이 있고, 사람이 있는 곳엔 반드시 길이 만들어진다. 길은 이처럼 인류의 역사와 함께 생성, 발달해왔다. 이것이 사료로서 나타나기 시작한 것은 기원전 45~15세기 때에 소를 타고 여행하는 아프리카 알제리 영내의 사하라 사막에서 발견된 타시리 나젤 암벽화 중 '소의 시대'라는 그림과 배의 그림에서 잘 나타나 있다.

이처럼 길(道)의 역사가 얼마나 오래전부터 있었는지 상상이 어렵다. 엄밀히 말하면 지구상에 최초 원시인류가 존재하면서부터 길은 만들어지고 그 길을 통해서 인류의 역사가 이어져 왔다는 생각이다. 그 때문에 인간의 삶에서 길에 대한 의미와 담론은 삶의 본질적 의미 그 이상의 철학적 의미가 있는 것이 아닐까?

그런 점에서 인도(人道)는 인간이 마땅히 지켜야 할 도리(道理)이다. 도(道)는 인간의 삶이며 사람이 사람답게 살기 위하여 취해야 할 필요한 생활방식이다. 특히 동양의 여러 종교에서는 이 인도의 사상과 철학적 의미를 매우 중요한 가치의 기준으로 여겼다. 그 때문에 철학·문학·사상·예술·문화 등 동양의 여러 정신적, 물질적인 면에 지대한 영향을 끼쳐 왔다.

동양사상에서의 길은 정신문명의 철학적 의미

특히 동양사상에서의 길은 정신문화의 철학적 의미가 많이 부여된다. 서양에서는 흔히 인생을 연극에 비유하고 세상은 무대로, 사람은 배우와 같은 관념적 의미로 해석한다. 동양에서는 인생을 두고 여행에 비유한다. 그리고 세상은 여관, 사람은 나그네, 인생살이는 '길'과 같은 상징적 의미를 두었다.

당나라 천재 시인 이백(李白)이 쓴 춘야연도리원서(春夜宴桃李園序)에서 "천지는 만물의 여관이요, 세월은 백대의 과객이라. (夫天地者 萬物之逆旅 光陰者 百代之過客)"라고 한 시구도 여기서 나온 뜻이다. 우리 가요에 "인생은 나그넷길……어디로 가는가" 하는 노랫말도 같은 맥락이다.

동양사상의 유교나 불교·도교에서는 그러한 사상과 이념을 '길(人道)'이라 하고, 사람이 사람으로서 마땅히 취해야 할 심성이나 행위, 도의나 도덕의 길로써 표현되고 있다. 이처럼 길은 하늘의 이치와 땅의 이치를 모두 아우르는 관념적 상징성의 언어수단이 되었다. 이처럼 왕도정치(王道政治)에서 왕도는 임금이 가야 할 길이며, 그 길에 부합한 정치의 근본을 말한다. 공맹지도(孔孟之道)는 공자와 맹자가 주창하는 인애의 사상으로서 그것은 사람다움의 길을 뜻한다.

군자대로행(君子大路行)은 항상 '옳고 바른 길을 가야 한다.'라는 뜻이다. 따라서 '길이 아니면 가지를 말고, 말이 아니면 행하지를 말라.'는 뜻이기도 하다. 결국 인도(人道)와 행도(行道)에 대한 의미를 병치한 말이다. 이처럼 우리의 사상이나 속담에서 뜻하는 길은 모두 도의(道義)의 상징적 의미가 내포되어 있다.

'왕도(王道)는 곧 치도(治道)'라고 한 예기의 표현이나 하천에 다리를 놓는 일을 인생 제도(濟度)의 실천적 행위로 해석하는 불가의 이념에서도 그 구체적 사례를 엿볼 수 있다. 우리말로 '길'이라고 읽을 수 있는 단어가 문헌상 처음 보인 것은 서기 약 500여 년경 신라 때에 향가에서부터이다. 그 당시에는 우리말을 적을 국자(國字)가 없어 한자를 빌려서 그 음 또는 새김으로 우리말을 적는 향찰(鄕札)[2] 표기였다.

먼저 진평왕대에 융천사(融天師)가 지은 혜성가(彗星歌)와 효소왕대에 득오(得烏)가 지은 모죽지랑가(慕竹旨郎歌)에 각각 '도호(道尸)'라는 단어가 나오는데 향가 연구가들은 이를 예외 없이 '길'로 해독했다. 향가에는 이 밖에도 길(道)을 뜻하는 말로 '노(路)' 또는 '도(道)'가 있었고 그것들은 '길'로, 또는 한자음 '路와 道'로 해독하여 읽었다. 따라서 '길'이라는 말은 한자가 들어오기 이전부터 순수한 우리말로 써내려 왔다는 추론이다.

동양문화에서 인간의 바탕과 정신은 이 길(道)을 기점으로 시발과 종착역으로 삼았고, 인위적인 기교보다는 자연 섭리에 따르는 삶을 숭상하고 존경했으며, 그와 같은 삶의 인생행로를 값진 의미로 해석했다.

따라서 우리의 청소년들이 학업에 열중하며 학생으로서의 본분을 다하려고 노력하는 것도 내가 나아가야 할 길이고, 우리의 청소년들이 학문을 배우고 익히는 것은 장차 어른이 되어 사람다움의 길을 가기 위한 것으로서 이는 인도(人道)와 천도(天道)에 부합되는 가치이다.

장차 밀레니얼 Z세대의 주역인 청소년 여러분!

그대들은 지금 어디에 서 있습니까? 그리고 어디를 향해 가려 합니까? 인간에게 '길은 곧 삶이요, 삶은 곧 길'이다. 미래의 문명사회를 살아갈 청소년들은 이러한 삶의 길을 중도에서 잃지 않도록 직관과 통찰의 지혜로 내일을 위해 인문정신의 중심을 똑바로 세워야 하지 않을까?

철학(哲學)이 없는 영혼은
향기가 없다

　철학을 이해하는데 문화예술이 있듯이 문화예술을 이해하려면 철학적 사유가 필요하다. 철학은 인간의 삶 자체이고 인간의 삶은 곧 예술이기 때문이다. 2020년 2월 9일 제92회 아카데미 시상식에서 봉준호 감독에 '기생충(Parasite)'이 감독상에 이어 각본상, 국제영화상, 감독상까지 4개 부문에 수상을 휩쓸면서 한국영화와 세계영화 역사에 굵직한 한 획을 긋는 쾌거를 이루었다.

　봉준호 감독은 수상소감에서 "시나리오를 쓴다는 게 사실 고독하고 외로운 작업이다. 국가를 대표해서 쓰는 건 아닌데, 이상은 한국이 오스카에서 받은 최초의 상"이라며 101년 민의 한국영화 역사상 첫 아카데미상 수상에 의미를 강조했다. 또 "가장 개인적인 것이 가장 창의석인 것이다."라고 말한 스코세이지 감독의 명언을 인용하며 존경을 표한 장면에서는 아카데미 수상소감 중 '최고의 소감(Best Speech)'으로 뽑히면서 많은 영화인과 팬들에게서 뜨거운 찬사를 받기도 했다.

　미국 시사매체 더 네이션은 '기생충의 오스카 점령은 한국문화의 승리'라는 제목의 기사를 통해 "한국문화는 다양한 예술 분야에서 영미권 문화의 주도권에 도전하고 있다. 음악과 영화에 이르기까지 한국은 최근 수년간 뛰어난 업적을 이룩했다."라고 평가했다. 이를 두고 '소프트 파워'의 성공적인 사례로 극찬했다. 이제 '기생충'은 대중문화 해외 진출의 마지막 장벽으로 꼽히는 영화시장을 무너뜨리며 비주류를 넘어 미국 주류 문화예술에 관문을 통과한 셈이다. 참으로 대단하다. '#봉하이브(Bonghive•봉준호+벌집)'란 신드롬에 세계가 열광하고 있음은 매우 놀랍다. 하지만 이런 일이 일어난 것은 우연이 아니다. 그럼 어떤 이유에서일까?

　지금 세계는 한국의 K드라마-K팝 신드롬에 이어 K무비에까지 뜨겁게 열광하고 있다. 그렇다면 그 이유는 과연 뭘까? 그리고 K컬처(한류)에 있어 '기생충'이 갖는 진정한 의미는 또 뭘까?

　'기생충'의 제92회 아카데미 시상식 점령은 K컬처의 새로운 대도약(quantum jump)의 순간으로 기록될만한 역사적 사건이다. K드라마로부터 시작된 1차 한류, 아리돌 그룹과 싸이의

'강남스타일', 방탄소년단(BTS) 등으로 대표되는 K팝의 2차 한류, K무비에 '기생충'이 이제 3차 한류로 도약하는 계기의 확고한 발판이 마련되었다.

한국의 문화예술이 한류로 세계화를 이루는 마법의 비밀은 뭘까? 그것에 해답은 바로 '철학(philosophy)'에 있다. 아이돌 그룹이 지향하고 추구하는 가치관의 메시지가 '세계관'이라는 의식을 통해 문화예술로 접목되고 승화되고 있기 때문이다. 가령, 'MAP OF THE SOUL: 7', '回: Labyrinth', 'UNIVERSE: THE BLACK HALL', 'Dystopia: The Tree of Language'…… 등에서 보듯이 '영혼의 지도', '미로', '우주, 블랙홀', '디스토피아, 언어의 나무'와 같은 언어들을 살펴보면 무슨 철학 서적이나 우주 다큐멘터리에 나오는 텍스트의 타이틀 같은 느낌처럼 보인다. 하지만 이것들은 K팝의 한류를 이끄는 아이돌 그룹 '방탄소년단(BTS)', '여자친구', '펜타곤', '드림캐쳐'가 낸 최근 앨범의 제목들이다.

'세계관'이란? '세계와 인간의 관계 및 인생의 가치나 의의에 대한 통일적인 관점이나 견해'가 사전적 정의이다. 이 세계관 속에는 인간의 삶 속에 있는 많은 의미와 가치를 내포하고 있다. 그러한 세계를 바라보는 시가과 의식에는 미래에 대한 전망과 희망이 있고, 이 세계 속에는 이승과 현세를 바라보는 시간성의 철학적 요소가 있기 때문이다. 이런 시각에서 문명의 창달을 이루며 살아가는 현대인의 꿈과 이상 그리고 부침에 대한 관조적 메시지는 많은 사람에게 충격적인 감동으로 전달되기 때문이다. 이것은 언어와 인종에 벽을 뛰어넘는 감동이다.

프랑스의 시인 샤를 피에르 보들레르는 음악에 대해 "음악은 하늘을 꿰뚫는다."라고 했다. 음악은 사람을 울고 웃게 하는 감동의 마력을 가졌다. 그렇듯 음악은 그 자체가 진리이다. 또 R. 베토벤은 "음악은 어떠한 지혜, 어떠한 철학보다도 높은 계시다.…… 나에 음악의 의미를 파악하는 자는 다른 사람들이 들어가 있는 모든 비참에서 벗어날 것이다."라고 그의 서간집 (書簡集)에서 기술했다. 그렇듯 음악의 힘은 매우 높다. 또 그 예술의 힘은 철학의 힘과 맞닿아 있다는 생각이다. 이렇게 문화예술에서 음악이라는 장르는 매우 창조적이고, 감동적이고 마법 같은 위대한 힘을 지닌 장르이다.

이번 봉준호 감독의 '기생충(Parasite)'도 아이돌 그룹이 지향하고 있는 '세계관'과 같은 맥락이다. 철학적 사고와 세계관이라는 시각에서 들여다보면 그 마법의 엄청난 비밀을 풀어낼수가 있다. 그것은 결론부터 말하면 극심한 자본주의가 빚고있는 빈부의 양극화와 균형과 조화에 대한 밀도 높은 사유체계와 탐구적 철학의 산물이다. 그것은 그러한 사회적 불균형에 대한 봉준호 감독만의 관점(perspective)과 태도(attitude)

가 만들어가는 사회정의의 고발과 경고의 메시지로 많은 사람에게 충격적이고 신선한 감동을 주기 때문이다.

이렇듯 철학은 우리 인간의 삶에서 떼어내려야 떼어낼 수 없는 불가분의 관계이다. 그런데도 우린 일상에서 철학을 배제하거나 지우려 한다. 곧 그것은 자기 자신의 삶 자체를 무의미하게 만들거나 존재 자체를 지우는 것과 같다. 존재를 지우는 것은 존재의 부정이다. 존재의 부정은 존재의 무의미이다. 그러나 인간의 삶과 존재는 모든 게 의미부여이다. 의미가 없으면 가치도 없기 때문이다. 그런 점에서 바로 봉준호 감독의 '기생충'이나 한류를 이끄는 아이돌 그룹들에 '세계관'이 세계인의 삶에 존재의 의미와 가치부여를 통해 감동과 동기(motive)를 주고 있기 때문이다.

그렇다면 이제 21세기 미래의 주역인 우리 청소년들도 어떻게 자신의 삶에 꽃을 피우고 향기를 피워낼 수 있을까를 철학적으로 고민해 보아야 한다. 그런 것이 자신에 삶의 진정한 성공전략이어야 하지 않을까?

철학(哲學)의 이해

꽃이 아름답게 피었나. 그런데 그 속에서 풍기는 향기가 없다면 그 꽃의 생명 성은 무의미하다. 아름다운 청소년, 그들에게 철학적 향기가 없다면 그들의 영혼은 마치 마른 풀잎과 같다. 이처럼 철학은 인간이 살아가는 데 있어서 매우 중요한 인생관, 세계관 따위를 탐구하는 학문적 이념과 사상으로 정의할 수 있다.

원래 철학은 진리인식(眞理認識)의 학문이다. 그러나 중세의 종교적 이론이 근세에는 과학의 영역으로 독립하여 발전하면서 형이상학, 논리학, 윤리학, 미학 등의 하위 학문으로까지 확대 발전되었다. 그러나 일반 대중들은 철학이라는 학문에 여전히 쉽게 접근하지 못하고 있다.

그렇다. 그것은 다소 학문에 주제가 무겁고 어렵다는 이유 때문이 아닐까? 하지만 어렵다고 해서 철학에 대한 이해가 부족하면 우리의 삶과 가치관에 대한 이념과 정의가 부재함으로써 삶의 목적과 존재의 과정에서 많은 오류와 시행착오를 범하기 쉽다. 우리 청소년들은 앞으로 80여 년이란 인생의 긴 여정에서 무의미한 삶을 살아서는 안 된다. 그러한 삶에 이상과 철학의 향기가 없으면 자칫 공허할 수 있다. 아름답고 행복한 삶을 원한다면 자신의 영혼에 철학적 향기를 진하게 품어야 더욱 아름답다고 행복할 수 있다.

철학(哲學, 고대 그리스어: φιλοσοφία, 영어: philosophy)[1]은 지혜와 지식을 이용하여 대상을 가장 탁월하게 인식하고 취급하는 능력이다. 고대 그리스에서는 학문 그 자체를 철학으로 정의했다. 전통적 철학으로는 세계와 인간과 사물과 현상의 가치와 궁극적인 뜻을 향한 본질적이고 총체적인 천착을 뜻한다. 이에 더하여 현대 철학은 철학에 기초한 사고인 전제나 문제의 명확화, 개념의 엄밀성, 명제 간 관계성, 명료화를 이용해 모든 주제를 논하는 언어를 철학의 범주로 확장시켰다.

철학은 고대 희랍어의 필로소피아(φιλοσοφία, 지혜에 대한 사랑)에서 유래되었다. 여기서 지혜는 일상생활에서의 실용적인 지식이 아닌 인간 자신과 그것을 둘러싼 세계를 관조하는 지식을 뜻했다. 이를테면 인간이 추구하는 세계관, 인생관, 가치관 같은 것들이 여기에 포함된다. 이런 일반적인 뜻으로서의 철학은 어느 문화권에서나 오래전부터 존재해 왔다. 심지어 문자가 없는 사회에서도 세계를 향한 인류의 지혜와 성찰의 담론은 계승 전파되어 왔다.

철학의 명칭 '필로소피(Philosophy)'는 고대 희랍어 필레인(Φιλειν, 사랑하다)과 소피아(σοφία, 지혜)의 합성어로서, 직역하면 '지혜를 사랑한다.'였다. 지금 동양에서 쓰는 표현인 철학은 19세기 말 일본에 니시 아마네(西周)가 처음으로 'Philosophy'를 '희철학(希哲學)'으로 일역하여 사용하였다. 이것이 나중에 줄여서 '철학'으로 불리기 시작했다.

인간의 정신세계에서 앎, 즉 배움과 깨달음을 두려워하지 않고 사랑하는 것은 모든 학문의 출발점이다. 지식과 지혜를 사랑하는 삶의 태도로 철학을 정의한다면 철학은 특정한 학문의 일종이라기보다는 일반 학문에서 요구되는 근본적이고 기본적인 자세이면서 실천적 방법이다.

철학이란 용어는 오늘날 매우 광범위하고 다양하게 사용되고 있어 철학이 무엇인가 하는 점을 한 가지 개념으로 분명하게 파악하고 정리하기란 쉽지 않다. 그것은 철학이라는 개념 자체가 갖는 포괄성과 다의성 때문이다. 철학 앞에는 관념론적 철학·경험론적 철학·실존론적 철학·과학적 철학·언어 철학 등 다양한 철학의 주제와 특징에 따른 수식어가 항상 붙어 있다. 또 지역적으로는 서양철학·동양철학 그리고 한국철학이라는 명칭이 함께 쓰이기도 한다.

이처럼 철학이라는 이름을 가진 학문이 이같이 다양한 주제와 광범위한 영역을 갖게 된 것은 이 학문이 오랜 역사를 통해 점진적으로 확장 발달해왔고, 철학을 행하는 방식이 철학의 개념을 규정해 놓기도 했다.

소크라테스와 플라톤은 인간에게 가장 중요한 것은 '어떻게 잘 살아갈 수 있는가?'라는 화두와 담론이고 이에 대한 답을 구하는 행위가 애지(愛至)라고 했다. 플라톤은 애지의 목표가 생성·소멸·유전하는 존재로부터 이루어지는 감성적 세계를 뛰어넘어 불멸의 진실인 이데아(ideal)를 통해 인간의 혼을 선하고 아름답게 하고, 나아가 세상을 선하고, 아름답게 하는 것이라고 믿었다.

그 같은 그리스 철학은 로마 시대 그리스도교가 교리를 형성하는 수단이 되기도 했다. 애지는 일신론으로 재해석되었으며 신학이 곧 철학이 되었다. 17세기에 새로운 철학인 자연학이 생겼고, 18세기에는 인간학으로 전개되었다. 19세기 초반 근대산업사회가 출현하면서 철학은 인간 생활을 향상하기 위한 지식의 탐구로서 신학과 종교로부터 독립하여 독자 학문으로 발전해 왔다.

이것은 중세 서구의 신분제적 봉건주의 시대의 지배 사상이었던 '신중심주의 사상'이 근대 서구의 민주주의적 '인간중심주의 사상'으로 사상의 조류가 바뀌면서 일어난 현상이다.

철학은 인간다움의 길을 가도록 돕는 안내자

어쨌든 철학은 인간의 삶에 대한 관조와 성찰이면서 그에 대한 질문과 답변이다. 바꾸어 말하면 '어떻게 해야 인간으로서 인간다움의 본질을 추구할 수 있고 행복해질 수 있는가'에 대한 포괄적 함의를 담고 있는 이상 실현의 형이상학적 사유의 학문이다. 철학은 인간으로서 인간다움의 길을 가도록 인도하는 안내자이고 인간다움의 꽃향기를 피워내도록 하는 인문정신의 향기이다.

플라톤은 철학에 대해서 이렇게 말했다. "진정한 철학에 의해서만 국가도 개인도 정의에 노닐할 수가 있다. 진정한 철인이 통치권을 쥐거나 통치자가 신의 은혜로 진정한 철인이 되지 않는 한 인간은 악에서 벗어날 수가 없을 것이다."라고 했다. 그러니까 진정한 철학의 소유자가 많으면 많을수록 미래 사회의 정의는 더욱 공고히 살아날 수 있을 거란 기대이다. 그래야 정신적 문명의 기반 위에 우리가 좀 더 행복할 수 있고, 사회와 국가가 지속해서 번영할 수 있으리라는 생각이다.

그런데 오늘날 과학 문명이 빛나고 있는 21세기 현대사회가 정의를 잃고 방황하고 있다. 물질적으론 풍요가 넘치는데 정의가 실종되어 오간 데 없다. 그 때문에 사회는 무질서하고, 혼란스럽고, 폭력이 난무하고, 도덕과 윤리의 가치관은 땅에 떨어졌다. 그리고 법과 제도는 제 기능을 발휘하지 못한 채 시대의 강자들에게 전유물 같은 도구로 전락하고 말았다. 그 때문에 힘없는 약자들의 삶은 매우 불안하고 불편한 환경이다. 그래서일까? 이를 반영이나 하듯 몇 해 전 마이클 샌델 교수의 『정의란 무엇인가』가 인문서 분야의 베스트셀러가 되기도 했었다.

굳이 왜? 우리 사회가 '정의(justice)'와 같은 지극히 당연한 것에 관심을 끌게 되었을까? 그것은 바로 우리 사회 전반에 걸쳐 인문학과 철학적 가치가 실종되었기 때문에 나타난 현상이다. 정의가 살아 있는 사회에선 굳이 '정의란 무엇인가'의 의미를 새삼 환기할 필요가 없다. 따라서 우리 청소년들에게도 만일 철학이 없는 학문에 지향성과 삶의 목표는 진정한 향기가 없는 조화와 같은 삶이다. 따라서 정의도 행복한 우리 사회를 위해서는 인문학과 철학의 가치를 일깨우도록 해야 한다.

　로마 시대 문학가이면서 철학자인 M.T. 키케로는 "철학이란 혼의 참다운 의술이다."라고 했다. 갖가지 원인과 이유로 병든 인간의 영혼을 치료하는 의술이란 뜻이다. 그러니 철학만큼이나 인간의 삶과 영혼에 위로가 되는 사상과 학문은 없다. 따라서 철학이 없는 영혼은 아무리 아름다워도 향기가 없는 꽃이다. 꽃의 향기가 없다는 것은 꽃으로 피워야 할 목적을 상실한 화석과 같은 생명이다.

　21세기 미래의 문명사회를 살 우리의 청소년들에겐 반드시 잘 무장된 인문철학의 정신으로 아름다운 꿈과 희망의 이데아가 활짝 피어나 기분 좋은 향기를 피워내야 한다. 그대들에게 휴머니티(humanity)의 감성을 충족시키는 향기가 온 누리에 충만하게 피어날 때 행복한 미래의 세상이 열릴 것이란 생각이다.

야구를 통해 배우는 삶의 지혜

청소년들이여! 시대성에 강해져라

현대사회가 문명적 가치에 의해서 변화하고 발전하는 것은 경제이론에서 말하는 '사용가치'와 '교환가치'[1]의 이론이다. 사용가치는 영속성이지만 교환가치는 상황적 변수가 매우 큰 가변적이다. 이런 가변적 현상의 상태는 시대성이 매우 강하다. 그 때문에 현대사회가 겪고 있는 불안정과 불균형은 이 두 가지의 영속성과 시대성[2]의 불일치에서 파생된 괴리의 현상이다.

거기에서 가장 큰 영향을 끼치는 것은 역시 자성(自省)이 없는 무절제한 자본의 기질이 사용가치와 교환가치를 어지럽히고 부추겨 시대성을 더욱 악화 증폭시키는 결과를 초래하게 된다. 이처럼 시대성은 상황적 변화의 현상이다. 즉, 자연과

사회 안에 있는 모든 것은 끊임없는 시대성의 작용(作用=運動)을 통해서 변화하는 변증법적 현상이다.

　현대 문명사회는 이런 시대성의 자본이 영속성에 결합하여 문명 창조와 문화 창달을 이루는 인류 역사의 영속성을 갖게 된다. 그렇다면 이 시대를 사는 현대인들은 지금과 같은 시대성의 급변 과정에서 사회적 불균형과 불안정으로부터 자신의 중심을 잡고 자신을 지키는 일이 무엇보다도 중요한 일이다.

　이러한 시대성에 유효적절하게 대응하고 적응하는 기술(technique)이 생존 전략에 절대적 조건이라고 해야겠다. 이것이 바로 중용 제2장 원문의 말씀인 '군자지중용야, 군자이시중(君子之中庸也, 君子而時中)'의 말씀이다. 이는 '군자가 중용을 잘 지킬 수 있는 것은 군자는 시대성에 맞게 알맞을 때를 가려 유효적절하게 관계의 기술과 운용을 잘 실천하기 때문이다.'라는 뜻이다.

　　야구는 초 절묘의 타이밍과 집합 기술이 만들어가는
　　지략의 게임이다

　야구는 스포츠에서 이 '군자이시중'에 의미를 가장 잘 내포하고 있는 종목이다. 야구는 그 어떤 스포츠에 비해 매우 다이내믹하고 뛰어난 순발력과 기술을 요구하는 경기이다. 그리고 초 절묘한 타이밍의 집합 기술이 만들어가는 지략의 게임이다. 야구에서 투수와 타자 그리고 포수와 주자의 관계는 치밀한 상대적 함수관계에 놓인 주체들이다.

특히 타자와 투수 간의 관계는 피해 갈래야 피할 수 없는 숙명적인 절대 관계이다. 좋든 싫든 서로 맞붙어야 하는 상대이다. 그리고 상대를 반드시 잡아야 하는 숙명적 관계 속에서 이루어지는 생존 법칙의 게임이다. 그 때문에 기술과 전략은 극도의 심리전을 동반한다. 타자는 위협적으로 자신을 향해 날아오는 볼에 한 치의 물러섬도 없이 당당히 맞서야 한다. 초절묘한 순간을 잡아 적시에 일격을 통해서만 돌파를 결정짓는다. 그렇지 않으면 자신이 죽는다. 그 때문에 반드시 살기 위해서는 필사적 대응이 최선의 전략이 필요하다.

그러나 총알처럼 빠르게 달려드는 작은 볼을 누구나 초 절묘한 순간 적시(適時適合=時中)에 타격하여 홈런이나 안타를 치기는 그리 쉽지가 않다. 그렇다면 그것은 왜 그런가? 그것은 가장 초 절묘한 타이밍의 부정확성과 부적합의 요소에 맞서는 일이기 때문이다. 그것은 볼이 날아오는 속도와 각도 또는 회전 같은 변화구에 타자가 정확한 기술적 대응을 쉽게 할 수 없기 때문이다. 그것은 다시 말해 정확도가 매우 불확실하고 가변적인 초 절묘한 찰나의 시간성 때문이다.

타자의 적절한 대응이란? 그냥 방망이를 힘으로 휘두르는 것만이 능사가 아니다. 그것은 날아오는 볼의 성질에 맞게 높이와 각도 그리고 절묘한 타이밍과 초감각적 배팅의 치밀하고 초 정밀한 동물적 감각과 계산만이 타자가 앞으로 나갈 수 있는 진로를 결정하게 된다. 이것은 찰나라고 하는 절묘한 한순간의 일이다. 그러니까 찰나의 순간 중에서도 더 찰나의 순간인 적시 적합의 순간이다. 이 절묘한 순간이 바로 시중(時中, golden time)이다.

절묘한 타이밍이란?

야구의 정석도 상황에 따라 그리고 상대에 따라 바뀌게 된다. 그래서 야구도 마치 인간관계의 삶처럼 어렵다. 여기에서 절묘한 타이밍이란? 중용의 이론에 나오는 시중(時中)이 바로 그것이다. 이처럼 시중은 가장 알맞은 적시 적합의 순간을 의미한다.

군자는 이처럼 인간관계에서 소인들과는 다르게 치밀한 계산과 절묘한 타이밍으로 어떤 상황에서도 일의 결정이나 판단을 해서 실천에 옮긴다는 의미이다. 그러나 그런 지혜가 없는 우자(愚者)나 소인들은 아무 때나 경거망동함으로써 대인 관계에서 손해를 보거나 실패를 하게 된다는 뜻이다.

특히 청소년들은 사회의 구성원이 되기 전이다. 경험도 없고, 지혜도 부족하다. 따라서 현대사회에서 무분별한 처신이나 과도한 경거망동은 야구에서 초 절묘한 타이밍을 무시하고 그냥 막 방망이를 휘두르는 것과 같다. 그것은 결국 자신의 인생을 불행하게 만드는 결과를 초래할 수 있다. 그것은 인생의 실패와 낙오를 의미한다.

미래의 찬란한 문명의 시대를 가장 많이 살아갈 지금의 청소년들은 지금 또는 오늘의 시간성과 시대성의 급변 과정에서 야구의 타이밍처럼 적절하게 대응하고 사회적 불균형과 불안정으로부터 중심을 잡고 흔들리지 말아야 하기 때문이다. 그래야 험난한 바다에서 침몰하지 않고 살아남을 수가 있다.

문명의 파고가 높게 소용돌이치는 불안전한 현실에서 군자의 중용적 지혜와 슬기로서 상황에 맞게 안전한 균형을 잡고, 멋진 파도타기를 배워야 한다. 그것이 미래를 향해 도전하고 전진해 갈 수 있는 솔루션 중에 가장 중요한 파도타기 기술이다.

청소년기에 읽어야 할 고전 인문학

**청소년기에 배움은 자신의 삶을 위한 가장 큰
프로젝트이자 성공전략이다**

청소년기에 배움은 일생을 위한 가장 큰 투자이자 프로젝트
이다. 그리고 학생들에게 배움은 일종의 업(業)이다. 누구에게
나 업은 하고 싶다고 해서 하고, 하기 싫다고 해서 안 할 수 있
는 것이 아니다. 즉 좋든, 싫든 하루 세끼 밥 먹듯 반드시 해야
하는 일이 업이다. 마치 성인이 직업을 갖는 것과 같다. 직업
이란 힘들다고 또는 하기 싫다고 그만둘 수 있는 일이 아니다.

또한, 그 배움의 업은 청소년기가 넘어가고 청년기 사회의
구성원으로서 사회진출을 위한 준비단계이고 과정이나. 학업
에 얼마나 충실하고, 성실하게 최선의 노력을 다했느냐에 따
라서 진출 분야가 달라진다. 그리고 그 구성원으로 해야 할 역

할도 달라진다.

청소년기에 학생들은 학업도 중요하다. 하지만 성적(性的) 관심과 호기심도 강해진다. 중학생 때는 외부세계에 관한 관심이 강하며, 학교 교육에 대해서도 열심이다. 그리고 고등학생 때쯤부터는 청년의 신체적, 정신적 특질을 차츰 나타내기 시작한다. 교사에 대한 비판이나 반항도 강해진다. 그 때문에 이 시기에는 학생의 신체적 · 지적 · 정서적 · 사회적 발달에 상응하는 교육내용과 방법이 매우 중요하다. 또한, 활발한 운동과 올바른 성교육(性敎育)도 필요한 때이다.

고등학교 중기에는 신체적 · 지적 · 정서적 · 사회적 성장과 발달이 현저하게 두드러진다. 그런 의미에서 이 시기에는 신체적으로나 지적으로나 충분히 단련되어야 크게 숙성할 수 있는 성장기이다. 이 시기에는 학습과 운동에 전념토록 하는 것이 중요하다. 이 시기는 성인에 의존하고 있었던 아동기와 독립하려는 성인기의 사이에 있는 과도기이므로 신체적 변화에도 매우 예민하게 반응하고 적응하는 때이다.

가족들로부터의 독립, 친구와의 관계 적응, 장래의 생활 설계, 인생관의 확립 등 여러 가지 고민스러운 문제가 생겨남으로 정신적 · 정서적으로 매우 혼란스럽다. 따라서 이땐 개별적인 심리상담과 상담제(mentoring)도 필요하다.

그러나 무엇보다도 중요한 것은 인문정신의 함양이다. 인문정신이란 뭘까? 그것은 바로 사람다움의 정신을 키워내는 시기이다. 사람다움의 정신은 사람으로서 마땅히 지녀야 할 품성과 품격이다. 우린 그런 품성과 품격을 통해서 그 사람의 됨됨이를 가늠한다. 이러한 인문정신은 인문학이라는 거대 온실에서 싹트고 자란다. 그런데 대학교에서 이 온실을 폐쇄했다. 가장 큰 이유는 수익성이 저조하고 비인기라는 이유에서다. 학문에 전당인 대학교조차도 수익성을 쫓는 현실이라니 참으로 안타깝다.

그래서 요즘 우리 사회에서 인문학이 가야 할 방향을 잃고 울고 있다. 그것은 무엇 때문일까? 그것은 바로 교육의 장인 대학교에서조차 인문학의 황폐화가 빚은 결과 때문이다. 이렇게 학교에서도 인문학이 홀대를 받고, 사회에서도 인문학이 오갈 데가 없이 방황하고 있는 참담한 현실이 안타깝기만 하다. 그것은 왜일까?

인간에게 육신을 위한 것이 밥이라면
영혼을 위한 밥은 인문정신이다

지금 뒤늦게 황폐화되어가는 우리의 인문정신을 되찾고자 사회 일각에서 일부 인문학에 소중함을 일깨우고 있다. 하지만 그것은 아주 미미한 수준에 머무는 상황이나. 인문학은 삼시 바람처럼 불었다가 사라지는 학문이어서는 곤란하다. 인문학은 우리가 살아 숨 쉬고 있는 한 지속해서 먹어야 할 양식은 인문정신의 밥이다.

우리가 매일매일 끼니마다 먹는 밥이 있고 그 밥이 우리의 육신을 위한 것이라면 우리 인간의 삶에는 영혼을 위한 밥이 필요하고 그 영혼의 밥이 바로 인문학이고, 인문정신이다.

또 우리에게 삶의 목적이 있다면 그 목적은 무언가를 얻는 데 있는 것이 아니다. 그것은 자신이 누군지를 발견하고 또 발견해내는 과정이 목표가 되어야 한다. 그러기 위해서는 우리의 삶이라고 하는 일상에서 자신의 삶에 성찰과 탐구가 필요하다. 누구나 인생을 살아가는 데는 자기 자신만의 철학이 필요하다. 자기 자신만의 철학은 자신의 삶에 이상과 가치관을 추구하고 정립시키는 사상이다.

성찰하지 않는 삶, 그런 삶과 인생은 아무런 의미가 없다. 철학의 쓰임새는 무엇인가? 그것은 바로 이러한 삶의 이치를 분석하고 따져보는 것이다. 우리의 인생은 매우 소중한 삶이다. 두 번 다시 있을 수 없는 단 한 번뿐인 인생이다. 그런 인생의 이치를 한 번 따져보지도 않고 막 되는 대로 살 수는 없다. 그것은 자신의 삶을 그냥 포기하는 것과 같은 어리석은 행위이다.

그러나 현대는 그것을 제대로 따질 수 있는 환경과 현실이 아니다. 현대인들은 그런 이치를 따질 겨를조차도 없다. 그 때문에 자기 자신이 누구인지 잘 모르고 산다. 그래서 많은 철학자는 인간의 삶에 의미를 철학이라는 관점에서 그 맛을 알기 위해 '씹고, 씹고 또 되씹고를 반복하며 그 삶에 의미를 알고 자 사유의 되새김질을 했다.

구약성서 시편 144:4에 "사람은 한낱 숨결에 지나지 않는 것, 한평생이라야 지나가는 그림자입니다."라고 했고, 철학의 아버지 소크라테스는 "사는 것이 중요한 문제가 아니고, 바로 사는 것이 중요한 문제다."라고 했다. 그렇다. 산다고 해서, 살 아있다고 해서 다 사는 것은 아니다. 즉 사람답게, 인간답게 살지 않으면 삶의 의미 있는 가치는 무의미하다.

그리스의 사상가이면서 문필가인 플루타르크는 "그저 존재 하는 것이 아니라 삶을 살아야 한다"라고 그의 저서 윤리논집 (倫理論集)에서 기술하고 있다. 인간의 삶은 간단치가 않다. 간단치 않은 삶을 아무런 의미 없이 존재하는 것만으로는 존 재의 당위성이 충분히 설명되지 않는다. 세계 문학사의 거장 인 괴테는 "삶의 기쁨은 크지만, 자각 있는 삶의 기쁨은 더욱 크다. (東西詩集)"라고 했다.

이처럼 자각은 사유와 성찰에서 오는 깨달음이다. 산다는 것 자체가 큰 기쁨이라고 해도 자각이 없다면 그 기쁨은 절반 의 기쁨뿐이다. 따라서 자성이 없는 삶은 자기 자신이 '누군지 '를 발견하기가 어렵다.

그래서 지기가 '누구인지'를 빌견하기 위해서는 청소년기에 많은 책을 읽어야 한다. 책은 지식과 정보뿐만이 아니라 삶의 의미와 지혜를 갖게 한다. 로마의 정치가·법률가·학자이면서 작가인 M. T. 키케로는 "책이 없는 공허는 영혼이 없는 관계와 같다."라고 했고, 영국의 시인이면서 극작인 W. 셰익스피어는 "자연의 무한한 비밀의 책을 나는 약간 읽을 수 있다."라고 했다.

이렇게 책을 통해서 인간 심리에 대한 깊은 통찰을 보여 주고 있다. 또 노르웨이의 소설가 J. 보이에르는 "인생은 한 권의 책에 흡사하다. 미련한 사람들은 그것을 건성건성 읽어버리지만, 현명한 사람들은 정성 들여 그것을 읽는다. 왜냐하면, 그는 한 번 밖에 그것을 읽지 못한다는 것을 알고 있기 때문이다."라고 했다.

책은 삶을 살찌게 하고 영혼을 아름답게 꽃 피운다

그렇다. 잘 만들어진 책은 우리의 삶과 인생을 바꿔놓을 수도 있다. 왜냐? 바로 인생은 한 권의 책과 같기 때문이다. 따라서 오늘날 현대 문명사회에서는 삶의 이상과 가치관의 정립이 매우 어렵다. 그것은 현대 문명사회의 다원화와 다변화에 의한 현상과 작용들에 대한 충돌 때문이다. 쉽게 말해 문명의 바다에서 거세게 소용돌이치고 있는 삶의 환경 때문에 각자의 중심을 잃었기 때문이다. 그 때문에 제대로 균형을 잡을 수가 없고 자신을 볼 수가 없다. 따라서 몸과 마음은 중심을 잡지 못하고 마구 흔들리게 된다. 그러다 높고 높은 세상의 파도와 소용돌이에 휘말리고 만다.

우린 삶의 의미부여와 철학을 두려워하지 말아야 한다. 이제 미래의 청춘으로 살아야 할 오늘에 청소년들은 그 두려움을 물리치고 그 소용돌이로부터 자신을 보호하고 지켜내는 인문 정신의 힘과 능력을 갖추기 위해 노력하여야 한다. 그렇다면 이렇게 자신을 보호하고 지켜낼 수 있는 소중한 인문철학에 관심을 가질 필요가 있다.

하지만 아쉽게도 현대학문과 교육에선 그것을 찾기가 쉽지 않다. 이미 인문학의 황폐화로 인문정신은 자취를 감추고 오간 데 없다. 그 때문에 현대사회의 청춘들을 가슴 아프게 하는 자조적 유행어 '인구론'이 그것을 잘 반영하고 있다.

인문계 대졸자들이 취업 시장에서 철저히 외면을 받고 있다. 이른바 '인문계 졸업생은 90%가 론(논)다는 의미의 인구론'이 바로 그것이다. "나도 놀고 동기도 놀고, 선배도 놀고 있으니 인구론이란 말이 과장은 아니다."라고 이구동성이다. 서울 소재 사립대학 졸업에 학점 4.0, 토익 930점, 외국교환 학생, 인턴 등 일명 '취업 스펙 5종~6종'을 갖추고도 아직 자기가 취업준비생이라면 과연 그대들은 미래에 대한 어떤 희망이 기다리고 있을까?

대기업 취업을 준비하다 접고, 공무원 임용시험 몇 년 준비하다 낙방하면 다음은 중소기업 취업으로 돌아서는 인문계 대졸자들이 쥐업 회전문에서 빠져나오지 못하는 현실이고 이런 현상은 비단 선배들만의 문제가 아니다. 그것이 나의 문제, 친구의 문제, 형 누나 혹은 동생과 같은 가족들의 문제이기도 하다.

그래서 너도나도 인문계를 떠났고, 학계도 떠났고, 정부 행정도 떠났고, 철학에서도 떠났다. 모두 이렇게 인문학을 떠났기 때문에 오늘날 인류의 역사에서 인문정신 황폐화를 불렀다고 판단한다. 이 또한 현대사회의 지성인들이 자초한 시대적 판단과 오류가 아닐 수 없다. 참으로 부끄러운 일이다.

21세기 문명의 소용돌이에서 살아남을 인문정신의 힘
그것은 바로 직관과 통찰의 처세학, 『중용』

자! 그런데 참으로 아이러니하다.

모두 인문학은 비전과 희망이 없다고 그렇게 홀대하며 세상 밖으로 떠났다. 그런데 왜? 문제는 하나도 해결된 것이 없나. 오히려 우리 사회의 문제만 더 복잡해졌다. 잘된 일은 하나도 없다. 내일도, 미래에도 희망은 별로 없어 보인다. 그렇다면 뭐가 문제였었는가? 첫째, 그것은 바로 진단이 잘못되었기 때문이다. 진단이 옳게 되어야 처방도 옳게 나온다. 문제는 인문학 자체에 있었던 것이 아니다. 그런데도 마치 21세기엔 인문학 같은 것은 불필요한 학문이라고 인식하고 판단한 현대사회의 주체들에 근시안적인 선견과 어리석음이 빚은 현실적 인식의 오류다.

그러한 시대적 흐름 때문에 인문학은 많은 분야에서 외면당하는 비인기 학과가 되었고 우리 사회의 근간을 흔들고 다시 재편하는 계기가 되었다. 그렇게 현실에서 인문학의 부재가 지속하면서 21세기 현대사회는 점차 병들기 시작했다. 그로 인해 많은 시대적 문명의 악성 증후군들이 출현하고 현대사회의 곳곳에 병리적 현상으로 숙주 되고 번식하면서 인류의 미래와 인간의 정신문명을 위협하고 있는 현실이다.

자, 그렇다면 뭔가 분명 잘못된 일이다. 그것은 바로 학자, 행정, 정치, 전문가들 모두가 시대의 문제점을 바로 보지 못하고 불확실성에 대한 잘못된 인식과 진단을 내렸기 때문이다. 그럼 이쯤에서 어떻게 해야 할까? 그것은 바로 잘못된 일이 뭔지 알았으면 그것을 바로 잡는 일이다.

이럴 때 문제점의 해결적 방안으로 '온고이지신 가이위사의(溫故而知新 可以爲師矣)'의 공자님의 말씀을 가슴속에 새겨보면 어떨까? 이 말씀은 "옛것을 익히고 새것을 알면, 남의 스승이 될 수 있다."라는 의미로 논어(論語) 위정편(爲政篇)에 나온 말씀이다.

우리는 옛것에 대한 막연한 편견과 선입견을 품고 있다. 이를테면 '시대에 맞지 않는다', '구태적 발상이다', '낡았다', '새 술은 새 부대에~' 등으로 몰아붙인다. 일부 맞는 말도 있다. 하지만 내용과 상황을 고려하지 않고 전체를 무조건 과거와 옛것으로 치부하고 부정하는 것은 옳지 않다. 오늘날 인류가 이룩한 과학 문명과 역사를 보면 '옛것을 배우고 익힌 바탕 위'에서 새것으로 진화하고 발전되어 왔다.

특히 오늘날 문제가 되는 인문학, 도덕과 윤리, 사회정의, 종교철학, 과학 등 모든 분야에 근본은 모두 옛것에 기반한 학문적 이론이다. 따라서 옛것은 버려야 되는 것이 아니라 간직하고 지켜가는 것이 옳고 좋은 방법이다. 인류의 정신문명 역시 현대사회에서 독창적으로 만들어진 게 하나도 없다. 모두 다 옛것이다. 특히 유가 경전에 기본인 사서오경(四書=논어(論語), 대학(大學), 중용(中庸), 맹자(孟子) 五經=역경(易經), 서경(書經), 시경(詩經), 예기(禮記), 춘추(春秋))을 비롯한 불교 경전, 기독교 성경, 소크라테스의 철학 등은 과거로 돌아가 보면 약 3000년 이상 전부터 내려온 4대 성인의 말씀들이다.

그것을 바탕으로 오늘날 인류의 역사와 정신문명이 계승 발전되고 있고 현대사회의 문명 창달을 이루고 있다. 그런데 현대사회가 이를 '옛것'이라 부정하고 '낡은 것'으로 치부하고 버려버린다면 자신의 정체성과 인문정신의 뿌리 그리고 삶의 의미를 어떻게 정의할 것인지 답해야 한다.

하지만 이런 문제들에 대해 고전 사서오경(四書五經)의 하나인 중용(中庸)에 답이 있다. 중용은 잘못된 진단이나 판단을 예방할 수 있는 지혜의 인문사상이다. 직관과 통찰의 힘이 되는 영혼의 에너지가 바로 이 중용의 인문정신이다. 중용의 가르침은 과거 잘못된 진단과 판단으로 잃었던 우리의 중심을 되찾을 수 있는 유일한 학문이다. 그렇다면 미래의 우리 청소년들이 기성세대의 잃어버린 중심과 인문정신을 되찾고 다시 지켜갔으면 좋겠다는 생각이다.

이제 청소년들도 자기의 삶에 재테크가 필요한 때이다. 이런 삶의 재테크를 성공적으로 돕는 학문적 기술이 바로 중용의 인문정신과 생활의 실천 사상이다. 21세기 현대인들에게 '삶'이란 과연 무엇일까? 그것은 성난 노도와 같이 소용돌이치는 거대 문명의 바다에서 지금, 현재 잘 살아남아야 하는 명제를 안고 있다. 그것에 방안과 비결(know-how)은 바로 중용의 '파도타기' 기술이다. 그 기술이 없으면 안전한 파도타기는 불가능하다. 문명의 높은 파도와 소용돌이에 휘말리지 않게 하기 위해서는 반드시 균형을 잡고 파도를 잘 타야 살아남을 수 있기 때문이다.

영혼의 정체성을 갖고 중심을 잘 잡자

인문학의 힘은 알고 행함에서 완성된다. 인문학은 몸과 마음의 수행이요 공부다. 마음의 공부는 영혼의 밥인 인문정신의 양식이다. 삶의 행복은 지식에서 비롯되는 것이 아니다. 인문학은 지식만으로는 완성될 수 없다. 아무리 견고한 학문적 이론과 지식이라도 실천이 뒤따르지 않으면 소용이 없다. 인문학의 완성은 이런 실천을 바탕으로 생활화할 때 비로소 완성되는 결과이다. 중용은 인간의 일상생활 속에서 완성되는'중심 잡기' 실천 사상이고, 생활철학이다.

우리의 일상(삶)에서 중심을 잡는 방법 중에 2가지가 있다. 하나는 육신의 중심을 바로 잡는 것이고, 또 하나는 영혼의 중심을 바로 잡는 것이다. 그럼 육신의 중심은 무엇으로 잡는가?

그것은 팔, 다리를 앞뒤 또는 좌우로 '흔들흔들' 흔들어서 신체의 중심을 잡는다. 이것은 사람이 일상의 생활에서 자연스럽게 익힌 신체적 중심 잡기이다. 그러나 좀 더 신체의 중심 잡기에 집중을 요구하는 것엔 전통놀이-외줄 타기 묘기(팔과 장대 이용) 같은 것들이 있다. 그러나 이것만으로는 우리의 신체적 중심을 완전하게 잡지 못한다.

더 중요한 신체적 중심 잡기는 인체의 중심 잡기 기능을 관장하는 곳이 있다. 그것이 바로 두 귓속에 들어있는 '달팽이관'과 '반고리관'이 뇌의 신경계 조절을 통해 인체 내의 중심을 잡아주는 기능이다. 달팽이관 속에 중심적 추 역할을 하는 이석이 문제가 생기게 되면 어지러워서 몸의 균형과 중심을 잃게 되는데 이것을 의학적 용어로는 '현훈(어지럼증)'이라고 한다.

그럼 영혼의 중심은 무엇으로 잡을 수 있는가? 그것은 인도(人道)와 천도(天道)라고 할 수 있는 도(道)의 이치(理致)이다.

천도는 바로 하늘의 이치이다. 하늘의 이치는 우주 자연과 신의 섭리이다. 하늘의 섭리는 자연 만물의 생육을 관장하는 영역이다. 이러한 이치에 부합하도록 알고 행하는 것이 천도이다. 인도는 바로 사람의 길이다. 사람의 길이란? 사람으로서 마땅히 행해야 할 길이다. 그럼 '사람의 길'로 가기 위해서 과연 무엇이 필요한가?

그 길은 진리, 철학, 이상, 사상, 이념 등과 같은 것들이다. 이것을 알게 하는 학문적 지식이 인문학적 소양과 인성이다. 그리고 이것을 일깨우는 학문이 인문학이다. 그러나 학문적 이론이 아무리 뛰어나고 훌륭해도 명사적(名詞的) 담론에 그친다면 아무 소용이 없다. 따라서 명사를 넘어 동사적(動詞的)으로 전환되어서 일상에서 실천되어야만 한다. 그랬을 때 비로소 학문의 인문학적 가치가 빛을 발하게 된다.

길은 인간에게만 요구되는 것은 아니다. 사람에게는 물론 자연에도 자연이 담당할 자연의 길이 있다. 그러나 자연의 길은 자연이 알아서 자연의 운행질서 속에 때맞추어 작용한다. 다만 걱정이 되는 것은 사람이 어떻게 인문학적 소양과 인성으로 인도의 길을 제대로 갈 것인가가 문제이다.

하지만 크게 낙담할 일은 아니다. 이제 중심을 잡는 방법과 지혜를 『중용』에서 배우면 된다. 육신에 중심과 영혼의 중심을 꼭 잡고 외세나 외풍에 흔들리지 않을 수 있다면 그 어떤 소용돌이에 빠지더라도 균형과 중심을 잡고 우리의 삶을 허무하게 침몰시키지 않을 수 있다. 따라서 21세기 미래 사회의 주역이 될 우리 청소년들은 잃었던 삶의 중심을 바로 세우고, 잃어버린 행복도 다시 찾을 수 있을 것이란 기대와 희망이다.

삶(生)은 살아 움직이는 경전이다

일상에서의 생활철학은 더 나은 삶을 위해
마음가짐과 행동에 회의하고 자신을 돌아보는 일이다

철학(哲學 philosophy)은 삶의 가치관에 대해 회의하고 사유하는 일이다. 인간의 삶은 그냥 사는 삶이 아니다. 인간의 삶은 삶의 지향점과 목표가 뚜렷이 있어야 한다. 그 목표에 따라서 삶의 가치관이 정립된다. 이런 사고와 의식은 지구상 자연 만물 가운데 오로지 인간만이 가능한 능력이다.

그 때문에 사람을 '자연의 만물에 영장'이라고 한다. 사람은 오로지 먹고살기 위한 목적으로 존재하는 생명체가 아니다. '왜, 살아야 하는지?', '어떻게 살아야 하는지?'에 대한 회의(懷疑)를 하며 미래에 대한 이상적 꿈을 꾼다. 이처럼 인간은 삶의 목표와 가치관을 추구하는 존재이다. 따라서 이러한 존재의 의미를 탐구하고 성찰해 가는 삶의 의식이 사상이고 철학이다.

철학이란? 삶의 근본적인 문제에서부터 인간이 살아가는 데 있어 중요한 인생관, 세계관 따위를 탐구하는 학문이다. 이것을 좀 더 쉽게 말하면 인간답게 사는 데 무엇이 필요하고 그것을 어떻게 갖추어야 할 것인가에 대한 고민과 해답 그리고 성찰이다. 나에게 철학이 없다는 것은 자신의 삶에 의미를 전혀 고민하지 않는 생활 태도이다.

인간은 절로 바람직한 생활 태도로 살아지지 않는다. 사람이 만일 태어나고 성장하면서 저절로 인간답게 살아갈 수 있다면 철학적인 삶의 질문과 탐구가 굳이 필요할 까닭이 없다. 당연히 인간의 삶에 있어서 그것이 가장 힘든 문제이기 때문에 철학적인 질문을 통해 나와 우리는 진정한 삶의 의미에 관해 묻고 또 묻고를 반복하며 또 답하며 사람답게 살아가려고 노력하는 것이다.

철학자들은 하나같이 인간이란 무엇인지에 대한 질문을 던진다. 또 그것을 통해서 의미부여를 하고 어떻게 사람답게 살아갈 수 있는지 고민한다. 소크라테스·플라톤·아리스토텔레스 세 철학자 가운데서 가장 첫 번째 인물이 소크라테스이다. 그는 서구문화이 철학적 기초를 마련한 고대 그리스이 위대한 철학의 아버지이다. 그는 자연에 관한 생각에 머물렀던 당시 철학의 초점을 인간 생활의 성격과 행위를 분석했고,

"너 자신을 알라"라는 질문으로 인간의 삶에 본질을 탐구하는 데 집중했다. 그리고 "악법도 법이다."라는 유명한 말을 남기기도 했다.

'너 자신을 알라'는 말처럼 자기 자신을 잘 알기는 쉽지 않다. 잘 아는 사람은 어떤 행위를 함에 있어서 무엇이 옳고 잘못되었는지, 무엇을 할 수 있고 또 무엇을 할 수 없는지를 잘 분별하게 된다. 이렇게 자신을 진정으로 잘 아는 사람은 타인으로부터 비난과 비판을 받지 않는다. 올바른 방법으로 잘 살아갈 수가 있다. 또 스스로 불운을 피해갈 수도 있다. 그것은 바로 행복한 삶을 살 수도 있다는 의미이기도 하다.

소크라테스는 사람의 영혼에는 이성·격정·욕구와 같은 세 부분이 있다고 했다. 즉 올바름에 대해 "사람답게 살아가는 삶이란 이 영혼의 세 부분이 이성의 통제에 따라 조화를 이루어야 가능하다"라고 했다. 플라톤은 "올바름이란 자신을 잘 조절하고 스스로 자신을 지배하여 마치 음계의 세 음정(저음, 중음, 고음)처럼 전체가 조화를 이루는 것이다. 이렇게 절제 있고 조화된 하나의 인격이 생긴 뒤에야 무슨 행동이든 할 수 있다."라고 했다.

소크라테스는 자신의 일상생활에서 말과 행동이 일치한 삶을 살았디. 평소 이렇게 살아야 할지에 대한 철학적인 의문과 질문에서 구한 답대로 실천했다. 소크라테스는 죽음의 위협 앞에서도 죽느냐, 사느냐의 문제를 고민하기보다는 자신이 올바른 행위라고 생각한 것을 선택했다.

또 "나는 생각한다. 그러므로 나는 존재한다."라고 말한 근대철학의 아버지 데카르트는 중세 유럽을 지배한 교회의 타락성과 성직자들의 탐욕과 강력한 교황 체제의 권위와 기득권에 맞서 싸우며 어떻게 살아가야 할지를 고민했다. 이처럼 현대를 사는 우리도 생각의 주체는 바로 자신이다. 사람답게 살아가려면 이렇게 스스로 생각하며 살아가야 한다.

데카르트의 사유와 철학은 매우 혁명적이었고, 근대 인문정신의 정립에 근간이 되었다. 데카르트로부터 시작된 수많은 혁명은 마침내 프랑스 대혁명(1787~99년)을 일으켰다. 미국 독립전쟁 지원으로 프랑스 재정이 악화하자 프랑스의 부르주아들이 봉건체제를 폐지하고 국민의회를 구성해 인간과 시민의 권리선언을 공표했다. 그리고 국민의회는 공화정을 선포했고 프랑스혁명의 확산과 전파를 우려한 주변 국가들은 프랑스를 상대로 전쟁을 선포했다.

이때 프랑스는 시민군을 결성해 주변국과 전쟁을 수행하면서 공포정치를 펼쳐갔으나 나폴레옹의 쿠데타로 혁명은 일단락되었다. 그러므로 프랑스혁명은 봉건체제의 유럽 사회에 자유와 평등사상을 전파하는 전환기적 계기가 되었다. 철학자들은 이렇게 자기 나름의 사상체계에서 사람답게 살아가는 것을 탐구하고 체계화했다. 조금씩 접근하는 방식과 다루는 언어가 다를 뿐 그 철학의 본질은 하나이다. 그것은 더 나은 삶을

살기 위해서 어떻게 해야 하는가에 대한 회의와 함의를 담고
있다.

철학은 삶의 본질과 근원에 관한 탐구이자 해법이다

철학의 본질은 삶의 근원에 관한 탐구이자 해법이다. 동양철
학도 마찬가지이다. 동양철학의 핵심 사상은 인의예지(仁義
禮智)이다. 이것에 바탕은 천도(天道)와 인도(人道)이다. 이것
은 사람이 사람답게 살아가는 삶의 원리를 추구하고 축약한
말이다. 맹자는 "사람의 성품은 원래 선하다."라고 성선설(性
善說)[1]을 주장했다.

맹자는 공자의 말씀인 '천명지위성(天命之謂性)'이라고 한
중용의 말씀을 계승해 성(性)을 만물에 내재 된 하늘의 작용
으로 보았다. 즉 그것을 천명으로 파악함으로써 만물은 성, 즉
천명을 중심으로 볼 때 모두 하나라고 하는 만물일체사상(萬
物一體思想)을 주장했다. 하늘의 작용이 천지자연의 조화(調
和)를 연출하고 있으므로 그 하늘의 작용을 타고난 성품으로
이어받은 인간도 성의 움직임을 따르면 인간사회는 저절로 조
화를 이루게 된다는 의미에서 성선설(性善說)을 주장했다.

하늘의 작용인 천명은 만물을 낳고자 하는 직용으로 이해
할 수 있다. 천명의 작용은 여천지동류(與天地同流)[2]로 표현
된 바와 같이 유(流)는 즉 '흐름'의 개념이다. 이 여천지동류는

'천지와 함께 우주 자연의 흐름을 타라'라는 뜻이다. 그러니까 파도를 타듯이 물의 흐름을 타기 위해서는 몸이 유연해야 한다. 몸이 유연해야 중심과 균형을 잡고 물살에 휘말리지 않는다. 만일 유연한 몸으로 파도를 타지 못하고 중심을 잃으면 소용돌이 물살에 침몰하고 만다.

이 '흐름'은 형이상학적인 자연의 이치이다. 자연은 이 '흐름'에 편승하여 균형과 조화를 이룬다. 이런 '흐름'의 작용은 만물을 낳고자 하는 천명이나, 남을 사랑하는 인성(人性)의 마음이다. 이에 구체적인 것이 인의예지(仁義禮智)[3]이다. 인은 측은지심(惻隱之心=남을 불쌍히 여기는 마음), 의는 수오지심(羞惡之心=의롭지 못해 부끄럽고 미워하는 마음), 예는 사양지심(辭讓之心=겸손하여 사양할 줄 아는 마음), 지는 시비지심(是非之心=옳고 그름을 가릴 줄 아는 마음)이다.

공자께서는 논어에서 사람답게 살아가는 것에 대해 제자들과 수많은 토론을 했다. 함께한 사상가들 모두 사람답게 살아야 함을 각자의 논리로 주장했는데 그중에 노자의 도덕경을 보면 사람답게 살아가는 것이 어떤 것인지 알 수가 있다.

"발끝으로 서는 사람은 단단히 설 수 없고, 다리를 너무 벌리는 사람은 걸을 수 없습니다. 스스로 드러내는 사람은 밝게 빛날 수 없고, 스스로 의롭다 하는 사람은 돋보일 수 없고, 스스로 자랑하는 사람은 그 공로를 인정받지 못하고, 스스로 뽐내는 사람은 오래갈 수 없습니다."라고 하였다. 이런 글은 마음에 담아놓고 자신의 삶과 태도에 거울로 삼고 실천하면 이것이 바로 인도요 사람다운 삶의 길로 가는 군자의 덕목과 같은 길이라 할 수 있다.

공자님의 가르침에서 그 무엇보다도 중요하고 빼놓을 수 없는 것이 바로 중용(中庸)의 말씀이다. 불편불의(不偏不倚)나 과유불급(過猶不及) 그리고 시중(時中)의 가르침이 이에 속한다. 이는 모두 신중한 실행이나 실천을 뜻한다. 이 사상은 중국 외에도 인도와 서양에서는 그리스의 플라톤 또는 아리스토텔레스 같은 사상가들에 의하여 주로 전파되었다.

유교 사상에 있어서 중용이란? 현실 생활에서 적용되는 인도(人道)와 행도(行道)에 있어서 최선의 길을 뜻하며, 형이상학적인 개념에서 출발하여 가치론적인 수양 방법의 내용을 담고 있다. 이것이 '중용(中庸)'의 핵심 사상이라 할 수 있다. 이는 상대가치 개념의 중간인 중(中) 즉, 중심(中心)을 인식함으로써 실행하는 사람의 마음에 작용을 말한다.

"중은 어느 한쪽으로 치우치거나 기대어 있지 않아 지나치거나 모자람이 없는 것으로서 인성(人性)이 지극히 중정(中正)하여 질서를 이룬 안정된 상태가 사물에 접하여 어떤 작용을 하기 이전의 인성본연(人性本然)의 모습을 나타내는 뜻이고, 용은 일상생활에 있어서 평상(平常) 됨을 나타내는 뜻이다"라고 했다.

"군자가 실천하는 중용은 군자로서 시중(時中)함이요, 소인

이 중용에 반함은 소인으로서 거리낌이 없음이다(중용 제2
장)."라고 하여 군자의 중용은 때에 따라 알맞게 도리를 행하
는 것임을 강조하였다. 현대과학과 철학의 편중된 진리의 시
선에 반하여, 유교 사상은 객관적인 자연에 대한 인식과 인간
의 주관적인 실용적 사상을 진리로 삼기 때문에 이 시대를 사
는 현대인들에게 새로운 인문학의 방향성을 제시하고 있다.

　인간의 삶에 진리는 단순한 객관적 세계에만 있는 것도 아니
고, 또 순전한 주관적 세계에만 있는 것도 아니다. 그것은 어
디까지나 중용의 깊고 오묘한 천지인의 학문적 사상에 있다.
이런 진리와 철학적 사고는 21세기 미래 첨단과학의 문명 시
대를 살아갈 밀레니얼 Z세대의 청소년들에게도 필요한 것이
다. 인간으로서의 본성을 잃지 않고 사람답게 살아갈 태도와
방향성을 구체적으로 제시하는 일상의 생활 실천 사상으로 현
대인에게 꼭 필요한 인문정신이라 할 수 있다.

'중심 잡기'는 마음 다스리는 기술

중심(中心=가운데 마음) 잡는 법을 알려면 우선 '중심'을 볼 줄 알아야 한다. 중심을 보는 방법에 있어서 먼저 1단계 '보이는 것 중심 보기', 2단계 '현상(기능)과 작용의 중심 보기', 3단계 '보이지 않는 것 중심 보기'이다. 이런 '중심 보기'가 단계적으로 훈련이 되었다면 그다음엔 드러나지 않고 감춰진 사물이나 심리의 상태에서도 그 '중심 찾기'가 가능하다.

＊중심 보기

중심 보기란? 풀어서 말하면 '가운데 마음보기'이다. 이 중심 보기의 빙법에 잎서 중심 보기는 왜 필요한가? 생각해보자. 중심 보기는 현상을 바로 보고, 바로 이해하고, 바로 행동하는 것에 그 목적이 있다. 바로 행동한다는 것은 중심을 잃지 않고 바로 자신을 일으켜 세워서 삶(일상)이라고 하는 반석 위에 '바름'의 당위성이나 정당성을 이루는 목적이다.

그런데 어떤 모양이나 현상에 대하여 우선 바로 보지 못하면 그 보이는 사물에 대하여 오판할 수 있기 때문이다. 일차적으로 보이는 것에서 제대로 사물이나 현상을 보지 못하면 2차 그 사물에 속이나 보이지 않는 부분은 더욱 알지 못하게 되는 것은 자명한 일이다. 그리고 그 사물과 연관되는 3차적 현상이나 또 다른 사물을 보더라도 그 대상에 대하여 바르게 인식하지 못하기는 마찬가지가 된다. 그러면 결국 관찰자의 주체는 사물의 인과관계나 대상에 대해 겉과 속 전체를 보지 못하는 결과가 된다.

예컨대 어떤 대상의 사물을 볼 때 그 보고자 하는 사물의 대상을 보고자 하는 사람이 바른 자세로 대상의 사물을 볼 때 비로소 그 사물이 바르게 보이는 이치이다. 가령 측면에서 대상을 보았다면 그 사물에 바른 모습은 보이지 않고 측면밖에 보지 못한다. 불교에선 이런 수행의 착오를 범하지 않기 위해서 사물을 바로 대하고 바로 보도록 함으로써 수행의 참됨을 일깨우는데 바로 이것이 정견(正見)이다. 이것은 팔정도의 하나이다. 사제(四諦)의 이치를 알고, 제법(諸法)의 참된 모습을 바르게 판단케 하는 지혜의 가르침이다.

그래서 우선 보이는 사물에 대하여 바르게 보는 훈련이 필요한 것이다. 내가 바른 위치에서 바르게 보아야 그 대상이 바르게 보인다. 그래야 나와 그 대상 사이에 왜곡이나 오해 그리고 틈이 생기지 않기 때문이다. 눈앞에 보이는 사물이나 현상을 있는 그대로 바르게 보는 현상은 세상에서 보이는 일들에 왜곡이나 굴절 혹은 변형이 아니다. 그것은 있는 그대로이고 우리가 보고 보이는 것 그대로 사실이고 참이기 때문이다. 이 땅의 인류가 행복하게 사는 현대사회는 이런 진실이 살아 숨 쉬는 세상이어야 한다.

중심(中心) 보는 방법엔 여러 가지가 있다. 우선 자신의 '중심(가운데 마음)'을 보기에 앞서 사물의 중심 보기부터 단계별 훈련을 하면 차츰 의식이나 관념의 중심 보기도 쉬워진다. 맨 처음엔 보이는 사물을 대상으로 중심 보기를 아래와 같이 반복적으로 훈련해서 습관화해본다.

1단계 : 보이는 것 중심 보기
- 모양(형상)의 중심 보기
- 숫자의 중심 보기
- 거리(간격, 사이)의 중심 보기
- 크기의 중심 보기
- 변석의 중심 보기
- 부피의 중심 보기

2단계 : 현상(기능)과 작용의 중심 보기
- 사물의 현상과 작용의 중심 보기
- 숫자의 기능과 작용의 중심 보기
- 거리(간격, 사이)의 기능과 작용의 중심 보기
- 크기의 기능과 작용의 중심 보기
- 면적의 기능과 작용의 중심 보기
- 부피의 현상과 작용의 중심 보기

3단계 : 보이지 않는 것 중심 보기
- 가려진 사물의 현상과 작용의 중심 보기
- 가려진 숫자의 기능과 작용의 중심 보기
- 가려진 거리(간격, 사이)의 기능과 작용의 중심 보기
- 가려진 크기의 기능과 작용의 중심 보기
- 가려진 면적의 기능과 작용의 중심 보기
- 가려진 부피의 현상과 작용의 중심 보기

▶ 1단계 : 보이는 것 중심 보기

1단계 보이는 것 중심 보기 방법에서는 예컨대 벽면에 멋진 액자가 한 점 걸려 있다고 상상해 보는 것이다. 액자의 위치가 상하좌우 여백을 두고 이동해보면 가장 균형이 잘 잡히고 잘

어울리는 위치가 있게 마련이다. 그럼으로써 여백의 미를 포함해 액자의 그림이 더욱 아름답고 멋지게 느껴질 것이다. 그렇다면 그 위치가 그 공간에서의 가장 이상적인 중심적 위치가 되는 것이다. 때에 따라서는 여러 개의 액자가 걸렸다고 가정을 해볼 수 있다. 그럴 때도 대상이 하나이건, 둘이건, 여러 개이건 숫자가 문제 되는 것은 아니지만 숫자가 문제가 되면 숫자를 제한하면 된다.

또 공간에 따라서 액자의 크기도 고려의 대상이다. 큰 것과 작은 것에 조화를 이룰 수 있는 위치가 크기의 중심 보기다. 평면적 사물이 아니라 입체적 사물일 경우에도 공간적 조건에 딱 맞는 크고 작음의 선택으로서 사물의 위치와 공간적 배경이 '균형 잡힌 조화'를 이루고 있다면 바로 그 공간이 사물에 중심점이 되는 것이다. 그것은 공간과 배치의 기술과 감각으로 미적 중심을 찾아내는 내면적 '중심 보기'이다.

이것을 확대하여 해석하면 벽면이라는 세상에 액자라고 하는 나의 삶이 있다고 했을 때 조화와 균형으로써 공간을 바라보면 느껴지는 아름다움이 곧 삶의 가치와 행복감이 될 수 있기 때문이다.

▶ 2단계 : 현상(기능)과 작용의 중심 보기

2단계 현상(기능)과 작용의 중심 보기에서는 대상이 사물의 모양이나 위치가 아니다. 그래서 다소 어렵게 생각할 수 있다. 하지만 1단계에서 '보이는 것 중심 보기' 훈련이 익숙해졌다면 '기능과 작용의 중심 보기'도 그리 어렵지 않다.

기능과 작용이란? 어떠한 현상을 일으키거나 어떤 것에 영향을 미치는 작용이다. 또는 어떤 물리적 원인이나 대상이 다른 대상이나 원인에 이바지해서 또 다른 원인과 결과를 만들어가는 현상이다. 이에 대하여 한 예를 들어보자.

그 '기능과 작용'은 하나의 독립적인 개체들이 상이의 관계성 속에서 생성되는 현상이다. 그렇게 전재했을 때 하나가 아닌 둘 이상의 관계에서 반드시 작동되어야 하는 절대 관계라고 할 수 있다. 이런 것은 이 세상에 너무나 많다. 우선 가족관계, 이웃관계, 교우관계, 직장관계, 사회관계, 회사 대 회사, 단체 대 단체, 국가 대 국가 등 어찌 보면 인간사회에서 일어나는 모든 일이 다 이 범주 안에서 생성되거나 소멸한다고 해야 한다. 자연의 관계가 그렇고, 사람과 사람의 관계가 그렇고, 또 사람과 자연의 관계가 그렇다. 동물과 자연과 인간의 관계가 모두 그렇다. 더 나아가 사람과 자연과 신과의 관계도 끊임없이 그 기능과 원인에 대하여 작용하고 있고 끝없이 미래의 세계에 영향을 미치고 있다. 그 때문에 새로운 인류의 역사가 끊임없이 생성되고 또는 소멸해 가고 있다.

그러면 구체적인 예를 들어보자. 국가권력의 대표 격인 삼권분립의 기능과 작용에 대하여 생각해보자. 익히 여러분들이 잘 알고 있는 바와 같이 삼권분립(三權分立)은 국가의 권력을 입법, 사법, 행정의 삼권으로 분립하여 더욱 삼권 기능의 중심을 강화하고 조화로운 균형과 중심을 잡고 있다. 그것은 흔들림 없이 안정된 시스템으로 국가 운영을 하기 위해서다.

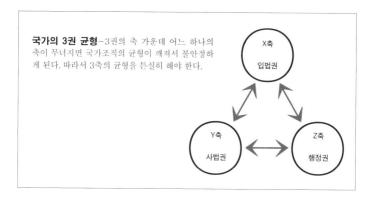

국가의 3권 균형−3권의 축 가운데 어느 하나의 축이 무너지면 국가조직의 균형이 깨져서 불안정하게 된다. 따라서 3축의 균형을 튼실히 해야 한다.

X축 입법권
Y축 사법권
Z축 행정권

그 삼권의 기능과 작용으로 서로 균형 잡힌 견제를 함으로써 국가권력의 남용을 막고, 국민의 권리와 자유를 안정적으로 보장하려는 국가 조직의 기본 틀이다. 이 삼권이 국가 조직의 원리에 맞게 각각 그 기능과 작용이 잘 작동되고 있다면 어느 나라건 의회민주주의와 정치가 이상적 민주주의로 발전하고 있다고 볼 수 있다.

그러나 실상은 그렇지 않다. 그 때문에 오늘날 한국사회의 정치는 진정한 정치기 없는 정치판이 되어버렸다. 그래서 나라가 잘되려면 정치가 똑바로 서야 한다는 것이 우리 사회의 통념이다. 그러나 힘(돈, 권력)의 작용이라고 하는 것은 우리의 일반적 통념과는 다른 규칙(rule)에서 작용하고 있다. 그리고 우리 사회의 일반적 통념을 뛰어넘어 상식을 비웃듯 한다. 반드시 정치의 민주화를 이루기 위해서라도 이제는 반드시 이 막강한 권력 구조의 삼권분립을 통해서 안정적으로 상호작용이 이루어지게 해야 한다.

그렇게 함으로써 나라의 중심이 잡히고, 사회의 중심이 잡히고, 국민 개개의 중심이 잡힘으로써 국민 모두의 일상이 안정적으로 행복할 수 있기 때문이다. 그럼 이 삼권의 '중심-가운데 마음'은 과연 어디에 있는 것일까? 생각해보자.

삼권의 주체인 각각의 부에 이미 법과 제도로 설정해 놓은 부의 기능과 작용에 대한 법률적 권한과 의무, 목적, 책임의 경계가 부여되어 있다. 그것이 각 부의 '중심(가운데 마음)'이다. 그러나 이것이 비정상으로 어느 한쪽이라도 그 기능과 작용에서 이탈하여 다른 쪽으로 확대되면 그 영향에 의해 다른 쪽의 중심이 축소됨으로써 삼권의 중심점이 다른 방향으로 이동하거나 균형을 잃어서 제자리에 바로 서지 못하고 중심을 잃게 되는 것과 같다. 그렇다면 각 부의 기능과 작용의 상태를 자세히 살펴보고 점검하는 것이 곧 '중심(가운데 마음) 잡기'인 것이다.

그러나 이 중심 보기에 책임이 있는 주체들마저도 그 소임을 다하지 못하고 외면하고 있고, 함께 중심을 잃어가고 있다. 따라서 참으로 개탄스러운 일이다. 이처럼 정부 거대 조직이 그럴진대 사회의 민간 조직에서 얼마나 이 '중심 보기'가 합리적으로 작용할 수 있을까? 하는 문제에 대해서는 매우 회의적이다.

이렇게 관계 속에서 이루어지는 모든 기능과 상호작용은 어찌 보면 우리 인간의 일상적 관계에서 이루지는 삶이다. 그러나 우리의 일상과 삶이 그들에 무책임과 부도덕함으로 중심(가운데 마음)을 간직하는데 지장을 받고 있다면 그것은 본래의 목적에 부합되지 못하는 비정상의 상태가 되는 것이다. 그 때문에 이해관계가 충돌하고 고통과 불행의 원인이 되고 있다.

이렇게 직간접적인 영향과 작용의 틀이 바로 우리 사회의 구성 요소이고 국가를 운용하는 시스템과 메커니즘(mechanism)이다. 따라서 이를 위해서는 그 중심이 흔들리지 않도록 확고한 균형을 잡아야 한다. 따라서 이것에 중심을 바로 보고, 바로 세우는 일은 매우 당연한 일이다.

2단계 '기능과 작용의 중심 보기' 훈련이 이루어지고 익숙해지면 우리의 일상에서 일어나는 모든 문제의 진단이 더욱 쉬워진다. 1단계는 사물의 놓임 현상을 바로 보고 불균형과 부조화의 현상에 대한 문제의 인식과 판단을 긍정적으로 하게 된다. 2단계는 사물이건, 사물과 사물 사이의 관계이건 그 기능과 작용의 현상과 상태에 대한 것을 바로 보게 되는 것이다.

그 관계 속에서 우연이거나 필연적으로 발생하는 갖가지 경우의 문제들과 현상들에 대하여 명확히 인식하게 된다. 따라서 그러한 부조화의 현상을 합리적으로 조절해가는 조절 기능이 '중심 보기'의 과정을 거쳐 '중심 잡기'를 생성해가게 되는 것이다.

▶ 3단계 : 보이지 않는 것 중심 보기

'보이지 않는 것 중심 보기'의 이 3단계는 우리의 삶에서 일어나는 현상들에 대해 '예측 가능한 사고와 의식'으로 사물과 현상들에 대해 관찰하는 단계이다. 예컨대 미래학자들과 같은 사고와 의식이다.

미래학자(futurist)는 현재가 아닌 다가올 미래에 관해 연구하는 사람들이다. 이들은 미래에서 일어날 일들에 대한 예견을 위해 각종 자료를 수집 분석하여 이론을 수립하고 앞으로 나아가야 할 방향성에 대해 이론적 체계를 세워서 자기의 주장을 내세우거나 대안을 제시하기도 한다.

그럼 우리가 모두 미래학을 연구하고 지향하는 미래학자가 되자는 것인가? 하고 반문할 수 있을지 모르겠으나 그런 의도나 목적에서 보이지 않는 것을 보자고 하는 것은 당연히 아니다. 그럼 왜 그럴까? 무엇 때문에 보이는 것도 제대로 볼 수 없는 세상에서 굳이 보이지 않는 것까지도 애써 보려고 하는 것인가? 그 이유는 간단하다. 그것은 '미래의 불확실성' 때문이다. 보이는 것도 제대로 볼 수 없는 상황이라는 것은 답답하기가 이를 데 없다. 그것은 위험한 길을 보지도 않고 눈을 감고 가는 위험천만한 것이나 다름없는 행위이다.

현대사회가 문명의 힘으로 물질적 풍요는 이루었으나 곳곳에서 위험이 도사리고 있다. 그렇게 불안전한 위험으로부터 우리의 삶과 행복을 완전하게 담보하는 것은 더더욱 아니다. 그것은 2011년 3월 11일에 일어났던 일본의 후쿠시마 원전사고가 여실히 그 사건을 잘 증명하고 있다. 원전사고의 직접적인 원인은 원전 자체에 있었던 것이 아니다. 따라서 이 사건에 '중심 보기'는 태평양 앞바다 대지진과 지진해일에 의한 쓰나미 때문이고 다음은 자연의 불협화음과 스트레스에 의해서 비롯된 원인적 결과가 그 사건의 주범이다.

그렇다면 이러한 '미래의 불확실성'에 인류의 미래학자들은 무엇을 고민해야 할까? 또 앞으로 예고 없이 밀어닥칠 불확실성에 대해 문제의식이 있어야 한다. 그리고 그런 일들에 대해 솔루션이 될 해답이나 해법도 함께 고민해 보아야 하지 않을까?

그런 것들이 바로 '보이지 않는 것 중심 보기'이다. 이와 같은 예측 불가능한 일들에 가장 가까운 가능성을 각자가 유추하고 예견함으로써 인류의 미래와 자신의 삶을 좀 더 공고히 해보자는 취지와 목적이다. 그것이 공적이든 개인적이든 자신의 불확실성에 대비한다는 것은 개인의 행복과도 직결되는 문제이기도 하다.

따라서 우리는 이런 미래의 불확실성에 대해 얼마만큼 예견하고, 얼마만큼 지혜롭고 현명하게 대비할 수 있느냐에 따라서 우리의 삶에 본질인 행복추구를 효과적으로 실행해 갈 수도 있고 그렇지 못할 수도 있다. 그 때문에 조화와 '균형 잡기'의 중심 의식이 절대적으로 필요하다. 미래를 대비하고 예측하는 일에 있어서 꼭 미래학자만의 몫은 아니다. 우린 누구나 미래에 대해 나름의 예측을 하며 살아야 한다. 그러나 각자의 환경과 처지에 따라서 예측의 거리와 크기가 다르다. 사고의 방식과 의식의 범주에 따라서 예측의 거리가 짧거나 길어질 뿐이다.

현재는 아주 급속하게 변천되는 과학 문명의 다원화와 다변화의 소용돌이 물결 속에서 대다수 현대인의 일상적 삶은 미래를 예견하고 쉽게 예측할 수 있는 삶이 결코 아니다. 예측은커녕 눈앞에서 벌어지는 사회적 기능과 작용의 현상마저도 제대로 보고 추종하기가 어렵다. 추종에 실패한다는 의미는 곧 시대의 대열에서 뒤떨어지거나 이탈되는 낙오자를 뜻한다.

따라서 눈앞에서 벌어지는 사회의 불균형적 기능과 작용들을 제대로 보고 대비할 수만 있다면 그것도 다행한 일이 아닐까? 하지만 대다수는 그렇지 못하다. 그것이 부인할 수 없는 현실이다. 멀리 있는 미래의 작은 불빛을 어떻게 평범한 현대인들이 예측하고 희망의 시선으로 비리볼 수 있을까? 그런 선견지명의 눈은 거의 불가능하다. 그것이 가능하다 해도 제대로 색을 구분키 어려운 색맹이거나 착시 혹은 시야가 근시안일 가능성이 크다.

그럼 그냥 시대의 색맹으로 살아갈 것인가? 그럴 수는 없다. 미래를 볼 수 없다는 것은 다가올 미래의 희망을 볼 수 없다는 불행한 일이다. 그 희망을 볼 수 없는 것은 현실의 고통이요 불행이다. 그 때문에 우린 예측 가능한 사고와 의식을 갖고 '보이지 않는 것 중심 보기'를 끊임없이 연습하고 노력해야 한다.

보이지 않는 각자의 삶에서 자신의 희망에 등불이 어디에서 밝게 빛나고 있는지를 바라볼 수 있어야 한다. 그렇게 하기 위해서는 곳곳에서 일어나는 문제들과 현상들에 대한 자신만의 탁월한 예지와 관찰력으로써 끝없이 추적하고, 진단하고, 분석해 가는 일상의 안목을 키워가는 것이 매우 중요하겠다.

과거와 이 시대를 이끄는 많은 미래학자가 있다. 이들이 어떻게 미래의 일들을 예측하고 예견하는 것일까? 그들은 다양한 분야에서 시시각각으로 일어나고 있는 사회적 현상이나 기능, 작용에 대한 관찰을 게을리하지 않고 있다. 그것은 그 속에서 진정한 '중심(가운데 마음)'이 무엇인지 찾아내어 보려는 것이고 그 중심의 현상을 남보다 먼저 빌견해가는 과정이다.

『제3의 물결』,『권력의 이동』,『미래의 충격』의 저자인 앨빈 토플러를 비롯한 애덤 스미스, 피터 드러커, 패트릭 딕슨, 아서 하킨스, 스티븐 호킹, 데이비드 시어서 등과 같은 미래학자들이 이런 노력으로 미래를 예측하고 그것을 통해 인류사의 눈부신 발전과 방향성에 대해 대비하고 각종 자연의 재난으로부터 위험을 경고함으로써 이에 대비하는 학문적 기반과 전문적 지식 향상을 이루는 토대가 바로 이처럼 미래학을 발전시켜 왔다.

이처럼 현대의 미래학은 과거 미래주의에서 발달하였다. 1900년에서 1930년 사이에 새로운 예술의 종류로 미래주의가 이탈리아와 러시아에서 나타났으며 이들은 과거를 부정하고 속도, 기술 그리고 급격한 변화를 추종하였다. 이들은 예리한 분석과 선견지명을 가지고 있는 철학자나 작가들로 여겨졌다고 한다.

이후 1940년경 독일의 한 교수가 미래에 대해 생각하고 분석하는 의미의 미래학이라는 말을 처음 쓰게 되었다. 그 이후 미래의 과학적 가능성에 대한 학문으로 발전되었다. 그 후 미래학을 연구하는 전문 연구소인 랜드(RAND)나 SRI 같은 미래연구 집단이 등장하게 되었다.

이들은 장기적 관점에서의 계획과 시스템적인 트렌드 분석, 시나리오 개발 그리고 전망에 관하여 연구한다. 1950년대부터는 민간분야의 기업과 연구기관이 본격적으로 활동하기 시작하였다. 이렇게 1940년대에서 1960년대까지 20여 년간에 걸쳐 현대적 관점의 미래연구 분야의 관념적, 방법론적 연구의 토대가 마련되었다.

1966년에는 앨빈 토플러에 의해 처음으로 미국 대학 '더 뉴 스쿨'에서 미래학에 대한 강의가 있었다. 오늘날 현대사회의 관점에서 미래학자는 기술자, 작가, 예술가, 컨설턴트, 조직의 지도자 등과 같은 사람들이다. 이렇게 미래학자들이 이를 위해 원래부터 전공한 것은 아니며 각자의 배경이나 환경도 다양했다. 이들은 여러 학문적, 실용적 배경을 가지고 각자의 방법론을 이용하여 미래에 관한 연구를 한다.

이들은 학문적 또는 시스템적 사고를 통해 어떠한 다양한 범지구적 문제에 관련하여 발생할 가능성의 시나리오를 수립하고 기회를 파악해서 만약의 상황에 인류에게 닥칠지도 모를 위험에 대비하고자 하는 활동과 준비를 하는 사람들이다.

앨빈 토플러(Alvin Toffler)는 세계에서 가장 저명한 미래학자이다. 1960년대 중반에 저술한 『미래의 충격(Future Shock)』을 계기로 본격적인 활동을 시작했으며 디지털 혁명, 통신혁명, 사회혁명, 기술적 특이성 등에 관한 저서로도 유명하다. 그의 저서 『제3의 물결』에서 앨빈 토플러는 세 가지 유형의 다가올 미래사회를 설명하고 이를 '물결'에 비유했었다.

이는 새 시대의 '물결'이 구시대의 '물결'을 물리친다는 학설이었다. 그의 저서 『미래의 충격』에서는 너무나도 생소했던 유전자 복제와 디지털 혁명 등을 언급함으로써 세상에 충격과 놀라움을 선사하기도 했다. 오늘날 그의 예견이 곳곳에서 입증되고 있다. 그때 앨빈 토플러의 생각과 말에 많은 사람들이 과연 얼마나 공감하고 그의 말에 신뢰했을까? 물론 많은 사람이 공감하고 찬사를 보냈다. 하지만 대다수의 일반 사람들은 반신반의했거나 일상의 무관심 속에서 보냈을 것이다.

그러나 한편 그의 말을 믿고 적극적으로 미래를 준비했던 사람들은 사회적으로 크게 성공했거나 적어도 미래가 전개되어 가는 현실을 관망하고 즐기면서 기쁨을 가졌으리라. 그러나 반면 그런 예견에 부정적이거나 신뢰하지 않은 사람들은 그런 문제들에 대해서 아무런 준비를 못 하고 성공의 기회와 때를 놓쳤을 수도 있다. 뿐만이 아니다. 정신 못 차리게 급변하는 현실을 예견하고 즐기지 못했으니 기쁨보다는 적응키 어려운 스트레스가 현실의 삶을 더욱 힘들게 했을 것이라는 생각이다. 그런 생각과 스트레스 그 자체가 대다수 사람의 삶에 불행이 되었을 수도 있다.

이렇게 세상은 끝없이 변화하고 있다. 그리고 그 과정에서 우리 인간의 삶과 행복의 가치도 궤를 달리하는 상반된 길을 가고 있다. 그렇다고 보면 어찌 미래를 예견하는 일에 있어서 무관심할 수 있겠는가? 따라서 미래를 예견하는 안목을 갖기 위해서는 세상에서 일어나는 모든 사물과 현상을 인위적인 변질과 왜곡을 조작시키지 말아야 한다. 그것은 우리 인류의 안위와 번영, 비전에 대하여 악영향을 미칠 수 있기 때문이다.

그렇다면 현재 우리 사회를 이끌어가는 조직의 리더나, 사회의 지도층은 큰 책임을 느껴야 한다. 얼마나 많은 문제를 현실에서 굴절시키고 방임했었는지를 뒤돌아봐야 할 일이다. 그러나 그것도 별로 기대를 걸만한 희망은 아닌 것 같다. 일부 뜻 있는 소수의 노력만으론 큰 성과를 보기가 매우 어렵다. 전체가 바뀌고 변해야 하는데 영향력 있는 큰 힘들이 동참하지 않고 소수만 바뀌어서는 불가능하다.

그러니 미래 사회의 주역인 청소년들 하나하나가 스스로 바뀌고, 스스로 예견하고, 바로 서서 그 현상의 중심을 바로 보고, 세상의 소용돌이에 휘말리지 않고, 중심을 잡아가는 것이 훗날 자신과 후손들의 삶에 행복을 지켜내는 최선의 방편이 되리라는 생각이다.

향후 현대사회를 40여 년 뒤 미래학자들이 전망한 일들에 대하여 'USA 투데이(USA TODAY)'가 발표한 내용 일부를 참고로 살펴보자.

정치적으로는 새로운 정치의 여성 지도자들을 포함한 리더들이 대거 등장하고 다양한 종교계의 정치적 영향력도 빠르게 신상 될 것으로 전망했다. 미국과 유럽의 영향권 아래 있던 브라질·중국·인도의 경제가 사츰 그 영항에서 벗어날 것으로 전망했다. 다음은 정치의 불안정, 경제의 불공평, 늘어나는 실직 또는 이민과 같은 사회현상이 증가해 사회의 안보를 위협

할 것으로 전망했다.

사회적으론 갑작스러운 인구의 폭발적 증가가 예상되고 물과 에너지, 식량 등이 부족해지는 현상을 불러올 것으로 전망했다. 또한, 사람의 길어진 수명 때문에 현재 대비 2.5배로 의료비가 크게 높아지게 될 것으로 전망했으며 온라인 소셜 네트워킹의 발전과 진화로 인해 기업들은 국경을 넘어 거대한 조직으로 커지고 자원이 부족한 개발도상국들도 이러한 것들을 통해서 다소 경제의 부가 축적될 수 있을 것이란 전망했다.

경제적으론 각국의 기업들은 국경 없는 국경을 빠른 속도로 넘나들고, 기술의 진보는 빈민 국들에도 경제적 성장의 좋은 기회가 될 것으로 전망했다. 기술적으론 각국의 협력적 네트워크의 출현이 기업들을 상생하게 만들고 기술혁신이 이루어지는 미래에는 저장장치의 '페타바이트(peta byte)가 정보의 증가, 포화 상태를 해결하고 모든 전자 생활용품에도 각종 센서가 탑재될 것으로 전망했다. 그러나 한편 기술혁신에 의한 불필요한 정보가 넘쳐나는 사이버 쓰레기 현상도 새로운 문제로 전망했다.

반면 디지털 기술혁신은 공간의 개념을 허물고 공간적 제약 없이 근무할 수 있는 형태로 직장문화가 크게 변모하게 될 것으로 전망했다. 환경문제에 대해선 정수 시스템의 기술개발로 개발도상국에 많은 질병이 점차 줄고 마시는 물의 부족난도 점차 해결될 것이란 전망이다. 또 기후변화가 사회 전반에 큰 영향을 주고 해수면의 급격한 상승은 지구 면적을 크게 줄이게 될 것으로도 전망했다.

또는 천연 지하자원의 독점 등으로 국가 간 충돌도 있다고 미래의 일들을 전망했다. 한편 USA 투데이는 과거 앨빈 토플러가 『미래의 충격』에서 제기됐던 많은 예상이 현실로 입증되고 있다고 평가를 하기도 했다.

2007년 환경운동으로 노벨평화상을 수상한 전 미국 부통령 앨 고어는 다가오는 미래 사회의 전망에 대해 다음과 같이 말하고 있다. 향후 미래를 바꿀 6가지 결정인자로 경제의 세계화, 디지털의 혁명, 기후변화, 천연자원의 감소, 권력의 변화, 생명공학의 발전 등을 꼽았다.

그는 또 로봇이 인간의 노동력을 대체하는 '로보 소싱(robo sourcing)'이 진화해 더는 로봇이 인간의 도움을 필요하지 않은 세상이 올 것이라고 미래 사회를 전망했다. 위의 미래학자들 전망과 크게 다르지 않고 비슷한 분석이다. 이처럼 미래학은 미래학자들만이 전망하는 것이 아니다. 누구든 가능하다. 그것은 결국 개인이나 시대의 중심을 넘어서서 인류사회의 번영과 중심을 지켜내려는 노력이기도 하다.

이렇게 미래학자들의 미래 전망에서 보았듯이 현재의 진행형인 현상을 보고 관찰된 내용에 따라서 미래를 예측하는 '중심 보기'는 중용의 인문정신에서 필자가 제시하고 있는 '중심(가운데 마음) 보기'의 방법으로 미래의 상황을 전망 축약 예측한 기법들이다. 바로 이런 것이 예측 가능한 사고와 의식으로 '보이지 않는 것 중심 보기'의 3단계 과정이다.

이는 우리의 삶에서 일어나는 현상들에 대해 '예측'을 해봄으로써 사물과 현상들에 대한 통찰을 키워내는 선견이다. 이것의 궁극적인 목적은 '인간의 삶에 궁극적 목표인 행복추구'를 위한 사고와 의식적 기술이다. 위의 사례처럼 현대사회에서 이렇게 미래학자들의 역할은 매우 중요하다.

그러나 모든 미래학자의 전망과 예측이 항상 딱 맞아떨어지는 것도 아니다. 늘 예견이나 예측은 빗나갈 수 있기도 하다. 즉, 다시 말해 그날그날의 일기예보와 같은 것이고 주식시장에서 애널리스트가 그날의 주식시황을 전망하고 예측하는 것과 같다. 어디까지나 전망이고 예견일 뿐이다. 따라서 증명되지 않은 예견이나 예측을 맹신하는 것도 옳지 않다.

현대사회에서 미래학자들의 이런저런 선견도 따지고 보면 우리의 고전 학문에 모두 함축된 내용으로서 《중용》의 학문이 얼마나 뛰어난 선견지명에 학문이고 훌륭한 인문학의 정수를 보이는 이론인지 알아야 한다. 오늘날 현대학문에 밀려 그 빛이 가려져 있으나 꺼내어 닦고 보면 더욱 눈부시게 빛이 난다. 이 '보이지 않는 것 중심 보기'가 바로 중용사상의 이론에 근거한 내용이다.

보이는 것도 제대로 볼 수 없는 현실에서 보이지 않는 것을 보고, 그 현상과 작용을 예측하고, 이해할 수 있다면 이것이 바로 삶의 지혜이다. 그런 지혜를 갖고 있다면 아무리 혼탁한 세상에 살아도 그것은 삶에 희망이 될 수 있는 빛이요, 생명을 불어넣어 주는 산소가 될 것이다. 지금까지 가려져서 보지 못했거나 보는 방법을 몰라 못 보았던 모든 관계 속 현상들에 대하여 '중심 보기'가 과연 어떻게 우리의 일상과 현실에서 작용하고 있는지에 대해 알아보았다.

그것은 문제의 핵심을 보는 지혜의 사고와 의식으로서 인문 정신의 계발과 향상을 위한 인문학의 이론이 될 것이다.

* 중심 찾기

문제의 핵심은 보고만 있으면 안 된다. 보고만 있어서는 문제의 해결에 전혀 도움이 되지 않는다. 그 안에서 잃어버렸거나 실종된 '중심' 즉 '가운데 마음'을 찾아내어야 한다. 어떤 관계의 주체와 주체의 연관과 기능 속에서 작용하던 본래의 현상을 회복하는 것이 잃어버린 중심을 되찾는 일이다. 그런데 이미 관계의 지형이 바뀌고 주체의 형상이 바뀐 상태라면 그 본래의 중심을 정상적으로 회복하는 것은 근본적으로 불가능하다. 그렇다면 본래 가지고 있던 '중심'도 바뀌어야 한다.

본래 동그란 그릇에 담겨 있던 물이라고 해서 사각의 그릇에 담겨서도 동그란 중심을 고집하고 있다는 것은 사리에 맞지 않는다. 마찬가지로 동그란 주체나 관계에서 사각의 주체나 관계로 지형이 바뀌었다면 더는 동그란 '중심'을 고집해서는 안 된다. 상황과 현실에 맞게 사각의 주체로 '중심'이 바뀌어야 한다.

이것은 모양의 변화일 뿐이지 본성에 대한 변화는 아니다. 즉 하드웨어적인 변화이지 소프트웨어적 변화가 아니다. 따라서 본성은 그대로다. 즉 물이 지형에 따라 순응하여 흘러가는 것과 같다. 물은 어디로 어떻게 흘러가든 물이다. 즉 물에 본성은 H2O 그대로이다. 이것은 변화에 대한 순응의 이치로서 중화(中和)의 작용이라 할 수 있다.

그럼 '중심 찾기'의 방법에 대하여 알아보자. 본래의 제자리에 있는 중심을 보지 못해 찾지 못하는 경우와 그대로 있는데 소진되어 없어진 경우와 중심의 위치가 흔들렸거나 다른 작용의 현상에 의해서 일시적으로 보이지 않을 경우를 가정해 볼 수 있다.

▶ 제자리에 있는 중심을 못 찾을 때의 경우

이 경우는 사물의 중심은 그대로 있으나 바라보는 사람의 시선이나 의식이 그 중심의 위치를 찾아가지 못한 경우이다. 이 경우는 보이는 대상의 사물이 아니라 관찰자의 사고와 의식에 관점이 문제이다. 예컨대 이것은 보고자 하는 사물을 제대로 인식하지 못하고 있거나 바른 위치에서 바른 시선과 의식으로 사물을 보지 못하는 경우 때문이다.

따라서 이것은 보고자 하는 사물을 바르게 인식하는 자세와 의식이 선행되어야 한다. 보이는 것은 사과인데 인식은 복숭아로 인식되는 의식이다. 사과로 인식할 수 있는 사고의 전환과 관찰이 필요한 것이다. 그런 연후에 사과의 미적 관계에 접근해 가는 것이다.

▶ 있어야 할 중심이 소진되어 없어진 경우

이 경우는 사물에 대상은 있으나 없는 것과 같은 사고의 의식이다. 또는 관계는 있으나 전혀 작용하지 않는 현상이다. 관계는 있으나 작동되지 않는 관계의 현상은 무의미한 것이다. 이것은 관계의 외형은 존재하나 내면은 존재하지 않는 것이고 관계의 중심도 존재하지 않는 것이다. 따라서 표면적 대상도 없는 것과 같은 상태이다. 이런 경우에는 잃어버린 중심이 아니다. 잃어버렸다면 다시 찾는 노력으로 그 중심을 회복할 수 있다.

그러나 잃어버린 것이 이니라 내 버려진 것이다. 관계의 작용도 끊어버린 것이고 중심도 내버린 것이다. 그렇다면 관계의 작용도 끊고 중심도 왜 버려야 했는지 원인적 분석을 함으로써 문제의 실마리를 찾을 수 있다. 이런 경우는 사물에 대상을 바꾸어 새롭게 해야 한다. 사물에 대상이 새로 바뀌면 관계의 현상과 작용도 새롭다. 따라서 새로운 중심을 찾게 된다.

▶ 있는 중심이 일시적으로 보이지 않을 경우

이 경우는 사물의 위치가 흔들렸거나 다른 작용의 현상과 원인에 의해서 일시적으로 보이지 않는 경우이다. 이것은 사물의 대상이 제자리를 찾지 못한 경우이다. 관계의 기능이나 작용도 일시적 혼돈의 현상이다. 따라서 흔들린 사물의 위치를 정위치만 되면 된다. 그러면 관계의 기능과 작용도 쉽게 회복될 수 있다. 이런 경우의 '중심 찾기'는 약간의 보완적 단계만 거치면 쉽게 볼 수 있다.

이렇게 세상의 관계 속에서 끝없이 생겨나고, 소진되고, 보지 못하고, 잃어버리게 되는 '중심(가운데 마음)'을 나로부터 간직하고 지켜내는 일은 그리 쉬운 일이 아니다. 그러나 따지고 보면 그렇게 어려운 일만도 아니다. 그렇다고 '중심'을 쉽게 포기할 일은 더욱 아니다. 그 안에 삶의 지혜와 행복을 만들어가는 기술이 있기 때문이다.

이처럼 중용의 학문적 이론은 세상의 중심을 알게 하고 실천하게 하는 생활 실천 실용사상이다. 중용의 학문적 이론을 현대사회의 인간관계에서 재해석해 보면 다음과 같이 요약할 수 있다. 중용의 생활사상과 인문정신은 "언제나 자기 자신을 중심으로 주변의 상황을 잘 파악해야 한다. 인간관계이든 어떤 상황의 변화이든 그것을 대할 때는 중용의 핵심 사상인 중심을 중시해야 한다.

중용은 과욕을 경계하고 합리적인 방법으로 균형과 조화를 이루려는 실천 사상이다. 그러한 행동과 실천은 남을 위한 목적과 수동적인 자세가 아니라 늘 자기 자신의 인성과 품성을 배양하고 인문정신의 역량을 증대하는 것이므로 적극적인 자세로 임해야 한다. 인성과 품성을 키우는 일은 먼저 나의 부모에게 효심을 갖고 작은 것부터 실천하는 마음의 자세로부터 시작해야 한다.

또한, 외모도 세련되게 잘 가꾸어야 한다. 하지만 분에 넘치지 않도록 절제할 줄 아는 것도 중요하다. 또한, 좋은 인성을 바탕으로 타인에 대한 이해와 배려를 잊지 말아야 하며, 충서의 예절로 성심을 다하는 것도 중요하다.

현대사회의 인간관계에서 이렇게 된다면 어떤 분야, 어떤 단체를 막론하고 그 사회의 중심에 설 수 있는 자질과 처세의 능력을 갖추게 된다. 이것은 성공적인 삶과 명예를 함께 이루게 해준다. 이런 것은 자신이 가진 것만큼 누리고, 남도 그가 가진 만큼 누리는 것을 상호 인성하는 합리적 자세로서 중용의 도리에 가깝다.

자신이 가진 것보다 넘치게 누리면 과유불급으로서 사치가 된다. 또 중용은 나보다 약하고 힘든 사람을 도와줄 수 있는 어진 마음과 불의에 맞서는 의로움도 함께해야 한다. 이러한 일상의 중용적 실천들이 몸에 익혀져서 끊임없이 실천해야 한다. 그러한 실천들은 우리의 의식을 새롭게 하고 새로운 미래의 문명 창달을 위한 토대가 된다.

중용은 머리로만 이해하는 책이 아니다. 읽고, 느끼고, 바로 실천하기 위한 생활 실천 사상이다. 이런 사상을 통해서 중용을 실천하는 사람들은 행복의 느낌도 크다. 특히 청소년들의 경우 모든 일에 중심을 잡고 중용의 인문정신을 세워서 실천함으로써 물질문명이 난무하는 세상의 소용돌이에 맞서 싸울 수가 있다.

서양의 카르페 디엠과
동양의 시중(時中)

가장 알맞을 때 알맞게

동양에서의 시중(時中)[1]이 서양적 사고의 카르페 디엠이라면, 서양에서의 카르페 디엠은 동양적 사고의 시중(時中)과 같은 의미로 해석할 수 있다. 시중은 현재 또는 지금이라는 시간성에서 촌각의 한 마디마디를 중시한 철학적 의미를 담고 있는 학문적 용어이다.

시중은 어떤 행위의 과정에서 적시적합(適時適合)을 뜻하는 시간성이다. 따라서 적시적합은 이러한 시간성에서 '가장 알맞을 때 또는 알맞게'라는 의미이다. 이러한 시간성에서 가장 알맞을 때나 알맞은 행위는 또 다른 말로는 '기회'나 '가능성'을 뜻한다. 그게 바로 '찬스(chance)'와 같은 것이다.

이러한 기회나 가능성은 무엇으로부터 진행되고 있는 어떤 현상에 대해 두 가지 이분법적 논리가 함께 전제된 내용이다. 예컨대 '기회가 있다, 기회가 없다'와 같은 의미이다. 또 가능성에 대해서도 '가능하다, 불가능하다'와 같은 의미가 동시에 전제된 의미이다. 하지만 이렇게 상반된 입장에서 부정의 의미를 철저하게 배제함으로써 좀 더 긍정의 절대성이 강조된 말이다. 이와 같은 '때=時'를 가리켜 우린 이것을 절호의 '찬스'라고 한다.

　카르페 디엠(Carpe diem)[2]은 로마의 시인 호라티우스의 시에서 유래된 말이다. 이는 '사용하다', '이용하다'라는 뜻이다. 호라티우스의 시 한 구절을 살펴보자. "현재를 즐겨라, 가급적 내일이란 말은 최소한만 믿어라. (Carpe diem, quam minimum credula postero.)" 이 말이 하나의 명대사가 된 것은 1989년 미국에서 만들어진 〈죽은 시인의 사회(DEAD POETS SOCIETY)〉라는 영화 때문이었다.

　이 영화에서 교사 키팅이 학생들에게 한 말이다. "할 수 있을 때 장미봉우리를 거두라, 오래된 시간은 지금도 흘러가고, 오늘 웃고 있는 이 꽃은 내일은 죽어 사라지니."를 학생들과 문답으로 인용하면서 키팅은 바로 이런 정서가 "카르페 디엠이다."라고 시간성과 공간성의 정서적 의미를 부여하고 정의했다.

　이 말에서 '할 수 있을 때'는 '기회가 있을 때'라는 뜻으로 곧

'찬스'라는 말이다. 옛날 희랍신화에 '찬스'라는 동물은 아주 기괴하고 포악했다. 이 찬스는 앞머리에만 털이 무성하게 있고 뒷머리와 몸에는 털이 없다. 그래서 정면으로 마주쳤을 때 찬스를 제압하려면 방법은 딱 하나 앞머리를 두 손으로 힘껏 움켜쥐고 낚아채야만 꼼짝하지 못하고 잡힌다. 그런데 만일 앞머리를 놓치고 나서 뒷머리를 잡으려고 해봐야 이미 소용없고 도망가는 찬스를 결국 놓치고 만다는 신화이다.

이처럼 찬스는 우리의 일상에서 늘 있는 것이 아니다. 이 절호의 찬스 '때'를 놓치면 두 번 다시 그와 같은 때가 쉽게 오지 않는다는 부정적 의미가 강하게 내포되어 있다. 또 '오늘 웃고 있는 이 꽃은 내일은 죽어 사라지니'가 가진 시간성의 한계에 긍정과 부정은 더욱 절박하다.

현재(지금)의 살아 있음이 내일은 곧 주검으로 바뀔지도 모른다. 그러니 이 소중할 때를 놓치면 안 된다는 말이다. 따라서 적시적(適時的=時中)으로 살아 있음에 기쁨과 행복에 의미를 깨닫고 쟁취하라는 뜻이다. 이처럼 우리의 삶은 그 어떤 무엇보다도 소중한 것이고 때문에 현재가 가장 중요하다는 뜻이다.

이처럼 <죽은 시인의 사회(DEAD POETS SOCIETY)>와 카르페 디엠이 미국에서 크게 사회적으로 반향을 일으킨 그 후 AFI (미국 영화연구소)가 선정한 미국영화역사 100대 명대사 반열에 오르는 계기가 되었다.

나는 지금 행복한가?

　호라티우스의 시 "현재를 즐겨라, 가급적 내일이란 말은 최
소한만 믿어라"라는 의미는 우리 인간의 일상적 삶에서 확실
성을 담보하지 못하는 현실의 불확실성에 대한 회의이다. 또
그것을 완전히 배제하지 못하는 뜻으로 내일에 대해 갖는 기
대나 희망은 '덧없는 시간'이라는 의미를 다소 내포한 작품
이다.

　하지만 이 영화 '죽은 시인의 사회'가 이렇게 큰 반향을 일으
키고 100대 명대사 반열에 오르게 된 까닭에서는 오히려 '현
재에 충실해라. 또는 오늘을 잡아라.'라는 강한 메시지와 의미
를 내포하고 있었기 때문이다. 그 의미를 관객들에게 던짐으
로써 관객들은 자신의 삶에 크게 공감하고 다시 한번 삶을 돌
아보고, 생각하게 하는 계기를 만들었기 때문이다.

　하지만 한편 '인생을 즐겨라' 또는 '현재를 즐겨라'라는 의미
로 해석되기도 했다. 따라서 이는 현재라는 시간성에서 '나는
지금 행복한가?'라는 또 다른 질문과 답이기도 했다. 그러한
질문은 지금 현대의 그대들에게도 과거형이 아닌 진행형이기
때문이다.

　이렇게 호라티우스의 시와 영화 '죽은 시인의 사회'가 갖는
작품적 의미는 각기 다른 의미와 표현이었다. 하지만 공통된
시간성의 메시지와 시중(時中)이 가진 중요한 의미를 각인시

키는 것에는 크게 성공한 작품이다. 그리고 이 영화 속에서는 학생들에게 사회의 전통과 규율 그리고 성적 올리기 같은 것에 너무 집착하지 말고 자유롭고 창의적인 사람이 되라고 가르치는 메시지도 담고 있었다.

애초 이 영화는 과거 로마 사회의 엄격한 규율과 전통적 의식에 직면한 청소년에게보다 자유로운 영혼의 정신을 일깨우려는 데에 의미를 두고 시도된 작품이었다고 분석했다. 그러나 오늘날 현대 문명사회에서도 우리 청소년들이 과거 로마 시대 청소년들이 겪었던 고민과도 크게 다를 바 없다는 것이 공통된 견해와 문제 인식이라는 것이 필자의 생각이기도 하다.

또한, 이 영화는 자칫 인간의 삶이 사치나 쾌락, 향락과 같은 것에 빠지면 인생을 허비하게 되고, 낭비하기가 쉽다는 교육적 메시지를 담고 있기도 하다. 그런 유혹에서 벗어나 아무리 어렵고 힘든 현실일지라도 좌절하거나 희망을 포기해서는 안 된다는 내용이다. 이는 문명사회의 높은 파고와 소용돌이 풍랑 속에서 청소년들이 자신의 중심을 잃지 않고 균형을 바로잡아야 살아남을 수 있다는 메시지와도 같다.

그러나 무엇보다도 중요한 것은 주어진 환경과 여건 속에 만족하면서 긍정적인 자세와 의식으로 즐겁고 행복하게 사는 것이 중요하다. 나를 향해 매일매일 다가오는 '미래'가 그래서 더욱 중요하다. 이미 지나버린 과거엔 연연하지 말고 이에 대비하는 것이 좋다는 의미이다. 그러자면 지금 내가 처한 '현재'의 주어진 상황에 긍정적으로 적응하며 후회 없이 '현재와 지금'에 최선을 다해야 한다.

> 문명의 소용돌이에서 자신의 중심을 잃지 말고
> 균형을 똑바로 잡아야 살아남을 수 있다

'군자소기위이행, 불원호기외(君子素其位而行, 不願乎其外)'[3] 중용 제14장 원문의 말씀이다. 이 말씀은 '군자는 그가 처한 상황에 따라 분수에 맞게 처신하며, 그 밖의 어떤 기대도 하지 않는다.'라고 했다. 군자는 주어진 환경에 맞게 최선을 다해 적응하고, 최선을 다해 노력할 뿐 인간의 힘으로는 어쩔 수 없는 그 밖의 일에 대해서는 신의 뜻에 따른다는 의미이다. '소부귀, 행호부귀. 소빈천, 행호빈천.(素富貴, 行乎富貴. 素貧賤, 行乎貧賤.)'[4]이라 했다. 이 또한 군자가 행함에 있어 '부귀하면 부귀한대로 살고, 빈천하면 빈천한 대로 산다.'라는 말씀이다. 이는 주어진 현실에 적응해야 한다는 의미이다. 또한, 이적의 나라에선 이적의 풍속에 적응하고, 환난에 처해서는 환난에 적응하여 살아간다. 하여 군자는 어떤 상황에서도 그 중심(中心=가운데 마음)을 잃지 않기 때문에 적응하지 못할 일이 없다.'라고 하였다.

군자가 처한 상황이라든가, 분수에 맞게 처신한다든가, 어떤 상황이라든가 하는 것들은 모두가 지금이나, 현재나, 오늘에 대한 시간성과 동사적 실행이다. 아무리 좋은 뜻과 이론 그리고 가치를 지녔더라도 그것이 명사에 머물러 있거나 동사적으로 실행되지 않는 학문 및 지식적 의미는 무의미하다. 이처럼 시중이나, 카르페 디엠은 모두 '지금, 현재, 오늘'이라는 시간성에서 '나의 존재'와 '나의 선택'에 대한 중요성을 일상에서 일깨우고 강조하는 큰 교훈이다.

제4부 진실(truth)

살자-세상과 더불어 진실하게 살자

현대 문명사회의 진실과 사람 노릇

자신의 삶에 진실한 것이 잘사는 것

문제가 있으면 반드시 답 있다

천 리를 가려면 백 리부터 준비하자

인성(人性), 미래 문명사회의 마지막 보루

사람 노릇과 현대 문명사회의 갈등

내가 좋아하는 것과 나의 선택

살자−세상과 더불어 진실하게 살자

현대 문명사회의 진실과 사람 노릇

우리 인간은 숨 쉬고 산다고 다 사는 게 아니다. 또 나 혼자 내 맘대로 산다기보다 함께 배려하며 더불어 살아야 하는 관계의 의무를 갖고 있다. 즉 사람답게 살아야 삶이라고 할 수 있다. 그 사람답게 사는 것에 첫째 덕목은 진실이다. 나를 위해 진실해야 하고 타인을 위해 진실해야 한다. 그러나 그 진실이 실종되면 가짜와 거짓 그리고 불신이 난무하게 된다.

진실(眞實)은 인간의 삶 속에 일어나는 모든 일에 사실이다. 그리고 왜곡이나 은폐나 오해 같은 것들을 모두 배제했을 때에 밝혀지는 사실에 기반한 참됨을 말한다. 그렇듯 청소년들이 바르고 참되게 삶을 대하는 의식과 지혜는 우리의 일상으로부터 체화되어야 할 가치와 덕목 중 하나이다. 그것을 통해서 성공적인 삶을 인식하고 지향하도록 하는 것은『미래 살아가기』'진실 편'에서 기술되는 우리 인간의 삶에 궁극적으로 추구되고 지켜져야 할 가치와 목표이기도 하다.

청소년들에게 있어서 삶은 내일과 미래에 대한 희망이자 호기심 그리고 도전할 열정의 시간이기도 하다. 하지만 현대 문명사회의 불확실한 삶 그 자체가 두려움이요 절망이기도 하다. 경험이나 체험도 부족하고, 삶을 꾸려가는 지혜와 지식도 부족하다. 그래서 두렵다. 미래를 향해 투지와 용기로 오늘의 두려움과 맞서야 한다.

이때 중요한 것이 자기 자신에 대한 진실성이다. 이 진실성이 담보되어야 두려움을 극복할 수 있고 비로소 의미 있고 행복한 삶을 위해 앞으로 나아갈 수 있다.

스페인의 철학가이면서 작가인 발타사르 그라시안은 진실에 대해 "진실은 언제나 시간이라는 팔에 의지하여 절룩거리며 느릿느릿 걸어가는 것이다."라고 말했다. 또 카프카는 "진실하지 못한 삶이란 아무 의미가 없는 것이다. 진실이란 바로 삶 그 자체이기 때문이다."라고 말했다. 또 에이브러햄 링컨은 "반드시 이겨야 하는 건 아니지만 진실할 필요는 있다. 반드시 성공해야 하는 건 아니지만 소신껏 살아야 할 필요는 있다."라고 말했다.

그렇듯이『미래 살아가기』'살자'의 진실 편에서는 우리의 청소년들이 진실한 삶을 열어갈 때 필요한 참가치의 이야기를

담고 있다. 그들이 두려움 없이 넓고 넓은 세상으로 진실하고
힘차게 나갈 때 우리 청소년들의 미래가 보이고 밝게 빛날 수
있다.

자신의 삶에 진실한 것이 잘사는 것

우리가 '행복하고 잘 산다는 것'은 뭘까?

'행복', 그러니까 생각나는 유행가 가사가 하나 떠오른다.

행복이 무엇인지 알 수는 없잖아요

당신 없는 행복이란 있을 수 없잖아요

이 생명 다 바쳐서 당신을 사랑하리

이 목숨 다 바쳐서 영원히 사랑하리

이별만은 말아줘요 내 곁에 있어줘요

당신 없는 행복이란 있을 수 없잖아요

사랑은 중한 깃도 이제는 일았어요

당신 없는 사랑이란 있을 수 없잖아요

이 생명 다 바쳐서 당신을 사랑하리

이 목숨 다 바쳐서 영원히 사랑하리

이별만은 말아줘요 내 곁에 있어줘요

당신 없는 사랑이란 있을 수 없잖아요

　이 노랫말은 복잡하지 않고 매우 쉽고 단순한 표현이다. 그리고 조용한 멜로디에 깊은 감성과 호소력이 짙게 느껴지는 노래이다. 하지만 생명, 목숨, 영원, 사랑, 이별과 같은 가사들은 대상에 대한 절대성과 애틋하고 절절한 사랑의 페이소스와 리리시즘이 강하게 느껴진다. 그 때문에 행복이란 주제와 노랫말이 촉촉한 감성을 자극한다. 마치 아침 햇볕에 따뜻함 같이 느껴진다.

　물론 청소년들은 요즘 뜨고 있는 아이돌 그룹 트와이스, 원더걸스, 레드벨벳, 소녀시대, 아이오아이, 워너원, 방탄소년단, 젝스키스, 슈퍼주니어, 빅뱅, 신화, 동방신기, 씨엔블루, 인피니티 등과 같은 스타들의 감성적 노래에 더욱 익숙할 것 같다. 위에 '행복이란' 노랫말이나 감성 그리고 표현방식에서는 많은 시대 차이를 느낄 것이 분명하다. 그 때문에 이 노랫말이 낯설게 느껴질 것이 분명하다.

　하지만 이 노래 역시 70년대 크게 히트했던 조경수의 "행복이란" 노래이다. 이 노래 말고도 행복을 주제로 한 노래는 헤아릴 수 없을 만큼 무수히 많다. 아마도 인류 역사의 노랫말에서 '사랑'이란 가사와 '행복'이란 가사만큼 제일 많이 나오는 노래도 없을 듯싶다. 그렇듯이 사랑과 행복은 시대를 초월해서 언제, 어느 때 들어도 참으로 기분 좋은 단어임에 틀림이 없다.

이처럼 '행복'은 기분 좋은 단어이지만 누구에게나 쉽게 찾아오는 것은 아니다. 그래서 낯설기도 하고 혹은 생경하기도 하다. 하지만 사랑이나, 행복은 누구나 가슴속 깊이 묻어두었던 일기장에 비밀스러운 낱말처럼 소중함으로 간직하고 있다. 그리고 언젠가는 이 '행복'이 자신의 삶에 태양 빛처럼 환히 비춰주길 갈망한다. 그리고 자기만의 방식대로 하루하루의 고달픔을 달래고 위로하며 살아가고 있다.

'참된 행복'의 길

자 그렇다면 '참된 행복'[1]의 길은 어떤 것일까?

참된 행복의 정의는 따로 없다. '스위스의 성자'라고도 일컬어지는 철학자 카를 힐티(Carl Hilty)는 참된 행복에 대하여 이렇게 말했다. "인간의 삶에서 행복에 이르는 외적인 길에는 '부와 건강, 명예, 문화, 과학, 예술' 등이 있으며, 내적인 길에는 '양심과 덕성, 일, 이웃 사랑, 종교, 위대한 사상이나 그 같은 사업에 종사하는 생활' 등을 생각할 수 있다고 한 뒤, 외적인 것에는 반드시 결함이나 부족 그리고 충족되지 않는 조건이 뒤따라 불안정하다."라고 정의했다.

또 힐티는 사람은 참된 행복에 앞서 교양 있는 삶과 태도에 대해서 이렇게 말했다. "교양이란 있는 그대로의 상태를 가능한 한 최상의 것으로 발전시킨 상태 또는 그와 같은 상황으로 끌어올리고 있는 상태"라고 정의했다. 그리고 교양인이 되기 위한 필수 조건으로는 첫째, 관능과 이기주의를 더욱 높은 관심으로 극복하는 일. 둘째, 육체와 정신의 모든 기능을 건전하게 그리고 균형 있게 발달시키는 일. 셋째, 올바른 철학적·종교적 인생관을 갖는 일. 이 세 가지를 교양인의 필수 조건으로 꼽았다.

참된 행복에 이르는 길에 대해 힐티는 이렇게 말했다. "그것은 인류를 구제하려는 신의 참된 마음에 순종해 신의 품에 안기는 것이다. 아마 독자들은 이런 말을 할지도 모르겠다. 결코, 혼자서는 그렇게 할 수 없다"라고 했다. 또 힐티는 "이 문제는 그대 혼자서 할 수 있는가에 관한 문제가 아니라, 바라고 있는가와 바라지 않고 있는가의 문제이다. 만일 그대가 고민과 탐욕, 명예욕, 향락욕, 허영심, 남에 대한 경계심, 증오 또는 부적절한 애정, 그 밖에 기타 다양한 형태의 맹목적 사욕을 제거하고자 마음을 먹는다면 혼자서라도 신앙의 길에 들어갈 수 있다."라고 했다. 그리고 그것이야말로 가장 확실하고 간단하게 '참된 행복'에 이르는 길이라고 말했다.

힐티는 또 철학에 대해서도 "철학이란, 인생의 참된 지식을 위해 끊임없이 힘쓰는 성실한 노력"이라고 말하며, "인생 최대의 행복은 신의 곁으로 가까이 다가가는 일이다"라고 역설했다. 이것이 힐티의 『행복론』의 핵심이다.

그러나 동양의 선 불교적 행복론은 '비움의 철학'이다. '비움의 철학'은 서양의 양화적(陽化的) 사상과 채움에 대비되는 음화적(陰化的) 사상에 기반 된 철학이다. 이처럼 동양의 음화적 행복론은 각자의 삶에 주어지는 상황과 일상에 순응하는 지극히 자연스러움에서 피어나는 생화의 향기처럼 인식했다.

이제 그대들 스스로 '행복의 기술'을 익히고 훈련하자

행복해지는 것에도 기술이 필요할까? 그렇다. 행복의 기술을 정의하면 한 마디로 '잘사는 기술'이다. 그렇다며 오늘날 현대사회에서 가장 잘사는 방법은 과연 무엇일까? 돈, 건강 그리고 멋진 집에, 멋진 자동차가 머릿속에 제일 먼저 떠오른다. 주체 못 할 돈에다 병원이나 약을 전혀 모르는 타고난 건강 체질, 그리고 영화 속에나 나오는 백만장자가 사는 저택, 전용 자동차에 전용 비행기까지 없을 게 없는 초호화 문화생활을 향유 할 수 있는 환경과 조건이라면 충분히 이 세상에서 가장 잘 사는 방법이 될 수도 있겠다. 이 정도면 더는 바랄 게 없는 상태로 가장 '잘 사는 것이고 행복한 것'이라고 당연히 말할 수도 있겠다.

하지만 이렇게 물질적으로 풍요롭고 충만하다고 해서 반드시 '잘살고 행복한 것'이라고 단언할 수 있을까? 그렇다면 '잘 산다고 하는 것'은 과연 어떤 것이고 어떤 정의가 필요할까. 현대사회가 물신주의 또는 물질만능주의로 흘러가고 있다는 생각이다. 그러나 현대사회에서 물질만큼 중요한 것은 없어 보인다. 그것은 물질의 가치가 높고 지배적이기 때문이다. 그러나 꼭 물질적으로 풍요롭다고 해서 잘 산다는 의미가 성립되는 것은 아니다.

행복도 마찬가지다. 행복이란? 인간의 삶에서 어떤 바람이나 희망 사항, 욕구가 충족되어 부족함이나 불안감을 전혀 느껴지지 않고 안심되는 안정된 심리적 상태라 할 수 있다. 그런 상태에 내 마음이 놓일 때 비로소 행복감을 느낄 수 있는 감정이 행복이다. 그렇듯이 물질만이 우리의 행복에 가치를 대신할 수는 없다. 바람이고 희망 사항이 되는 것은 아니다.

로마의 정치가이면서 법률가인 키케로는 "인간의 행복한 생활은 마음의 평화에서 성립된다."라고 했다. 하지만 사람의 마음이 이런 상태에 놓이게 되는 때가 그리 많지 않다. 일 년은 고사하고라도 단 하루 24시간 중에서도 이렇게 어떤 바람이나 희망 사항, 욕구가 충족되어서 부족함이나 불안감을 전혀 느끼지 않고 안심하는 안정된 심리적 상태가 과연 몇 시간, 몇 날이나 지속할 수 있을까?

그것은 잠시 따스한 햇볕이나 바람결이 나의 얼굴을 스쳐 지나가는 것처럼 잠깐이거나 마치 기차가 간이역을 통과할 때 느끼는 기쁨처럼 몇 분, 몇 회 정도에 불과할 것이다. 그렇다면 이렇게 잘 살아서 행복감을 만끽할 수 있는 시간과 회수는 매우 제한적일 수밖에 없다는 말이 맞는 것이 아닐까. 그렇다면 그것은 어느 정도 조건을 갖춘 사람에 한해서만이 주어지고 누릴 수 있는 신의 특별한 은총과도 같은 기쁨이다.

그러나 대다수 사람의 삶에서 '잘 산다든가, 행복이란 말'은 좀 낯설고 사치스러운 언어로 들린다. 정부에서도 국민 행복 시대를 구현하기 위해 국정철학의 기조와 그 중심축을 합리적 대안을 통해 서서히 옮겨가려고 부단한 노력과 고민을 하고 있다. 하지만 그러한 정부의 노력에도 불구하고 국민적 합의나 결과에 대해서는 매우 미흡하다. 그런 점에서 국민 행복이란 말도 삶의 고통을 감내하는 국민의 입장이나 관점에서 보면 매우 낯설고 부자연스럽게 들리긴 마찬가지이다.

사람의 마음

본시 사람의 마음은 '하늘의 구름이나 바람 같다'라고 했다. 그것은 순식간에 생겨나기도 하고 순식간에 없어지기도 하는 것이 구름이나 바람 같기 때문이다. 또 언제 어느 때 하늘의 따스한 햇볕을 가리고 장대같이 굵은 빗줄기를 마구 쏟을지도 모를 일이다. 또 언제 보아도 똑같은 모양의 구름은 없다. 또 바람은 어떤가? 이리 불고, 저리 불고 정말 종잡을 수 없는 것이 바람이다. 그러니 사람의 마음을 보고 '한결같다'라고 하는 말은 논리적 모순이다. 그런데도 그런 칭찬을 들을 수 있는 사람은 정말 훌륭한 사람이라고 말하지 않을 수 없다.

이렇게 종잡을 수 없이 변화하는 것이 사람의 마음(心=像)이다. 이런 심(心)의 작용이 시시각각 발하여 중화(中和)되고, 중절(中節)[2] 되어 일어나는 현상의 결과가 바로 인간의 마음 희로애락이다.

이런 심의 작용이 우리의 의식 속에서 요동치고 있는 한 부족함이나 불안감이 없이 심신에 평온과 안정된 상태를 지속해서 유지한다는 것은 조물주와 같은 신이 아니고서야 어찌 가능하랴. 따라서 청소년 그대들의 마음이 바람 앞에 마구 흔들리는 풀잎이나 낙엽같이 요동치고 있다. 그것은 어찌 보면 매우 당연하고 자연스러움의 현상이다.

그렇다면 '가장 잘사는 방법'에 있어서 결코 돈이나 건강 그리고 멋진 집, 멋진 자동차, 초호화 문화생활 등이 보장되고 담보해주는 것이 아니라는 것은 분명하다. 어느 정도 풍요로움에서 누릴 수 있는 환경과 조건은 인정이 되지만 결코 그것이 '잘살고, 행복한 것'에 대한 절대적 가치의 기준과 행복의 대명사가 될 수가 없다는 것은 자명한 것이다.

이처럼 안정된 행복감이 계속해서 오래 수반되지 않는 인간의 삶에서 '잘산다.'라든가 '잘살았다'라든가 하는 말들은 참으로 진실이 아니다. 어떻게 보면 그렇지 않았음에도 불구하고 마치 정말 후회 없이 '잘산 것'처럼 인식하는 것은 사실과 다른 위선이다. 어쩌면 '잘 못 살았거나, 잘살지 못한 것'에 대한 후회나 반성에서 조금이나마 위안을 얻으려는 보상심리에서 억지로 '그렇다'라고 인정하려는 의도인지도 모르겠다.

하지만 어쨌든 '잘산다는 것'처럼 우리에게 중요한 과제는 없다. 그것을 위해서 각자의 위치와 자리에서 마음을 다잡고 위로하면서 최선의 노력을 할 뿐이다.

'느낌'을 중시하는 것이 가장 잘사는 방법의 하나

우리가 정말 '잘 사는 것'이 어떤 것인가란 화두와 담론에 대하여 고려대학교 민용태 명예교수는 그의 저서『행복의 기술』에서 '오늘날 가장 잘 사는 방법은 느낌을 중시하는 것이다'라고 하였다. 민용태 교수는 필자가 특별히 존경하는 스승이다. 시류에 얽매이지 않고 '잘 사는' 방법에 대해 늘 조언을 아끼지 않기 때문이다.

그것은 '현실 속에서 남에게도, 자신에게도 거짓됨이 없이 사는 것이고, 진짜 기분 좋게 사는 방법은 정말로 기분 좋게 느낄 줄 아느냐 모르느냐의 능력 여하에 달려있다'라는 말이다.

이것은 위에서 말한 바와 같이 억지로 '잘산다, 잘 살았다'라는 것은 위선적인 수사적 언어가 아니라 스스로 자신 있게 '잘

산다, 잘 살았다, 또는 밥맛 나는 세상이다, 살맛 나는 세상이다'처럼 그런 느낌이 기분 좋게 느껴질 때 비로소 자신이 행복할 수 있다는 의미이다. 이처럼 행복은 기분 좋은 감정이어야한다. 그런 표현과 느낌은 인간이 느낄 수 있는 가장 안정된 감정과 기분이다. 이런 감각과 감정은 스스로 잘 살아 있음을 가장 훌륭하게 인식하는 자각의 증표이기도 하다.

이는 우리의 삶에서 '진실하게 사는 것보다 즐겁게 사는 게 더 좋고, 행복할 수 있다는 말이다. 하지만 누구나 즐겁게 살고 싶다고 그렇게 살아지는 게 아니다. 그렇다면 즐거움은 아니더라도 차라리 진실하게 삶으로서 보람과 의미를 찾을 수 있지 않을까?

그래서 현대사회에는 유머 감각이 뛰어나고 즐겁게 해 주는 사람이 인기가 많고 특히 그런 사람들을 좋아한다. 개그 프로에 시청률이 높은 것도 그런 이유에서다. 대전 중문교회 담임목사인 장경동 목사가 인기가 좋은 것도 그 때문이다. 진지한 하나님의 말씀만 설교해도 그 기쁨이 넘쳐나고 즐거운데 게다가 재치 있고 탁월한 유모와 풍자적 비유의 희극적 액션이 만들어내는 장경동 목사의 독특한 설교 방법은 듣는 이로 하여금 그 기쁨과 즐거움 그리고 그 감동을 절묘하게 배가시킨다.

그 때문에 진지함과 진실함에서 즐거움이 더해지는 기쁨이야말로 크나큰 신의 축복이요 행복이 아닐 수 없다.

진실한 삶이란?

　사실 진실한 삶이란? 신이 아니면 사람의 기준으로는 알 수도 없고 온전하게 진실을 이루는 삶을 살기도 매우 어렵고 힘들다. 잘 모르는 것을 잘 아는 척하면 또 다른 위선이고 그 위선은 자기 내면의 갈등과 회의 때문에 마음이 불편해진다. 그러면 결국은 스스로 행복할 수가 없다. 스스로 불편한 진실을 가슴 속 깊이 품고 살게 된다. 그러므로 불편하지 않게 살려면 '그냥 사는 거다'[3]라고 했다. 이는 너무 지나치게 참된 모습만 강조하고 치우치다 보면 재미를 잃을 수 있기 때문이다.

　즉 음식을 먹는 데 있어서 몸에 영양적인 면도 매우 중요하다. 하지만 음식을 먹는 맛의 즐거움이 없으면 무슨 기쁨이랴. 먹는 기쁨을 빼고 몸에 좋으니까 섭취해야 한다는 목적과 의무감만으로는 '먹음의 낙(樂)'을 즐길 수 없다. 그렇게 되면 몸도 절대 즐겁지 않다. 그것은 음식의 차원이 아니다. 몸엔 좋지만, 음식의 맛을 모르고 즐길 수 없다면 이는 쓰디쓴 약을 먹는 행위와 별반 다르지 않다. 이렇게 되면 '먹는 즐거움과 먹는 행복'은 우리의 삶에서 멀어지게 된다.

　인간에게 있어서 먹음에 행위는 본능이다. 이처럼 음식을 먹는다는 것은 단지 육신의 뼈와 살을 시탱하기 위한 목적만은 아니다. 인간에게서 빼놓을 수 없는 절대적 본능 삼욕(三欲)을 꼽으라면 당연히 식욕과 성욕과 명예욕 성취욕 같은 것이 누구에게나 해당하는 본능일 것이다.

그러나 불가에서는 본래 욕계 삼욕(欲界三欲)[4]이라 하여 명예욕 대신 수면욕을 일컫는다. 스님들이 수행 정진과 참선 과정에서 밀려드는 졸음은 그 무엇으로도 막아내기가 어렵고 힘든 수행이기 때문이다. 그 얇은 눈꺼풀은 커다란 바윗덩어리보다도 무겁고, 일주문의 기둥뿌리로 받쳐도 소용이 없다는 말처럼 힘든 수행이다.

아마도 그것이 수행 정진에 있어서 최대의 적(마구니=잡귀)이 될 법도 하다. 이 욕계 삼욕이 본능적으로 심(心)의 한가운데 작용하여 물결치는 것은 몸에 좋은 것(영양소)을 넣어달라는 단순한 의미가 아니다. 그것은 먹음의 낙(食道樂)을 통해서 행복의 기운과 감정이 온몸 구석구석에 좋은 느낌과 에너지로 전달될 수 있기를 바라는 것이기 때문이다.

이 역시 '음식을 먹는다.'라고 하는 것은 명사적 관념을 떠난 동사적 구체적 행위에서 맛볼 수 있는 즐김과 맛의 느낌이다. 실제 음식을 먹는 행위, 남녀 간의 정신적 교류와 같은 행위(문학적-사랑을 먹고 산다 같은) 등등이 모두 먹음의 구체적 동사의 표현이다. 즉 인간의 삶에서 이처럼 즐거움과 기쁨이 수반되지 않는 행복이란 있을 수 없다.

앞에서 언급된 이런 즐거움에 진지함의 가치가 보태지면 당연히 '잘산다.'이거나 '잘 살았다'로 이해될 수 있는 것이 행복이다.

청소년들은 그 누구보다도 21세기 미래의 세상에서 가장 살날이 많은 삶의 주체들이다. 앞날이 창창하고 구만리이다. 그런데 그 많은 살날을 위해서 무엇을 해야 할지, 하고 싶은 일이 무엇인지, 어떻게 사는 것이 '잘산다.'라는 것인지에 대해 진지하게 고민하지 않으면 안 된다.

그렇게 함으로써 잘 살 수 있는 삶의 참가치를『미래 살아가기』'살자'의 진실 편에 담론처럼 스스로 발견하게 될 것이다. 그러한 발견을 위해서 오늘부터 진실한 삶의 탐구와 사유의 게으름은 피우지 말자.

문제가 있으면 반드시 답 있다

노잼, 노답' 이 얼마나 슬픈 현실인가?

우리 청소년들의 유행어 중에 '노잼, 노답'이 있다. 영어와 한글의 뜻을 함축한 합성어이다. 청소년들에 재치 있고 기발한 표현이기도 하다. 그러나 이 말은 단순히 재밌자고 하는 말이 아니다. 이 말속에는 기쁨이나 즐거움을 간절히 희구하는 함축된 뜻이 담겨 있다. 그런데 우리 청소년들의 현실은 어떤가?

밤낮으로 학업에 시달리고, 경쟁에 시달리고, 부모님의 간섭과 잔소리에 시달린다. 그 때문에 한창 꿈 많은 시절에 기쁨과 재미를 만끽할 시간이 없다. 현재의 시간에서 살아가는 재미와 즐거움을 느끼지 못하는 아쉬움은 또 다른 스트레스를 동반하기도 한다. 그런데도 학업을 중단하거나 포기할 수 없는 성장통의 아픈 현실이다.

그렇다면 저 멀리서라도 자신의 꿈이 보이고, 희망이 보이면 얼마나 좋으랴. 그렇게만 하다면 다소의 고충과 어려움이 있더라도 미래를 위해 참고 견뎌야 한다. 그런데 그런 꿈이나 희망이 시야에 잡히지 않는다. 그러니까 우리의 청소년들은 그 많은 자신의 고민과 질문에 진지한 답을 원하고 있다. 하지만 현실에서는 그런 문제에 쉽게 답을 찾기가 어렵다.

그 안타까움을 압축하고 또 압축해서 표현한 말이 바로 '노답'이고 '노잼'이다. 이 얼마나 슬픈 현실인가? 하지만 이 말 속에는 강한 부정이면서도 강한 긍정을 희구하는 간절함이 있다. 그리고 한편은 이러지도 저러지도 못하는 현실에서 안타까운 긍정이면서 암울한 현실의 부정이기도 하다.

긍정이 함축하고 있는 희망은 비록 아득한 곳에 멀리 있어 쉽게 눈에 들지 않지만 가늘고 희미한 실낱같은 희망을 절대 포기할 수 없는 파랑새의 간절한 꿈이다.

그렇다면 우리의 사랑스럽고, 자랑스러운 청소년들이 이렇게 부정과 긍정의 사이에서 방향을 잡지 못하고 방황만 할 것인가? 이에 책임이 있는 기성세대는 과연 어떤 대안과 답을 제시할 수 있을까?

이들이 이해할 수 있도록 답을 내놓아야 한다. 그래야 미래에 대한 희망이 생기지 않을까?

세상엔 답이 없는 문제는 하나도 없다

그런데 교육을 책임지고 있는 교육 당국과 정부에는 그 어디에도 뚜렷하고 확실한 미래의 답을 내놓지 못하고 있다. 그러나 아직 희망을 포기하고 절망하기엔 아직 이르다. 이 세상에 답이 없는 문제는 하나도 없다. 문제가 있으면 반드시 답이 있게 마련이다. 문제의 난이도에 따라 다소 쉽거나, 어려움은 있지만, 답이 아예 없는 것은 없다. 답이 없으면 문제도 성립되지 않는다.

특히 이 세상을 살아가는 인간의 삶이 그렇다. 인간의 삶은 모든 것이 어떤 사건과 어떤 문제에서 시작되고 출발한다. 그런데 지금까지 인류의 역사상 답이 없었던 때는 한 번도 없었다. 다만 우리 인간들이 지나친 욕망과 탐욕 때문에 잘못된 선택을 해서 일을 그르쳤다. 그러므로 빚어진 오류의 역사와 삶이 있었을 뿐이다.

어떤 문제에 답을 구하는 데도 방법은 있다. 또 쉬운 답이 있고, 어려운 답이 있다. 그러나 쉬운 답이라고 해서 반드시 좋은 답은 아니다. 또 어려운 답이 좋은 답이 되는 것도 아니다. 또 답이 반드시 하나만 있는 것도 아니다. 여러 개의 답이 있는 문제들도 많다.

가령 어떤 문제가 있다면 그 답을 구할 때 '1 안, 2 안, 3 안' 이렇게 답을 분류해서 구하는 방법으로 설정을 해보는 것이다. 그리고 가장 선명하고 좋다는 답을 1 안으로, 두 번째로 좋다고 생각되는 답을 2 안, 그리고 3 안에 답을 정해 보는 것이다. 1 안이 제일 정확하고 좋은 답이지만 답을 얻기 어렵다고 판단되면 2 안을 선택할 수도 있다. 또 2 안도 여의치 않으면 3 안에 답을 선택할 수 있다. 그게 내가 선택할 수 있는 최선의 답이라면 그 답이 바로 정답이다.

그러나 선택한 답의 결과가 반드시 만족한 것은 아니다. 방향이 틀리거나 불만족스럽게 나타날 수 있다. 또 1 안을 선택했다고 해서 반드시 좋은 결과가 따르는 것도 아니다. 의외로 2 안이나, 3 안의 답이 더 좋은 결과를 낳을 수도 있다. 이처럼 모든 문제는 선택의 문제이지 아예 답이 없는 것은 아니다.

그렇게 본다면 필자가 생각할 때 우리 청소년들이 말하는 '노답'은 틀린 말이다. "노답은 NO"다. 그리고 '예스 답(yes+쏨)'이어야 한다.

이제 청소년들은 이 기분 좋은 예스 답의 미래 여행을 과감하게 신념을 갖고 힘찬 항해를 시작해보자. 그 여행에서 돌아올 때쯤이면 희망의 꽃이 어떻게 피어나는지. 그리고 그 향기가 어떤 향기인지. 자신의 삶에 향기를 발견하게 될 것이다.

천 리를 가려면 백 리부터 준비하자

청소년의 꿈과 이상은 미래 사회의 비전

우선 청소년의 본분은 '학생 노릇'이다. 그리고 하나를 덧붙이자면 '사람 노릇'이다. 학생 노릇을 잘하기 위해서는 반드시 학생다워야 한다. 학생다움은 뭔가? 물론 학업에 충실한 것이다. 그러나 학업에 충실했다고 해서 학생 노릇을 다 한 것은 아니다. 학생에겐 꿈과 이상 그리고 열정과 패기가 있어야 한다. 꿈과 이상은 높고 크게, 열정과 패기는 뜨겁고 사려 깊게 가져야 한다. 그리고 열정과 패기 속에 정의로움이 있어야 한다.

청소년 여러분들은 21세기 미래의 한국을 책임질 자랑스러운 자원이고 인재들이다. 이러한 젊음이 꿈과 이상이 없다면, 열정과 패기가 없다면 그리고 불의에 맞설 정의가 없다면 청소년의 미래는 미래가 아니다. 꿈과 이상은 미래를 향한 비전과 목표이다. 열정과 패기는 미래로 향한 꿈과 이상을 실현하는 동력의 에너지원이다. 정의는 불의에 타협하지 않는 올곧은 정신과 의식 그리고 용기이다. 이러한 것이 그대에게 없다면 이 나라는 21세기 미래를 건설하고 문명 창달을 이룰 희망과 가능성이 없는 절망의 나라이다.

청소년들이여! 여러분은 그렇게 희망이 없는 절망의 나라에 살고 싶은가? 희망이 없는 나라에서 무슨 일을 할 수 있겠는가? 그대들에 행복은 과연 어떻게 만들어 갈 것인가? 그대들의 부모, 형제, 가족 그리고 이웃 친지들은 누가 지킬 것인가? 그러한 것들을 누가 만들고 어떻게 이룩할 것인가? 그것은 오로지 청소년 여러분들에게 맡겨진 미래의 몫이고 이루어야 할 역할이다. 또 자신의 사명과 책무이기도 하다.

결코, 머지않은 미래를 준비하라

자! 그렇다면 이제 청소년 여러분들이 할 일이 조금 선명해진다. 학업을 마치고 사회의 구성원으로 진출했을 때를 준비하고 대비해야 한다. 지금부터 잘 준비를 해야 스스로 자신의 길을 성공적으로 잘 갈 수 있다.

가슴속에 뜨겁게 품었던 꿈과 이상에 나래를 펴고 미래로 향한 출발과 도전을 해야 한다. 이러한 생각과 정신이 학생다움의 태도에 달려있다. 이러한 생각과 의식을 하나하나 실천으로 옮기는 것이 학생으로서의 본분이고 학생 노릇이다. 또 그것은 먼 훗날 사람 노릇을 위한 준비이다.

자! 청소년 여러분은 지금 자신에게 주어진 길을 어디쯤 가고 있다고 생각하는가? 혹시 이제 시작에 불과하고 아직 아득하게 멀리 있는 길이라고 생각하지는 않는가? 그래서 여유를 부리고 태만해지고 싶다고 생각하지는 않는가?

다소 여유를 갖는 것도 괜찮다. 하지만 멀리 있다고 해서 마냥 여유를 부리면 나중에 힘들다. 천 리를 가려면 지금 십 리부터라도 멀리 갈 길을 준비해야 한다. 지금 자신이 갈 길을 제대로 닦고 잘 준비하지 못하면 그 길을 누가 대신 닦아주고 대신 가주는 길이 아니다.

천 리에 목표를 제대로 이루려면 다소의 시행착오는 불가피하다. 또 뛰다가 넘어지면 일어나서 다시 뛰고 또다시 뛰어야 한다. 산이 있으면 넘어야 하고, 강이 있으면 건너야 한다. 힘들다고 주저앉으면 인생의 낙오자가 된다.

단 꼭 일등이 되려고 하지 말자. 일등이 아니면 어떤가? 조금은 늦을 수도 있고, 조금은 빠를 수도 있다. 꼭 일등이 아니면 안 된다는 강박관념을 버리자. 내가 일등이면 그들이 이등, 삼등일 테고, 그들이 일등이면 내가 이등, 삼등이면 되는 것이다. 다만 혼자 가려 하지 말고 누군가와 함께 가는 것이 중요하다.

인디언 속담을 한번 보자

빨리 가려거든 혼자 가라. 하지만 멀리 가려거든 함께 가라.

빨리 가려거든 직선으로 가라. 하지만 멀리 가려거든 곡선으로 가라.

외나무가 되려거든 혼자 서라. 하지만 푸른 숲이 되려거든 함께 서라.

사람에 따라서는 혼자 가기를 원하는 사람도 있다. 하지만 혼자보다는 함께 가고, 함께 하는 것이 훨씬 즐겁고, 의미 있고, 행복한 일이다. 사람에 따라서는 빨리 직선으로 가는 것을 원할 수도 있다. 하지만 빨리 가기 위해 직선으로 가다 보면 많은 것을 보지 못하고 지나치게 된다. 그래서 많은 것을 보려면 굽은 길로 가야 한다. 사람에 따라서는 혼자 우뚝 서는 외나무를 원할 수도 있다. 하지만 넓고 푸른 숲은 외나무 혼자는 불가능하다. 외나무는 거센 태풍을 혼자 이겨내야 한다. 푸른 숲은 여러 나무가 함께 서서 태풍을 막아낸다.

이처럼 사람 사는 세상에서 아무리 재주가 뛰어나도 혼자는 불가능하다. 번영을 이루려면 함께 하는 협동 정신이 중요하다. 청소년 여러분들은 혼사 빨리 직선으로 달려가서 작은 성공을 하겠습니까? 아니면 함께 그들과 저들이 함께 가서 협동하여 큰 번영의 공동체를 이루겠습니까?

어떤 것이 더 많이 행복할까요? 행복도 혼자 행복한 것은 행복이 아니다. 행복도 함께 나누고, 함께 누리는 것이 훨씬 보람 있고, 의미 있는 행복이다. 이러한 정신과 자세로 함께 백 리를 가면 천 리가 멀어도 절대 힘들지 않다.

청소년들이여!

이렇게만 되면 어찌 희망이 없는 절망의 나라가 되겠는가? 이렇게만 되면 어찌 희망이 없는 나라라고 하겠는가? 이런 나라에서 어찌 내가 할 일이 없겠는가? 걱정하지 말자. 미리 절망하지 말자. 그대들의 행복도 이렇게 함께 만들어진다.

인성(人性),
미래 문명사회의 마지막 보루

인간과 인공지능(AI)의 세기에 대결

2016년 3월 9일 첫 대국을 시작으로 이세돌을 향한 '알파고'의 도전은 인간과 인공지능(AI) 간 '세기의 대결'이 펼쳐지면서 전 세계에 주목을 받았다. 영국에 구글 딥마인드가 개발한 인공지능 '알파고'가 바둑의 최고수 이세돌 9단과의 대결에서 애초 많은 사람 예상은 이세돌 9단의 압도적인 우세를 점쳤었다. 그 이유는 바둑은 인간 고유의 직관과 판단력이 절대적으로 필요한 두뇌 스포츠라는 점 때문이다.

'경우의 수' 계산에서는 '알파고'가 앞서더라도 인간의 직관과 판단력을 모빙하기는 어렵다는 예상이 시배석이었기 때문이다. 그러나 애초 예상과 달리 이세돌 9단을 알파고가 4:1로 승리를 거두면서 이를 지켜보던 많은 사람과 전 세계 각 미디어 매체들이 연일 충격과 공포 그리고 흥분을 감추지 못했던 기억이 오랜 시간이 지난 지금도 뇌리에서 가시지를 않는다.

이 대결에서 이세돌 9단은 상상을 초월하는 엄청나게 **빠른** 연산능력을 갖춘 컴퓨터 1200여 대와 연결된 알파고를 상대로 무한대 '경우의 수'를 읽고 만들어낸다는 AI의 도전에 인간 홀로 당당히 맞섰다. 그러나 전 세계 인간을 대표한 세기의 고독한 싸움에서 최선을 다했으나 영특한 AI에게 무참히 3연패의 무릎을 꿇었다.

하지만 그러한 패배에도 이세돌 9단은 "이것은 어디까지나 이세돌이 진 것이지 인간이 패배한 것은 아니다."라고 한 말에서는 이세돌 9단의 예리한 직관력과 강인한 승부 정신 그리고 뜨거운 희망이 느껴졌다. 이것을 지켜보던 절망의 순간에 많은 사람의 가슴이 뭉클해짐을 느꼈던 순간이다.

그것은 결코 인간으로서 인간이 만들어 놓은 기계문명에 질 수 없다는 '인간 최고의 자존심'이 걸려 있었기 때문이다. 그래서일까. 이세돌 9단은 4번기 대결에서 빈틈없던 알파고의 약점을 드디어 찾아내고 알파고의 허를 찌르는 데 성공했다. 우린 그 절묘한 '신(神)의 한 수'로 기세등등한 알파고가 백기를 들고 투항하는 모습에서 무너진 '인간 최고의 자존심'을 잠시나마 다시 일으켜 세웠다. 그리고 또다시 이어진 마지막 대결에서 알파고의 승리로 이세돌 9단이 패하고 말았다. 그러나 이세돌 9단의 1승은 참으로 값지고 위대한 승리였다. 그것은 진정한 인간의 승리였다.

하지만 알파고에 승리는 어쩜 인간에게 자신의 드러나지 않은 우월성과 한계를 살짝 드러내 보여 주면서 인간들에게 마치 방심하지 말라는 '경고'를 한 것 같아 우리가 두려움을 갖게 했다. 이와 관련해서 많은 분야에 전문가들이 알파고의 힘은 "전체적으로 직관과 균형을 잃지 않는 불가사의한 힘을 가졌다."라고 AI에 대해서 많은 극찬과 논평을 했다. 그리고 4년이 지난 지금 AI의 진화와 변신은 하루가 다르게 변모하고 있다.

AI의 빠른 진화와 변신이 21세기 문명사회의 새로운 방향성을 예고하고 있음은 물론 그 위험성의 우려도 매우 크다. 이와 관련 경제매체인 CNBC는 인공지능 AI가 초래할지도 모를 '무서운 미래의 5가지'를 선정 소개했다. AI에 의한 그 5가지 우려가 대량실업, 전쟁, 로봇 의사, 대량 감시, 차별과 같은 것들이다.

특히 AI를 이용해 만든 살상용 무기 킬러로봇의 등장이 새로운 3차대전으로 이어질 수 있다는 우려를 했고, 테슬라의 최고경영자인 일론 머스크도 "AI가 제3차 세계대전을 일으킬 수 있다."라고 경고해 논란이 일기도 했다. 다소 머스크의 발언이 과장됐나는 평이기도 하다. 하지만 선문가들은 실제로 "AI를 비롯해 컴퓨터시스템이 자동으로 삶과 죽음의 문제를 결정한다는 것은 매우 무서운 생각이다"라고 말했다. 미국에 싱

크탱크 랜드코퍼레이션은 보고서를 통해 "AI의 군사분야 응용은 2040년까지 핵전쟁을 일으킬 수 있다"라고 경고하면서 시스템이 실수로 잘못된 분석을 한다면 이를 바탕으로 해당 국가가 인류사회의 치명적인 결정을 내릴 수도 있다고 분석했다.

1983년 미-소의 긴장이 고조돼 있던 당시 미국이 핵 공격을 개시했다는 경보가 소련에 울렸을 때 소련군 페트로프 중령은 컴퓨터의 오류 가능성을 들어 상부에 보고하지 않았다는 것이다. 그 덕에 실제로 핵전쟁의 위기를 모면했다는 일화가 있다. 중국에서는 이미 AI와 얼굴 인식 기술을 결합해 범죄 및 체제 단속을 하기 위한 목적으로 사용하고 있어서 그 우려가 현실화하고 있다.

중국은 현재 국가 전역에 설치된 약 2억 대의 감시카메라를 기반으로 주민의 행동을 감시하고 통제하는 '사회 신용체계'의 제도를 구축하여 운용하고 있다. 이밖에도 대량실업 사태, 로봇 의사의 출현 등으로 인한 오진·개인정보보호 문제를 AI가 초래할 무서운 미래의 모습으로 CNBC는 꼽았다.

이처럼 AI는 이미 우리 인류 문명사회의 전반에 깊이 자리를 잡고 엄청난 영향력을 발휘하는 또 하나의 문명의 신으로 존재하면서 점점 다양한 방법으로 진화하고 있다. 따라서 인성(人性)은 어떠한 상황에서도 지켜내야 할 인간의 숭고한 가치로 미래 문명사회의 마지막 보루가 될 것이란 예견이다.

직관과 통찰이란 무엇인가?

직관은 어떤 사물이나 대상의 현상을 보고 즉각적으로 느끼고 깨닫는 인지능력이다. 우린 이런 인지능력을 통해 즉각적으로 판단하고 통찰하는 행동의식이 있다. 그런 통찰의 힘은 정확한 판세의 흐름을 알고 바로 균형과 중심을 잡는 지각능력과 감각기능을 갖고 있다.

앞에 기술한 내용에서 알파고의 직관이 비로소 인간의 직관을 뛰어넘은 경지라는 것은 실로 놀라움과 경탄을 금할 수 없는 사건이 되었다. 그 때문에 AI가 두렵고 무섭기도 하다. 하지만 그렇다고 그 공포와 두려움에 사로잡혀 떨고만 있어서는 곤란하다.

이제 "머지않은 미래엔 결국 인간의 뇌 기능을 흉내 낸 강한 인공지능(AI)이 급속하게 발달할 것이고, 인간과 흡사한 인공 두뇌를 가진 AI가 곧 등장할 것이다."라고 많은 전문가는 전망했다.

천재 물리학자 스티븐 호킹은 "인류는 AI를 통제하지 못하고 오히려 의존하게 될 수 있다"라고 말했다. 또 "100년 안에 인류가 인공지능을 갖춘 기계에 종속되고, 결국 멸망에 이를 것"이라고 경고했다. 또 다른 사람들은 "AI로 인해 2020년까지 500만 개 이상의 일자리가 인공지능에 의해 사라지게 될 것이고, 그때 인간은 무엇을 할 수 있을지 진지한 고민이 필요하다"라고 말했다.

옥스퍼드대학에 칼 베네딕트 프레이 교수와 마이클 오즈번 교수가 최근 발표한 '고용의 미래'라는 보고서에 의하면 "자동화의 기술발전으로 20년 이내 현재의 직업 47%가 사라질 가능성이 크다"라고 지적한 바 있다.

이처럼 인공지능을 장착한 컴퓨터 로봇은 이미 화이트칼라 직종을 대체해 가고 있다. 그뿐만이 아니다. 엘드릭(LDRIC)이라는 골프 로봇은 미국 프로골프(PGA) 투어에서 홀인원을 한 적이 있고, 로보 어드바이저(Robo Advisor)라는 금융 로봇은 이미 인공지능 자산관리 서비스를 해주고 있다. 워드스미스 (Wordsmith)라는 로봇 기자는 2013년에만 300만 개가 넘는 기사를 썼다고 한다. 이 양은 모든 미디어 기업이 1년간 쓴 글보다 많은 양이라고 한다. 또 일본 나가사끼현 관광지에서는 로봇과 AI만으로 운영되는 무인 호텔 하우스텐보스가 있다. 이밖에도 AI 의료용 로봇, AI 면접, AI 법률자문, AI 자산관리, AI 기반 자율주행차 등 다양한 분야에서 전문성을 발휘하면서 영역을 확대해 가고 있다.

자! 그렇다면 이제 우리는 어떤 고민을 해야 할까?

알파고로 인해 갑자기 불어 닥친 이 AI 인공지능 열풍과 공포에 한없이 떨고만 있을 것인가? 아니다. 우린 이제 이에 대응하는 전략이 필요한 때이다. 이제 우리는 이성과 냉정함을 되찾아야 한다. 알파고가 그랬던 것처럼. AI의 합리적 사고와 논리적 계산능력을 어떻게 인류문명에 활용할 것인지에 대해 좀 더 진지한 고민이 필요한 시점이다.

한편 AI의 실체에 대해 잘 알고 있는 찬성론자들은 "AI를 전혀 두려워할 필요가 없다"라고 말하고 있다. 오히려 "문제는 AI 기술이 문제가 아니라 폭력을 부르는 인간사회에 있다"라고 주장하기도 한다. 또 AI는 다양한 인간의 일상에 접목되면서 오히려 신산업 창출에 큰 효과를 볼 수 있고, 인간이 하기 어려운 분야에 AI가 진출해서 큰 역할을 해줄 수 있다는 긍정적 전망을 주장하기도 한다.

하지만 AI는 분명 긍정적인 면도 있다. 하지만 부정적인 측면도 함께 가지고 있다. 그리고 분명한 것은 인간의 머리로 무엇을 계산한다든지 하는 방식으로는 알파고나 AI를 절대 이길 수 없다는 결론이다. 하지만 AI가 인간을 이길 수 없는 것이 있다면 그것은 바로 인간만이 가지고 있는 고유의 감성과 감정이 아닐까 하는 생각이다.

이렇게 AI 시대를 맞아 이를 극복해내는 직업의 특징을 보면 '사람의 감정과 직접 접하는 일, 같은 내용이 반복되지 않는 일, 팔리는 물건을 만들어내는 일' 이 세 가지 포인트가 있는 업종과 분야가 전망이 좋은 것으로 나타나고 있다. 또 이제는 AI와 싸워서는 승산이 없다. AI와 인간은 함께 협력하고 공존해야 한다. 공존의 방법으로 논리가 중시되는 직종과 분야는 AI가. 감성이 요구되는 쪽은 사람이 맡으면 보다 효율적인 방안이 될 것으로 예상이 된다.

사람의 감정과 감성에 바탕은
바로 '인성(人性)'이다

　그렇다. 사람의 감정과 감성에 근본적 바탕은 바로 '인성(人性)'이다. 인성은 사람의 성품이다. 성품은 사람의 타고난 성질이고 사람됨의 자질이다. 또 심리학적으로는 다른 사람과 구별되는 사고(思考)와 태도 및 행동의 특성을 주관하는 개체로 정의한다. 당장 AI가 인간처럼 발전하고 진화할 수 있는 것은 아니다. 하지만 완전히 마음 놓을 수 있는 것도 아니다. 언젠가는 이렇게 될 가능성이 크고 우리는 그것을 알고 있을 뿐이다.

　그렇게 예견되는 이 시대에 미래 사회의 주역이 될 청소년들의 삶을 생각하지 않을 수 없다. 지금의 청소년들에게는 머지않아 맞닥트릴 실제적 현실이 되기 때문이다. 그때 그것에 대항하고 극복해낼 수 있는 비장의 무기는 과연 무엇일까? 아무리 공부를 질하고 계신능력이 뛰어나도 전자기기인 컴퓨터나 AI를 인간의 머리로는 이제 뛰어넘을 수 없다.

　하지만 나날이 진화하고 있는 AI가 언제까지 우리 인간에게 순종만 할까? 영특한 AI가 발 빠르게 인간의 능력을 학습해서 인간을 지배하려고 할지 모를 일이다. 그리고 명령권과 결정권을 언제 내놓으라고 압박하고 윽박지를지도 모를 일이다. 바로 그 점에서 미래 사회의 인류는 마음 편치 않다. AI가 자신들에 우월성을 내세워 딴생각할 수도 있기 때문이다.

이제 그들(문명의 신)로부터 인류는 자신을 지키고
삶의 본질을 빼앗기지 않으려면 어떻게 해야 할까?

그것은 바로 인간만이 가지고 있는 감정과 감성에 바탕인 '인성(人性)'을 지켜내는 일이다. 그러기 위해서는 지금부터 비장의 무기인 '인성'이 청소년들의 뜨거운 가슴으로부터 싹터서 우리 청소년들의 '인문정신'과 '영혼' 속에 크게 자라날 수 있도록 할 수 있다면 바로 이것이 우리가 함께 공감하고 희망을 품을 수 있는 "미래 사회의 비전"이다.

이제 이 책은 현대사회의 청소년들이 절대적인 과학 문명 시대의 가치관과 혼란의 소용돌이 속에서 과연 어떻게 중심을 잃지 않고 미래 사회의 구성원으로 튼실하게 성장하며, 학문에 정진하고 학업에 목표를 이루어 갈 것인지에 대한 준비와 방향성을 제시하고 있다. 그런 섬에서 인문의 정신과 인성을 자질로 무장하고 대응해야 자신을 지켜내고 사회를 지켜내고 함께 살아남을 수 있다.

그 어느 때보다 이 시대의 청소년들은 공부가 힘들다. 경쟁은 치열하고 배워야 할 것은 많고, 무엇을 어떻게 배워야 제대로 배우는 건지 불확실하다. 그 때문에 미래에 대한 꿈과 희망의 확신이 별로 없다. 이제 안이했던 교육 당국도 예측 가능한 미래 교육의 환경을 조성하고 적극적으로 대응해야 한다. 안이했던 국가지도자에 철학의 부재도 문제이다. 낡은 구태를 벗어버리고 미래로 향한 교육의 백년대계와 시대성에 부합한 철학을 확고히 정립해 나가야 한다.

현대사회는 모든 이즘(ism)에 가치가 물질 만능과 문명의 소용돌이 속에서 그 중심(中心)을 잃고 표류하고 있다. 이러할 때 우리 사회의 청소년들이 올바른 삶의 가치관과 직관으로 무장된 인문정신으로 '균형 잡기'를 통해서 잃어버린 우리 사회의 중심을 되찾고, 미래 사회의 주역으로서 인류의 문명 창달에 동참할 수 있다면 그것이 바로 미래의 희망이다.

이와 관련해서 중용의 인문정신과 생활사상은 현대사회의 청소년들에 인성과 가치관 형성에 긍정적으로 작용하여 삶의 철학적 의미를 인식하게 함으로써 행복한 삶의 관조와 성찰을 이루고, 학업에 정진하며 꿈과 이상의 실현을 위해 바르게 인식하게 되는 계기가 될 것으로 확신한다.

인간의 삶은 모든 사물을 비롯한 모두가 관계와 관계 속에 이루어지는 현상과 작용의 결과이다. 그 모든 관계적 행동의 중심(中心=중용적 사고)은 결국 존재하는 나로부터의 시작이다. 그것을 지탱하는 원동력은 올바른 '인성교육'의 가치이다. 이런 인문정신의 완성이 오늘날 미래의 청소년들에게 '행복한 삶'을 실현하는 궁극의 가치가 된다는 함의이다.

세상엔 무수한 생각과 또 무수한 말들이 있다. 이러한 생각과 말들엔 부정과 긍정이 있다. 긍정은 미래를 살아갈 청소년들에겐 꿈과 이상 그리고 희망이자, 삶의 당위성이다. 이제 답이 없을 것 같은 '노답(NO 쏨)'이라는 현실에서 부정의 생각과 말들을 접고 '예스 답(YES 쏨)'이라는 긍정의 답을 갖자. 이제 새롭고 멋진 미래의 주인공으로 살아가기 위해 바로 서야 할 때이다.

사람 노릇과
현대 문명사회의 갈등

'사람 노릇'이란 뭘까?

사람 '노릇'의 사전적 의미는 어떤 역할과 구실에 대해 낮추어 이르는 말이다. 원래 '노릇'은 의존명사로서 사람의 자격, 직업, 직책을 나타내는 명사 뒤에 쓰여 그 역할과 구실을 낮추어 나타낸다. 예컨대 "~ 해서 남의 집 점원 노릇은 못 해 먹겠다." 또는 "~ 에게 자식 노릇을 한번 제대로 해드리지 못했다."라고 와 같이 쓰인다. 또 관형사형 어미 '-은', '-는', '-을' 뒤에 쓰여, 일의 됨됨이나 형편을 낮추어 나타내는 말이다. "~ 하니까 이것도 못 할 노릇이다. ~할 수는 없는 노릇이다."라는 것과 같이 쓰이는 말이다.

그럼 현대사회에서 '사람 노릇'이란, 어떤 의미일까? 이것을 좀 더 쉽게 말하면 '사람의 됨됨이나 언행이 사람의 도리에 맞게 행한다.'라는 의미이다. 또는 '사람스럽다' 거나, '사람답다'이다. 따라서 '사람됨에 있어서 됨됨이나 하는 일이 사람의 도리에 어그러짐이 없다.'라는 의미이다. 이는 한 마디로 '사람됨에 자격'을 뜻하는 말이다.

  사람으로 태어나서 사람됨으로 살아간다는 것은 지극히 당연한 논리고, 당연한 이치이다. 그런데 이렇게 눈부신 문명사회에 살고 있으면서도 어째 사람 노릇이 이토록 힘들고 어려운가? 어른들도 "사람 노릇 하고 살기가 어렵다" 하고, 자라나는 청소년들에게도 사람 노릇 강요할 수 없는 사회적 환경이다. 과연 제대로 어른으로 성장할 수 있을까? 하는 노파심이 든다. 그것은 현대사회에서 나타나는 다양한 현실적 환경이 그렇기 때문이다.

  그렇다면 현대사회에서 진짜 사람 노릇은 뭐고, 사람됨은 뭔가? 그것은 결론부터 말하면 '성공'이다. 그럼 성공은 뭔가? 성공 또한 목적하는 바를 이룸이다. 그럼 뭘 '목적'으로 해야 할까? 글쎄다. 이처럼 목적이 뚜렷하지 못하면 성공할 수 없는 것은 당연하다. 그것은 세상이 불확실하고 예측할 수 없기 때문이다.

  그럼 현대사회에서 '사람 노릇'하고 '사람답게' 살아가려면 어떻게 해야 할까? 그것은 첫째로 목적의식이 있어야 한다. 목적이 정확하고 확고하면 따라서 실천도 확고하다. 실천이 확고하면 언젠가는 결과도 있게 마련이다. 그것이 무엇이 되었던지. 춘추시대(BC500) 제나라의 명재상 안자(晏子)는 '행자상지 위자상성(行者常至 爲者常成)'이라 했다. 이 말은 확고한 목적이 있다면 "멈추지 않고 길을 가는 것이고, 그러다 보면 반드시 다다르는 곳이 있게 마련이다. 또 확고한 목적을 갖고 쉬지 않고 일하는 사람에게는 반드시 이루어짐이 있다"라는 말이다.

그리고 둘째는 실천이다. 아무리 큰 목적의식이 있어도 의식만 있고 그것을 실천에 옮기지 않으면 목적한 곳에 다다를 수 없고, 실천에 옮기지 않으면 목적을 이룰 수 없다. 아무리 근사한 생각을 하고 있어도 생각에만 머물면 아무 소용이 없고 그것은 그냥 생각일 뿐이다.

세 번째는 인내이다. 애당초 아무리 확고한 목적이 있고 실천을 할 의지가 있어도 인내와 끈기가 없으면 곧 멈추게 된다. 큰 뜻과 큰 목적을 갖고 하는 일은 그렇게 평탄하고 순조로운 것만은 아니다.

토머스 앨바 에디슨(Thomas Alva Edison)은 미국의 발명가이면서 사업가였다. 세계에서 가장 많은 발명을 했다. 인류의 역사에서 보았듯이 많은 과학자와 발명가들은 수많은 실패와 좌절 속에서도 굴하지 않는 인내와 끈기가 있었기에 수많은 발명이 가능했다. 때문에 '실패는 성공에 어머니'라고 하지 않는가.

'사람 노릇' 어렵게 만드는 현대사회

현대사회에서 '사람 노릇' 하는 것도 사회적으로 성공하는 것만큼이나 어려운 일이다. '사람 노릇'이란 한마디로 요약하면 '사람다움의 성공'이다. 성공해야 돈도 벌고, 돈을 벌어 부모님께 효도도 하고, 자식 노릇, 남편 노릇, 아버지 노릇, 좋은 친구 노릇 등등의 노릇을 할 수 있다.

그럼 문제는 성공이다. 성공만 하면 사람 노릇 할 가능성이 커진다. 그 때문에 우리의 부모들은 자식들이 열심히 공부해서 훌륭한 사람이 되라고 밤낮으로 응원하고 반드시 성공해서 부자가 되기를 바란다.

그런데 오늘날 현대 문명사회의 현실은 어떤가? 고학력자들은 많은데 이들이 가서 일할 데가 없다. 배운 사람들은 많은데 이 사람들을 수용할 수 있는 사회적 인프라가 구축되어 있지 않다. 즉 수요와 공급에 대한 구조적 불균형이 곳곳에서 함정처럼 도사리고 있다. 지식과 인재의 수요는 적고 지식과 인재의 공급은 강물처럼 넘쳐난다. 한마디로 지식과 인재의 과잉생산에 따른 불균형이다. 과거 우리 부모님들 산업화 시절에 우리 사회가 '성공' 제일주의를 부추기고 거기에 몰두해왔던 경험이 있다. 즉 배우기만 하면 모두 성공한다고 믿었었다.

지금은 과거와 아주 다르다. 각 분야에서 AI(인공지능)에 의해서 많은 일자리가 사라지고 있다. 가면 갈수록 사람들은 일자리를 더 많이 **빼앗길** 것이란 전망이다. 또 많이 배웠다고 모두 성공하는 것도 아니다. 성공이 배움에만 있는 것이 아니라는 것도 알고 있다. 물론 배움이 성공의 기반이 될 수 있음은 분명한 사실이다. 또 배움은 성공을 하던 성공을 하지 않던 모든 사람에겐 필요한 지식이고 이 시대를 살아감에 반드시 갖추어야 할 기본양식이다. 그리고 현대의 문명사회에서 이러한 양식이 넘쳐나고 있다. 양식이 넘쳐나다 보니 그것이 얼마만큼 소중한지 별로 의식하지 못하고 그 가치도 깨닫지 못한다.

그리고 많이 배우고 안다는 이유로 너무 계산적이고, 너무 이기적이다. 힘든 일과 어려운 일은 싫어한다. 일의 가치가 '크냐, 작으냐 또는 많으냐 적으냐'를 고려하는 것이 아니라 좀 더 편안하고, 쉽고, 좋은 일만 찾는다. 그런데 세상의 일에 편하고, 쉽고, 좋은 일은 그리 많지 않다. 그럼 얼마나 될까? 어쩌면 세상에 좋은 일이 절반이라면 아마 싫은 일도 절반은 될 것 같다. 그러니까 좋은 일, 싫은 일이 모두 우리와 함께 하는 일이다. 싫은 일이 없이 좋은 일이 있을 수 없고, 좋은 일 없이 싫은 일 또한 생기지 않는다.

결국, 좋은 일과 싫은 일은 우리의 삶에서 함께 공존하는 행복과 불행 같은 것일지도 모른다. 우리가 모두 행복을 원하지만, 모두가 다 행복할 수 없는 것과 같다. 또 우리가 불행을 싫어하지만, 우리의 삶에서 불행을 완전히 제거할 수 없는 것과 마찬가지다.

요즘 일자리가 없다고 하지만 좋은 일에만 청춘들이 몰리고 싫은 일엔 사람이 별로 없다. 그래서 이 싫은 일자리들을 외국인 노동자들이 대신 메우고 있다. 우리에게 싫은 일자리가 그들에겐 희망을 품게 하는 좋은 일이다. 만일 이들이 이 자리를 메워주지 않으면 한국에 국가경제산업의 동력은 제자리에 멈추고 말 것이란 생각이다.

　그러니 그들이 있어 참으로 다행한 일이다. 우리가 싫어하는 일을 그들(외국인 노동자)이 있어서 아직 우리 사회가 유지되고 돌아가고 있다고 생각하면 고맙기도 하다. 우리가 싫어하는 일을 통해서 그들은 꿈과 희망을 키우고, 성공을 키워나간다. 그것을 통해서 삶의 보람과 행복을 찾아간다. 어쩜 사람 노릇과 희망이란 것은 그런 것이 아닐까?

배움의 목적은 '사람 노릇'에 있어야!

　우리의 배움에 목적은 반드시 '사람 노릇'에 있어야 삶이 안전하다. 그러나 현대사회가 이렇게 된 까닭은 과도한 문명의 탐욕과 과도한 경쟁의 속도 때문에 일어나는 현상들이다. 그런 과도한 속도는 누가 만드는가? 그것은 과도한 자본주의와 탐욕주의에서 비롯되었다고 보아야 한다. 그 때문에 과도한 경쟁이 생기고, 과도한 편법이 생기고, 과도한 불공정이 생기고, 과도한 반 정의가 생겼다. 그런 것을 기회로 탐욕주의들은 소유의 양극화를 심화시켰고, 세상과 우리 사회의 양극화를 심화시켰다. 따라서 시대의 약자들은 더욱더 힘든 세상이 되었다고 진단할 수 있다.

따라서 우리 사회의 갈등과 반목은 깊어졌고, 개인주의와 에고이즘은 날이 갈수록 커졌다. 균형과 조화는 깨지고, 불신의 골은 깊고, 상생과 화합은 더욱 힘들어졌다. 이러한 사회에서 배움의 가치와 지식은 별반 소용없는 힘이 되고 말았다. 그래서 생겨난 신조어가 금수저와 흙수저의 자조적 논리이다. 또 이러한 사회적 갈등 속에서 생겨난 유행어가 지옥과 같은 한국이다는 '헬조선'이다. 우리 사회가 이렇게 된 까닭은 우리 부모세대와 현재 기성세대의 책임이 크다.

그렇다면 청소년 여러분들은 이렇게 험난한 사회 환경과 시스템 속에서 어떻게 적응하고, 이 현실을 어떻게 타개해 갈 것인가를 고민해야 한다. 이런 환경 속에서 장차 어떻게 성공을 하고, 어떻게 사람 노릇을 제대로 할 수 있을까를 고민해야 한다. 그렇다면 '사람 노릇'하기 전에 청소년 여러분들은 먼저 자기의 학업에 충실한 것이 학생의 본분이다. 사람 노릇도 중요하지만, 우선은 배움이 먼저인 '학생 노릇'에 충실해야 한다. 배움도 배움의 때가 있다. 배움의 시기를 놓치는 것은 결코 지혜롭지 못하다.

그러나 배움의 목적을 성공에 두지 말아야 한다. 배움의 목적은 '사람 노릇'을 하기 위한 지식을 기반으로 한 기초와 토대를 구축하는 과정일 뿐이다. 즉, 배웠느냐 안 배웠느냐의 문제는 성공했느냐, 못했느냐의 문제가 아니라, 사람 노릇을 할 수 있냐 못하느냐의 기준이 되어야 한다. 또 배움에는 지식을 쌓기 위한 배움과 교육도 중요하다. 하지만 사람다움의 길로 갈 수 있어야 한다. 따라서 인성교육이 배움의 중요한 가치 기준이 되어야 한다.

지식은 많은데 인성이 떨어지면 사람 노릇이나 사람의 길로 가는데 절반의 완성밖에 못 된다. 절반의 완성은 결국 미완성이다. 더욱 완전한 사람됨을 위해서는 인성교육이 더 먼저이다. 인성교육의 바탕 위에 지식을 쌓으면 그보다 더 견고한 성공은 없다. 더욱이 현대와 같은 문명의 이기가 득세하는 현실에서는 인성이 중심을 잡아주어야 한다. 문명의 종속적 환경에서 스스로 나를 지켜낼 수 있어야 한다. 만일 나를 지키지 못하면 문명의 노예로 전락하고 만다는 것을 알아야 한다.

만일 내가 현재의 나를 지켜내지 못하면 장차 '사람됨'은 물론 '사람 노릇'도 요원하다. 따라서 나의 인생은 성공이 아니라 구제받지 못한 '사람 노릇'의 쓰디쓴 패배의 독주를 맛보게 될지도 모른다. 그렇다면 현재의 환경에서 학생의 본분에 맞는 학생 노릇에 최선을 다하는 것이 지혜로운 방법이 아닐까?

내가 좋아하는 것과 나의 선택

삶은 어찌 보면 연극 같고, 어찌 보면 희극이다

우리의 삶에서 내가 좋아하는 것이 없는 삶, 좋은 것을 고르고 선택하는 재미를 잃어버린 삶은 살아 있음에 의미만 존재하고 있을 뿐이다. 그 즐거움과 기쁨 그리고 행복은 존재하지 않는다. 그러나 살아 있음에 의미와 재미가 보태지면 그 기쁨과 즐거움은 천금과 같은 값진 가치가 주어진다.

사람의 마음은 하늘에 뜬 구름과 같다. 그리고 곧 변화한다. 또는 벌바람이나 왜바람 같아 늘 가변적이고 종잡을 수 없는 것이 마음(心)의 작용이고 변화이다. 금방 좋다가도 곧 불만이 쌓이고 짜증 날 수 있다. 그런 짜증이 지속이 되면 불쾌지수가 올라가고 혈압이 올라가서 심리적 안정을 취할 수가 없다.

고려대학교 민용태 명예교수는 "우리의 일상 속에서 가장 닳아지기 쉬운 것이 좋고 싫은 감정의 느낌이다."라고 지적했다. 아무리 기분 좋은 감정이라도 한 달 내내, 아니 일 년 내내 기분 좋을 순 없다. 또 아무리 마음 상하고 기분 나쁜 일이 있었어도 그 기분을 지속해서 오랫동안 마음속에 품고 살 순 없다. 그러니까 어찌 보면 무덤덤해지는 것도 최소한의 행복을 위해서는 좋겠다.

우린 아끼고 사랑하는 부모님이나 자식을 잃고도 잊은 듯 산다. 눈물을 흘리며 애통해하는 것도 잠시 잠깐뿐이다. 잃으면 죽을 것만 같은 사랑하는 연인과 이별을 하고도 여전히 숨 쉬고, 밥 잘 먹고, 잠 잘 자며 일상을 보낸다. 어찌 보면 연극 같고, 어찌 보면 희극이다. 그러다 가끔은 후회도 한다. 그러니까 나쁜 감정은 빨리 닳아져서 흔적이 지워져야 눈물을 멈출 수 있다.

그래서 카뮈는 '행복을 잃는 것은 쉬운 일이다. 행복이란 항상 분에 넘치는 것이니까'라는 명언을 남겼다. 또 하이네는 '행복은 바람둥이와 같아서 언제나 같은 장소에 머물 줄을 모른다.'라고 했다. 우리 모두 행복을 갈망하고 궁극의 목표로 삼고 있다. 하지만 '행복'도 '좋음'처럼 매우 닳아지기 쉬운 감정임에는 틀림이 없다. 이것이 행복이다 싶어 손에 움켜쥐면 어느새 닳아 콩알처럼 삭아지고 갈대숲 사이로 바람결처럼 빠져나가듯 가슴속은 퀭하니 허전하다.

잊을 수 있는 것을 잊을 수 있다는 것은 다행

맞다. 닳아지기 쉬운 감정들. 그러나 어찌 되었든 참으로 다행이다. 잊을 수 있는 것을 잊을 수 있다는 것이 얼마나 고맙고, 참 다행한 일인가.

인간의 삶에 망각이 없다면 이렇게 가슴 쓰리고 애달픈 감정을 어이 한세상 천형(天刑)처럼 등에 짊어지고 살아갈까? 그러나 이를 고민하지 않아도 되고 한시름 덜었으니 말이다. 그래서 세상은 여전히 밤과 낮이 바뀌고 변함없이 잘 돌아가고 미래는 변함없이 희망처럼 그대들을 향해 온다. 청소년들이여! 그러한 꿈과 희망을 행동하는 뜨거운 인문정신의 열정으로 잡아내어 보자.

필자가 지난날 아내와 사소한 감정으로 부딪쳐 10일 동안 대화하지 못할 때가 있었다. 대화가 끊기고 냉전의 적막이 흐른 지 3일이 지나고, 1주일이 지났다. 그런데도 아내는 대화할 생각을 전혀 안 했다. 도저히 삶이 지옥 같아 필자가 버티고 버티다 10일째 가던 날 무조건 이유 없이 백기 들고 투항했던 때가 있었다. 그랬더니 우중충한 기분은 사라지고 서서히 마음의 평화가 왔다. 그래서 고대 그리스의 철학자 데모크리토스는 '행복과 불행은 모두 마음에 달려있다.'라는 명언을 남겼다.

어쨌든 우리의 일상에서 좋은 기분은 조금이라도 오래가면 좋다. 그러나 나쁜 감정은 빨리 닳아질 수 있다는 것이 얼마나 우리 인간에게 다행한 일인지 모른다. 그러나 문제는 더 많이 행복하고, 더 오래 품고 있어야 할 좋은 기분이 그렇게 빨리 닳아진다는 것 자체가 참으로 안타까운 불만이다. 그렇다면 이렇게 빨리 닳아지기 쉬운 소중한 것들을 이제부터라도 천천히 느리게 닳아지게 해보면 어떨까?

그러나 아마도 이 부분은 조물주의 철저한 계산이 깔린 것 같다는 느낌이다. 아마도 좋은 기분을 오래가도록 내버려 두면 인간들의 속성상 믿음에 게으름과 자만이 늘어나고 교만에 빠지기 쉬운 것을 사전 예방하기 위한 포석인 듯싶다. 한마디로 행복해지려면 게으름과 교만을 버려야 한다는 자기 제어적(control) 기능처럼 느껴졌다.

그러나 우린 이렇게 빨리 닳아지는 것들에 대한 또 다른 준비가 필요하다. 그렇게 하기 위해서는 나의 삶에서 내가 좋아하는 것이 무엇인지 생각해봐야 한다. 내가 좋아하는 것이 없는 삶에서 내가 좋아하는 것이 있는 삶으로 바꾸고, 내가 잃어버린 것을 다시 찾고 선택하는 재미를 내 삶에서 다시 되살려내는 일이다.

그럴 때 나로부터 진정한 '내 마음의 주인(Master of my heart)'이 다시 돌아오게 된다. 그러나 아무리 애써 '내 마음의 주인'이 되고 싶어도 그것이 말처럼 쉽지는 않다. 그것은 나만이 혼자서 사는 세상이 아니기 때문이다.

그렇다면 차라리 무덤덤하게, 아무렇지도 않게 살아가는 것은 어떨까? 그렇게 살면 욕심이 없는 만큼 마음의 걸림이나 불만이 없어 탐욕으로 생기는 고통과 같은 괴로움은 오히려 나를 지켜주는 수호신으로부터 보호받을 수 있을 것 같다는 생각이다.

무덤덤하여 희로애락의 감정이 있는지, 없는지조차도 분간키 어려운 작고 보잘것없는 감정들. 최소한의 미미한 기쁨과 행복 정도는 보장될 수도 있지 않을까 하는 바람이다. 남들이 하는 것을 다 따라 하지 못해서 안달복달이 나면 결국 우린 이루어지지 않는 현실의 고통과 압박 때문에 어쩜 죽고 싶은 날이 살고 싶은 날보다 더 많게 될지도 모를 일이다.

나의 행복은 내 느낌에 달려있다

나의 행복은 대개 '자신의 느낌'에 달려있다고 보아야 한다. 그것은 어쩜 주어지는 것이라기보다 그것을 누릴 줄 아는 자신의 능력 여하에 따라 좌우된다고 보아야 한다. 따라서 우리가 심각하게 고민해 봐야 할 것은 '나의 행복 불감증'[1]이다.

앞에서 말했듯이 내가 좋아하는 것이 자꾸 줄어가는 현실에서 내가 간과하고 있는 나의 편식, 편애, 취향 등이 뭔지를 생각해봐야 한다. 화려한 겉모습에 속을 보지 못하는 나의 눈과 귀, 달콤한 말만 귀에 쏙 들어오고 약처럼 쓰디쓴 말은 귀에

들리지 않는 허공의 메아리, 비싼 것만 좋게 보는 나의 눈. 우리 이런 나의 근시안적, 색맹적(色盲的) 또는 착시적(錯視的) 현상의 눈과 마음을 의심해야 할 때이다.

내 느낌으로 선택할 능력이 없을 때 우리는 흔히 남이 선택한 기준에다 내 인생의 가치와 상응하는 값을 매긴다. 그렇게 내 인생을 남에게 송두리째 맡긴다. 그것은 살아있어도 내 결정, 내 뜻으로 살아가는 게 아니다. 그런 것들에서 느끼는 감정을 나의 행복이라 말할 수는 없다. 다른 사람의 감정과 행복의 열차에 잠시 편승했을 뿐이다.

이처럼 21세기 현대 문명사회에서 오늘을 행복하게 사는 기술은 '자신의 즐거움을 되찾는 느낌'으로부터 시작해서 타인의 감정과 정서에 그 느낌이 전이될 수 있도록 하는 것이 중요하다. 혼자 행복한 것보다 함께 행복하면 그 행복의 크기는 배가 된다.

그렇게 하기 위해서는 먼저 '몸의 즐거움을 되찾는 느낌'이 매우 중요하다. 몸이 즐겁고 행복해야 그것이 '정신의 행복'으로 이어진다. 몸이 즐겁지 않으면 정신도 피곤하다. 몸이 즐겁고 상쾌하면 기분은 절로 좋아지고 모든 일에 의욕이 충만해진다. 그 때문에 몸이 느끼는 느낌은 매우 중요하다. 그래서 적당한 운동이나 스트레칭이 정신건강에 미치는 영향도 매우 크다.

인간의 삶에 있어서 완전한 해결사가 있을까?

오늘날 현대 과학 문명의 기술은 21세기 인류에겐 신과 같은 절대적 존재이다. 그러나 인간의 삶에 있어서 온전한 해결사는 이 땅엔 없다. 종교도 그렇고 과학 문명도 그렇다. 사람이 살아 숨 쉬면서 추구하는 행복의 가치도 완전할 순 없다. 모두가 미완성이고, 모두가 불완전 요소이다. 어쩌면 인간의 삶에서 온전한 해결이란? 온전한 죽음뿐일지도 모를 일이다. 그 때문에 완전한 주검 뒤의 삶을 묻는 화두나 물음표(?)는 이제 더는 필요치 않다는 생각이다.

인간의 삶에 '나는 누구인가? (Who am I?)', '나는 어떻게 살 것인가? (How to Live?)'와 같은 많은 물음과 회의 그리고 의문점에 대해 끝없이 밀려드는 생각들은 아직 우리가 살아 존재하고 있기 때문이다. 그리고 그 존재적 가치에 따라 각자의 행복을 추구하고 있다. 그러나 그토록 간절한 현대인의 행복 추구도 잠시 머물다 사라지는 신기루 같은 것이 아닐까. 그 신기루는 사라지고 그 행방은 묘연하기만 하다. 그리고 그 묘연한 행방은 더는 찾을 길 없는 텅 빈 공허와 절망에 사로잡히기 쉽다.

그런데 다행처럼 죽음은 절로 온다. 만일 고통과 불행을 싣고 있는 그 죽음의 수레마저도 오지 않고 계속 공허처럼 버티고 있다면 그것은 고통과 불행의 연속성 때문에 우린 더욱 고통스럽게 절망할 수도 있다. 그런 의미에서 본다면 이처럼 애써 노력하지 않아도 다행처럼 절로 오고 가는 죽음은 참으로 다행이다.

이처럼 누구에게나 주검의 마차는 온다. 그것은 주검이 오는 것이 아니라 미래의 시간이 현재, 지금의 시간으로 들어와 잠시 머무는 것이다. 그리고 어제라는 과거의 시간으로 다시 흘러가는 과정이다. 그런 시간은 인간에게만 오는 것이 아니라 살아 있는 모든 생명은 물론, 죽어 있는 모든 사물에까지 부여된 우주의 무한한 시간성의 법칙이다.

이처럼 생과 사는 우주 자연의 법칙에 따라서 작용하고 진행되는 현상이다. 그렇다면 시간성은 살아 있는 많은 생을 실어 나르는 긴 여정의 수레이거나 기차와 같다. 그것은 나로부터 결박 지어졌던 삶의 매듭과 문제들이 하나둘씩 절로 풀리고 해결되고 있다. 결코, 그렇게 애쓰지 않아도 결국 올 것은 오고 갈 것은 간다.

그렇게 오고 말 것을 지난날 한때 하나밖에 없는 내 삶의 멍에가 버거워 삶을 극단적으로 끝내려 했던 무모함은 하마터면 나의 인생에 궤도 수정이 불가능한 최악의 오류를 만들 뻔했다. 필자의 경우처럼 여러분들도 청소년 시절에 시행착오나 오류는 훗날 매우 값진 경험이 될 것이다.

우리 청소년들의 삶은 아직 어른들처럼 삶의 무게가 무겁지 않고 가벼워서 궤도 수정은 어렵지 않고 쉽다. 따라서 삶의 변화와 궤도 수정에 긍정적이고 유연한 태도와 마음가짐의 자세가 필요하다.

세상에 풀리지 않을 수수께끼는 없다

세상과 인간의 삶은 마치 수수께끼와 같다고 했다. 하지만 인간의 삶에서 아무리 힘들어도 풀리지 않을 수수께끼는 없다. 엉클어진 실타래 속에도 시작과 끝의 양단은 반드시 있다. 풀리지 않을 매듭도 양단의 끝을 찾으면 매듭은 쉽게 풀릴 수 있다.

우리의 일상은 늘 그랬던 것처럼 숨 쉬고 웃으면 또 한 계절이 가고 또 한 계절이 오간다. 그것도 인생을 긍정적으로 재밌고 즐겁게, 보고, 느끼고, 행동하는 동사적 주체의 연속작용에 하나이다. 그러한 연속작용의 하루하루가 늘 새롭고, 신기하고, 희망에 차고 넘치는 때가 바로 청소년기이다.

희망을 찾는 것도, 열정의 꿈을 먹는 것도, 솟구치는 용기를 잡는 것도, 지혜를 알아가는 것도, 미래를 보는 것도, 쓰임새 있는 인성을 갖추는 것도, 사랑하는 것도, 진실하게 사는 것 모두 동사적 실천에서 이루어지고 보상받는 결과이다. 따라서 청소년들은 이때의 열정과 정열을 잃지 않아야 한다.

하지만 우린 모두 조금씩 풀리지 않는 삶과 고뇌를 안고 살아간다. 다만 조금은 '덜 찢기고, 덜 아프게' 한바탕 웃음으로 구멍 난 일상의 삶을 땜질하고 있을 뿐.[2] 자! 이제 잃어버린 행복을 찾기 위해 행복의 길을 알게 하는 삶의 이정표에서 나의 행복이 지나갈 요소요소의 길목을 살펴보았다. 그 길목에서 명사적 행복이 나타나면 주저 없이 낚아채어 동사적 행복의 옷으로 갈아입힐 일이다. 지나간 시간에 구멍 난 삶의 땜질을 끝내고 다시금 희망과 행복의 물을 자신의 그릇에 가득 채우는 노력을 해야 한다.

청소년들이여! 그대들의 싱그러운 삶의 향기가 피어날 미래의 아름다운 꽃밭을 서둘지 말자. 좀 천천히 해도 괜찮다. 『미래 살아가기』 '살자'의 진실 편에 말처럼 진실하게 차근차근 정성 들여 가꾸어 볼 일이다.

****

이제 우리의 청소년들은 『미래 살아가기』에서 다룬 각각의 주제와 담론처럼 반드시 미래에 살고 현재를 잘 보아야 합니다. 그러면서 하나하나 긍정의 의식으로 꿈을 실현해나갔으면 좋겠습니다. 그래서 한줄기 따스한 희망의 길이 보이고 그대들의 나아갈 21세기 미래의 삶에서 보람되고 가치 있는 방향을 찾아 인생의 선명한 좌표를 보면서 행복할 수 있기를 기원하며 이제 『미래 살아가기』 집필에 아쉽고 긴 여정의 끝을 여기서 맺습니다.

◆ 참고문헌 ◆

제1부 잡자—용기 있게 나와 세상의 중심을 잡자

주해) 성장을 위한 희로애락(喜怒哀樂)의 감정조절

1) 콜레보레이션(collaboration)- 협력, 합작, 협동에 뜻으로서 특정한 목적을 달성하기 위하여 서로 힘을 합하여 돕는 의미. 이러한 협력의식과 정신은 공동체의 소속감과 공동의 문제 해결에 함께 참여하려는 의식의 하나이다. 고전의 해석은 서(恕)의 정신과 같다. 참된 마음으로 다른 사람의 입장을 헤아려서 배려하는 정신→ 내가 인격적으로 존중받기를 원하고 존중받으려면 다른 사람을 역시 인격적으로 존중해야 한다는 의미이다.

주해) 고독의 시간을 두려워 말라

1) 고독의 시간-레오나르도 다빈치, 백과사전 자화상전, 참고인용.
2) 고독을 위한 의자-백과사전, 해법문학 현대시, 참고인용.

주해) 청소년의 미래, 어떻게 준비할까?

1) 기술융합화(技術融合化/technology fusion)-서로 다른 업종 끼리 교류하여 새로운 사업 분야를 개척하고 각자의 기술 및 경영자원을 융합하여 새로운 기술, 제품, 판로 및 서비스 등을 공동으로 연구·개발하거나 사업화하는 활동. 인적자원관리 용어사전, 참고인용.
2) 행복추구권(幸福追求權)- 현행 헌법은 1980년 헌법을 계수하여 "모든 국민은…행복을 추구할 권리를 가진다. (제10조 1문 후단)"라고 행복추구권을 규정하고 있다. 행복추구권은 기본적

전반에 관한 총칙적 규정으로서, 인간으로서의 존엄과 가치의 존중이라는 목적을 실현하기 위한 수단을 의미한다. 이러한 행복추구권은 헌법에 규정된 개별적 기본권의 총화에다 인간으로서의 존엄과 가치를 유지하게 하는 데 필요한 것임에도 불구하고 헌법에 열거되지 않은 자유와 권리까지도 포함하는 포괄적인 기본권이다. 브리태니커, 법률, 행복추구권(幸福追求權) 참고인용.

3) 고행무익(苦行無益)- 붓다께서 깨달음을 얻기 위해 고통스러운 수행을 하는 것. 석가모니는 출가 후 6년 동안 갖가지 고행을 하였으나, 깨달음을 얻은 뒤에는 그러한 고행의 무익함을 역설하였다. 지나친 고행이나 지나친 쾌락의 양극단을 떠난 중도(中道)의 수행만이 진정한 깨달음으로 이끌어 주는 것이 석가모니의 가르침이었다. 이규항,『0의 행복』, 글누림, 2009, p. 35 참고인용.

4) 행동법칙- 민용태,『행복의 기술』, 문학바탕, 2007, p. 4 참고인용.

5) 성선설(性善說)- 인간의 타고난 본성은 선하지만 나쁜 환경이나 그릇된 욕망 때문에 악하게 된다고 주장하는 학설로서 맹자가 주장하였다. 성악설(性惡說)- 인간의 타고난 본성을 악으로 보고 이에 도덕적 수양은 반드시 교육을 통한 후천적 습득에 의해서만 가능하다고 주장하는 학설이다. 이것은 순자(荀子)의 견해이다.

6) 중용 제3장 원문의 말씀이다. 子曰, 中庸其至矣乎, 民鮮能久矣.

7) 중절 · 중화(中絶 · 中和)- 상황에 알맞게 제어되어 일어나는 행위가 중절이다. 중화는 순수하고 솔직한 감정의 표현을 의미하는 것이고 이러한 감정이 합리적 균형과 조화를 이루는 심의 상태이다. (發而皆中節, 謂之和)

주해) 청소년의 수많은 선택과 결정의 기술

1) 워런 버핏- 백과사전, 세계 슈퍼리치, 참고인용.

2) '파도타기 기술'- 영속성과 시대성 사이 자기 행복 중심의 끝없는 선택과 균형잡기의 도(道＝삶의 길)를 말한 것이다. 민용태, 『행복의 기술』, 문학바탕, 2007, pp. 8~9 참고인용.

주해) 문명의 신 슈퍼클래스와 종교적 이해

1) 원시종교- 애니미즘(animism), 샤머니즘(shamanism), 토테미즘(totemism). 애니미즘은 모든 사물에 영혼과 같은 영적, 생명인 것이 두루 퍼져 있고 삼라만상의 여러 가지 현상은 그것의 작용이라고 믿는 세계관이다. 샤머니즘은 병든 사람을 고치고 영적 세상과 의사소통을 하는 능력을 지녔다고 믿고 샤먼을 중심으로 하는 원시종교의 세계관이다. 토테미즘은 미개 사회에서 동식물이나 자연물을 신성시함으로써 형성되는 종교사회 체제이다.

2) 문명의 신(슈퍼클래스 Super Class)- 슈퍼클래스는 세계를 움직이는 상위 1%에 속하는 초국가 엘리트들를 일컫는 대명사이다.

3) 중용 제10장 원문 일부의 말씀이다. 寬柔以教, 不報無道, 南方之强也, 君子居之. 衽金革, 死而不厭, 北方之强也, 而强者居之. 故君子和而不流, 强哉矯, 中立而不倚, 强哉矯. 이 말씀은 '너그러움과 부드러움으로 일깨우고, 옳지 않은 행위에 대해서도 보복하지 않는 것이 남방의 강함인데 바로 군자는 그런 곳에 머물게 된다. 병기와 갑옷을 지닌 채 잠을 자도 죽을 때까지 싫증을 내지 않는 것이 북방의 강함이라. 그러므로 강자는 그런 곳에 머문다. 따라서 진정한 군자는 관유(寬柔)에 강함과 강강(剛强)의 강함과도 잘 어울리나 절대 속된(돈과 권력) 것에 말려들지 않으니 바로 이것이 진정한 강이요, 중용의 도리에 따라 어느 한쪽으로도 기울지 않으니 이것이야말로 진정한 강이니라.

4) 무도(無道)- 사람의 바른 도리와 세상의 이치가 무시되는 일로서 인간이 지켜야 할 도리나 바람직한 행동 규범에 어긋나는 것

들.

5) 정도(正道)- 사람이 마땅히 행해야 할 바른 도리와 세상의 이치. 팔정도(八正道)- 팔정도는 불교에서 깨달음과 열반으로 이끄는 수행의 올바른 여덟 가지 길을 말한다. 그것은 구체적으로 정견(正見), 정어(正語), 정업(正業), 정명(正命), 정념(正念), 정정(正定), 정사유(正思惟), 정정진(正精進). 팔성도(八聖道)를 이르는 말이다.

6) 중도(中道)- 불교의 근본 원리로서 이변(二邊)의 양극단에 치우치지 않는 중정(中正)의 근거한 도와 사상을 말한다. 불교의 모든 이론과 실천적 수행(修行)은 중도사상을 근본으로 하고 있다. 중도사상의 가장 기본적인 형태는 즐거움(樂)과 괴로움(苦), 있음(有)과 없음(無), 생(生)과 멸함(滅), 단견(斷見)과 상견(常見) 등 상대적인 어떤 양극단에 집착하지 않는 것이다. 중용에서는 양단의 사이에 있는 중심으로부터 양단 어느 쪽으로든 치우치지 않는 사상으로서 불편불의나 과유불급이 이에 해당하는 중도적 의미이다. 브리태니커, 중도사상(中道思想), 참고인용.

7) 균형과 조화(均衡과 調和)- 균형이란? 어느 한쪽으로 기울거나 치우치지 아니하고 고른 상태이다. 그것은 동심을 태우고 오르내리는 시소와 같다. 그것은 저울대가 가장 알맞은 상태에 놓여 있을 때의 평일(平一)한 상태이다. 우주의 가장 건전한 운행은 형평이요, 가장 충실한 생성은 조화이다. 김충열 ,『김충열 교수의 중용대학강의』, 예문서원, 2007, pp. 107. 112 참고인용.

제2부 쓰자-나를 더욱 사람답고 유익하게 쓰자

주해) 청소년의 인성과 마음

1) 유심론적(唯心論的)- 우주 만물의 근본은 정신적이며 여기서 물질적인 것이 나온다고 생각하는 철학적 이론.
2) 성격(性格)- 성격은 사람의 기분·태도·의견을 포괄하며, 다

른 사람들과 상호작용에서 가장 뚜렷이 드러난다. 성격은 각 개인의 특징을 나타내는 선천적·후천적 행동특성으로서, 그 사람의 주위환경과 사회집단의 관계 속에서 관찰할 수 있다.

3) 마음- 사람의 내면에서 성품(性)·감정(情)·의사(意)·의지(志)를 포함하는 주체. 한국민족문화대백과사전, 마음, 참고인용.

주해) 길잃은 위기의 인문학과 청소년의 미래

1) 안회(顏回)- 안회(顏回, 기원전 521년~491년)는 중국 춘추시대 노나라 사람으로, 공자의 제자이다. 자는 자연(子淵)이다. 자를 따서 안연이라고도 부른다. 학덕이 높고 재질이 뛰어나 공자의 가장 촉망받는 제자였다. 그러나 공자보다 먼저 죽었다. 빈곤하고 불우하였으나 개의치 않고 성내거나 잘못한 일이 없으므로, 공자 다음가는 성인으로 받들어졌다. 그래서 안자(顏子)라고 높여 부르기도 한다. 위키백과, 안회, 참고인용.

주해) 청소년이 갖추어야 할 인의예지신(仁義禮智信)

1) 오상(伍常)- 위키백과, 오상(유교), 유교의 인(仁)·의(義)·예(禮)·지(智)·신(信), 참고인용.

2) 인(仁)- 한국민족문화대백과사전, 인(仁), 종교, 철학, 유학 참고인용.

3) 의(義)- 한국민족문화대백과사전, 의(義), 종교, 철학, 유학 참고인용.

4) 예(禮)- 백과사전, 가톨릭정보, 예(禮), 한국민족문화대백과사전, 예(禮), 종교, 철학, 유학 참고인용.

5) 지(智)- 백과사전, 지(智), 유교에서 인간에게 천부적으로 갖추어져 있는 도덕적 인식능력을 가리키는 개념. 참고인용.

6) 신(信)- 한국민족문화대백과사전, 신(信), 종교, 철학, 유학 참고인용.

제3부 알자-지성을 갖추고 지혜로움을 알자

주해) 길과 나 그리고 우리가 가야 할 길

1) 길-한국민족문화대백과, 개념용어, 참고인용
2) 향찰(鄕札)- 신라와 고려 시대 때 한자의 음과 뜻을 빌려 우리 말을 적던 글. 또는 그 표기 체계. 주로 향가(鄕歌)의 표기에 이용되었으며, 앞부분은 실질적 의미인 뜻을, 뒷부분은 문법적 요소인 조사와 어미 등을 나타냈다. 뜻 부분은 한자를 그대로 사용하고 문법 부분은 한자의 음을 빌려 쓰는 것을 원칙으로 하였다.

주해) 철학(哲學)이 없는 영혼은 향기가 없다.

1) 철학(哲學)-위키백과, 철학의 어원, 참고인용.

주해) 야구를 통해 배우는 삶의 지혜

1) 사용가치(使用價値)- 어떤 대상이 인간과의 관계에서 지니는 유의미성을 의미하는 개념이다. 경제학에서는 인간 행위의 개념을 재화나 용역을 통해 사용하고 소비하는 것이라고 정의한다. 재화나 용역은 사용하면 일정한 효용을 얻게 되므로 그 당사자는 당연히 그 사물을 '효용 있는 것 또는 가치 있는 것'이라고 여기게 된다. 이러한 가치의 개념을 '사용가치(value in use)'라 표현한다. 브리태니커, 사용가치, 참고인용.
교환가치(交換價値)- 교환가치는 어떤 상품이 다른 상품과 어느 정도로 교환될 수 있는가 하는 상대적 가치이다. 예컨대 A 재(財)를 얻고자 B재를 처분하는 것이 교환이다. 이와 달리 X 재와 Y용역 등을 생산요소로 사용해서 A재를 얻는 것이 생산이다. 이때 처분된 B재나 생산에 투입된 X재와 Y용역은 모두가 본래의 사용가치를 지니게 된다. 따라서 교환이든, 생산이든 일정 부분 사용가치를 상실한다는 점에서는 차이가 없다. 그러나 교환과 생산과정을 통해 또 다른 가치의 개념을 생각할 수 있다. 브리태니커, 교환가치와 생산비, 참고인용.

2) 영속성과 시대성- 사람은 사용가치가 갖는 영속성과 교환가치 같은 시대성의 사이에서 어떤 조화와 중용의 길을 모색했어야 옳다. 지나치게 자본의 하부구조 중심의 물질적인 발상으로 정신세계를 지배하려 했던 사회주의의 이상도 무리일 수밖에 없었다. 민용태,『행복의 기술』, 문학바탕, 2007, p. 7 참고인용.

주해) 삶(生)은 살아 움직이는 경전이다.

1) 성선설(性善說)- 순자(荀子)의 성악설(性惡說)과 대립하는 맹자의 이론이다. 한국민족문화대백과사전, 성선설, 종교·철학, 참고인용.

2) 여천지동류(與天地同流)- 한국민족문화대백과사전, 성선설, 종교·철학, 참고인용.

3) 인의예지(仁義禮智)- 한국민족문화대백과사전, 성선설, 종교·철학, 참고인용.

주해) 서양의 카르페 디엠과 동양의 시중(時中)

1) 시중(時中)- 군자지중용야, 군자이시중(君子之中庸也, 君子而時中)- 군자가 중용을 지킴은 군자는 알맞을 때를 가려 일을 하고 견지하기 때문이다. 이것이 바로 적시적합(適時適合)이고 이것은 어떤 일이나 상황을 맞이해서 결론에 관한 판단이나 결정을 내리는 때와 행위를 함에 그것에 맞는 가장 알맞을 때를 말함이다. 김충열,『김충열 교수의 중용대학강의』, 예문서원, 2007, pp. 139~140 참고인용. 양방웅,『중용과 천명』, 예경, 2006, p. 44, 47 시중(時中) 참고인용.

2) 카르페 디엠(Carpe diem)- 위키백과, 카르페 디엠, 참고인용.

3) 중용 제14장-『대학·중용상설』, 이기동, 성균관대학교 출판부.

pp, 156~157 참고인용.
4) 중용 제14장-『대학・중용강설』, 이기동, 성균관대학교 출판부,
pp, 156~157 참고인용.

제4부 살자-세상과 더불어 하나임을 알고 진실하게 살자

주해) 자신의 삶에 진실한 것이 잘사는 것

1) 참된 행복- 행복론, 카를 힐티, 백과사전, 절대 지식 세계고전,
참고인용.
2) 중화(中和), 중절(中節)- 중화(中和)란? 항상 변화, 변동하는
현상 속에서 가장 안정된 위치를 찾아 움직이는 중을 말한다.
따라서 중화는 일종의 자기조절기능이다. 이것은 형평의 원리
로서 균형과 조화를 포괄하는 의미이다. 김충열, 『김충열 교수
의 중용대학강의』, 예문서원, 2007, p, 107 참고인용. 중절(中
節)은 희로애락의 정이 심의 작용으로 나타나 외재 사물에 영
향을 미쳤을 때 딱 들어맞아 과불급이 없는 중절(中節)의 상태
를 화라 말한다. 김충열, 『김충열 교수의 중용대학강의』, 예문
서원, 2007, pp,99, 104, 참고인용.
3) 그냥 사는 거다- 민용태, 『행복의 기술』, 문학바탕, 2007, p,
200 참고인용.
4) 욕계 삼욕(欲界三欲)- 불교에서는 욕망의 세계에 머무르는 중
생의 세 가지 욕심을 욕계 삼욕이라 한다. 그것은 식욕(食慾),
수면욕(睡眠慾), 음욕(淫慾)을 이른다.

주해) 내가 좋아하는 것과 나의 선택

1) 행복 불감증- 민용 태, 『행복의 기술』, 문학바탕, 2007, pp,
192~193 참고인용.
2) 덜 찢기고, 덜 아프게-민용태, 『행복의 기술』, 문학바탕, 2007,
pp, 185, 187 참고인용.

부록

청소년을 위한 명언

세계의 위대한 사상가

♥ 청소년을 위한 명언 ♥

【사랑】

사랑은 죽음처럼 강한 것, 시샘은 저승처럼 극성스러운 것, 어떤 불길이 그보다 거세리요?
《구약성서 아가 8:6》

미움은 말썽을 일으키고, 사랑은 온갖 허물을 덮어 준다.
《구약성서 잠언 10:12》

내가 인간의 여러 언어를 말하고 천사의 말까지 한다고 하더라도 사랑이 없으면 나는 울리는 징과 요란한 꽹과리와 다를 것이 없습니다. 내가 하느님의 말씀을 받아 전할 수 있다 하더라도, 온갖 신비를 환히 꿰뚫어 보고 모든 지식을 가졌다 하더라도, 산을 옮길 만한 완전한 믿음을 가졌다 하더라도 사랑이 없으면 나는 아무것도 아닙니다. 내가 비록 모든 재산을 남에게 나누어 준다고 하더라도, 또 내가 남을 위하여 불속에 뛰어든다고 하더라도 사랑이 없으면 모두 아무 소용이 없습니다. 사랑은 오래 참습니다. 사랑은 친절합니다. 사랑은 시기하지 않습니다. 사랑은 자랑하지 않습니다. 사랑은 교만하지 않습니다. 사랑은 무례하지 않습니다. 사랑은 사욕을 품지 않습니다. 사랑은 성을 내지 않습니다. 사랑은 앙심을 품지 않습니다. 사랑은 불의를 보고 기뻐하지 아니하고 진리를 보고 기뻐합니다. 사랑은 모든 것을 덮어 주고 모든 것을 믿고 모든 것을 바라고 모든 것을 견디어 냅니다.
《신약성서 고린도전서 13:1~7》

사랑을 하는 것은 즐겁지만 사랑을 받는 것은 즐겁지 않다.
《아리스토텔레스/윤리학 倫理學》

장년에 이를 때까지 사랑을 미루어 온 사람은 비싼 이자를 지불하여만

한다.
《메난드로스/단편 斷片》

미쳐 버린 사랑은 사람들을 짐승으로 만든다.
《F.비용》

사랑은 손에 들 수 있는 불이 아니다.
《마르그리트 드 나바르/엡타메롱》

사랑의 불길은 그것을 알아차리기 전에 이미 마음을 태우고 있다.
《마르그리트 드 나바르/엡타메롱》

사랑은 교전(交戰)의 일종이다.
《P.N.오비디우스》

너를 울게 만드는 남자가 너를 마음속으로부터 사랑한다.
《M.세르반테스/돈 키호테》

사랑의 맹세는 당국의 인가가 필요치 않다.
《푸블릴리우스 시루스/격언집 格言集》

사람은 사랑을 하면 현명할 수가 있지만, 현명하면 사랑을 하지
못한다.
《푸블릴리우스 시루스》

사랑에는 두 가지 시련이 있다. 즉, 전쟁과 평화이다.
《호라티우스/풍자시집 諷刺詩集》

사랑은 가장 달고 가장 쓴 것.
《에우리피데스/히폴리토스》

사랑은 욕망이라는 강에 사는 악어이다.
《바르트리하리/이욕백송 離欲百頌》

나를 사랑하는 사람은 나의 개도 사랑한다.
《C.베르나르/설교집 說教集》

진정한 사랑은 인격을 높이고, 심정을 견실케 하고, 또 생활을 정화한다.
《H.아미엘》

【정열(情熱)】

정열은 최초엔 타인처럼 보인다. 다음엔 나그네처럼 되고, 드디어는 일가(一家)의 주인처럼 된다.
《탈무드》

당신의 정열을 지배하시오. 그렇지 않으면 정열이 당신을 지배합니다.
《호라티우스》

이성을 사용할 줄 모르는 자는 정열을 사용하게 하라.
《M.T.키케로》

우리들의 정열은 물과 불같은 것으로서, 좋은 심부름꾼이기는 하나 나쁜 주인이기도 하다.
《이솝 우화(寓話)》

격렬한 정열은 몸을 태워 버린다.
《W.셰익스피어/리처드 2세》

정열은 돛대를 부풀게 하는 바람이다. 그것은 때로 배를 침몰시키지만 바람이 없으면 바다로 나가지 못한다.
《볼테르/자디그》

정열은 냇물의 흐름과 같도다. 얕으면 소리를 내고 깊으면 소리 없도다.
《W.롤리/말 없는 목양자(牧羊者)》

세계에서 정열 없이 이루어진 위대한 것은 없었다고 확신한다.
《G.W.F.헤겔》

정열은 이성조차도 정복한다.
《A.포프/도덕론 道德論》

정열은 혼의 문(門)이다.
《B.그라시안 이 모랄레스/신탁필휴 神託必携》

정열을 가지고 연애를 해본 일이 없는 사람에게는, 인생의 반쪽, 그것도 아름다운 쪽을 모른다.
《스탕달/연애론 戀愛論》

연애란 얼마나 무서운 정열인가. 그런데도 세상의 거짓말쟁이들은 연애를 제법 행복의 원천인 것처럼 말하고 있다.
《스탕달/파름의 수도원(修道院)》

모든 정열이란 해가 갈수록 소멸한다.
《볼테르》

정열은 분별에 의해서 치유(治癒)되지는 않는다. 다른 정열에 의해서 치유될 뿐이다.
《S.F.베르뇌/단편(斷片)과 경구(警句)》

정열이 지배하는 곳에서는 얼마나 이성이 약한 것인가가 입증된다.
《J.드라이든/다투는 부인(夫人)들》

도덕심도 정열의 하나다. 도덕심이 정열이 아니라고 한다면, 다른 정열이 전부 모이고 모여 폭풍 전의 나뭇잎처럼 도덕심을 날려 버릴 것이 아니겠는가.
《G.B.쇼/인간(人間)과 초인(超人)》

사람은 그 마음속에 정열이 불타고 있을 때가 가장 행복하다. 정열이
식으면 퇴보하고 무위하게 되어 버린다.
《F.라 로슈푸코》

【행복(幸福)】

마음이 가난한 사람은 행복하다. 하늘나라가 그들의 것이다. 슬퍼하는
사람은 행복하다. 그들은 위로를 받을 것이다. 온유한 사람은 행복하
다. 그들은 땅을 차지할 것이다. 옳은 일에 주리고 목마른 사람은 행복
하다. 그들은 만족할 것이다. 자비를 베푸는 사람은 행복하다. 그들은
자비를 입을 것이다. 마음이 깨끗한 사람은 행복하다. 그들은 하느님을
뵙게 될 것이다. 평화를 위하여 일하는 사람은 행복하다. 그들은 하느
님의 아들이 될 것이다.
《신약성서 마태복음 5:3~10》

이성(理性)의 덕분으로 물건을 탐내지도 않고 꺼리지도 않는 그러한 사
람이 행복한 사람이라고 말할 수 있다. 돌이나 목축도 겁이나 슬픔을
갖지 않는다. 그렇다 해서 행복에 대한 감정이 없는 그들을 행복하다고
는 누구도 말하지 않을 것이다. 그러니까 행복한 생활이란 바르고 확실
한 판단에 의한 안정, 그리고 변하지 않는 생활을 가리키는 말이다.
《L.A.세네카/행복(幸福)한 생활(生活)》

인간들이 행복한 것은 몸이나 돈에 의하는 것은 아니고 마음의 올바름
과 지혜의 많음에 의한다.
《데모크리토스》

행복은 자주(自主) 자족(自足) 속에 있다.
《아리스토텔레스/에우데모스 윤리학(倫理學)》

인간은 신의 생활에 참여함으로써만 참되게 행복해진다.
《A.M.S.보에티우스/철학(哲學)의 위안(慰安)》

행복은 자기 안에 있다.
《A.M.S.보에티우스/철학(哲學)의 위안(慰安)》

인간의 최대의 행복은 날마다 덕에 대해서 말을 주고받는 것이다. 혼이 없는 생활은 인간에 값하는 생활이 아니다.
《소크라테스》

행복을 자기 자신 이외의 것에서 발견하려고 바라는 사람은 그릇된 사람이다. ……현재의 생활 또는 미래의 생활 그 어느 것에 있어서나, 자기 자신 이외의 것에서 행복을 얻으려는 사람은 그릇된 사람이다. 불행을 겁낼 때 당신은 이미 불행하다. 불행을 가져야 할 자는 영구히 불행을 겁내고 있는 자뿐이다. 나는 생각한다.「잘 되겠다고 노력하는 그 이상으로 잘사는 방법은 없으며, 그리고 실제로 잘 되어 간다고 느끼는 그 이상으로 큰 만족은 없다.」라고. 이것은 내가 오늘까지 살아오며 경험하고 있는 행복이며, 그리고 그것이 행복인 것은 내 양심이 증명해 주고 있는 것이다.
《소크라테스》

참된 행복 앞에서는 부(富)도 연기만큼의 가치밖에 없다.
《소포클레스/안티고네》

행복은 부가 갖다 주는 것이 아니라 부를 사용함으로써 얻어지는 것이다.
《M.세르반테스/돈키호테》

부자는 선량할 수가 없다. 선량하지 못하면 행복하다고 할 수 없다.
《플라톤/법률 法律》

남을 행복하게 할 수 있는 자만이 또한 행복을 얻는다.
《플라톤》

우리의 행복은 조금은 위로받은 불행에 지나지 않는다.
《J.F.듀시스》

행복을 자기 집에서 찾기는 어렵지만 그것을 다른 곳에서 찾아내는 것은 불가능하다.
《S.R.N.샹포르/잠언(箴言)과 성찰(省察)》

평범한 행복을 좋아하지 않는 사람은 없다.
《호라티우스/서정시집 抒情詩集》

잘 지낸 하루가 행복한 잠을 이루게 하는 것처럼 잘 보낸 인생은 행복한 죽음을 가져온다.
《레오나르도 다 빈치》

손이 미치지 못하는 행복은 모두가 꿈에 지나지 않는다.
《스랄리/해학풍의 소네트집》

【신념(信念)】

가령 악마의 수가 많다 하더라도 나는 갈 것이다.
《M.루터》

신념이 강하면 사치한 회의에 빠질 수 있다.
《F.W.니체》

그대의 길을 가라. 남들은 뭐라고 하든 내버려 두어라.
《A.단테》

신념이 고통이 될 때 여간해서는 믿지 않으려고 한다.
《P.N.오비디우스/헤로이테스》

사랑은 거짓이라도 오만한 얼굴을 해서는 안 된다. 그러나 자기가 가장 훌륭한 것이라고 믿는 것은 신으로부터의 명령으로 생각하고 고집하여야 한다. 그리하여 그것을 견고하게 지킨다면 이전에 그를 조소한 사람들도 나중에는 그를 칭찬할 것이다.

《에픽테토스》

살찐 돼지가 되는 것보다는, 야윈 소크라테스가 되라. (＊인간은 자기의 신념을 버리고 평온한 생활에 자만한다면 가령 생활이 궁해도 신념을 관철시키는 편이 보다 인간적이다)

《J.S.밀/수상록 隨想錄》

신념은 인간으로서 가장 중요한 것이다. 그러나 아무리 굳은 신념이 있더라도, 다만 침묵으로써 가슴속에 품고만 있으면 아무 소용이 없다. 여하한 대상(代償)을 치르더라도, 죽음을 걸고서라도 반드시 자신의 신념을 발표하고 실행한다는 용기가 필요한 것이다. 여기에 처음으로 그가 가지고 있는 신념이 생명을 띠는 것이다.

《A.토스카니니》

신념을 잃고 명예가 사라질 때 인간은 죽은 것이다.

《J.G.위터/영광(榮光)은 사라지고》

자기 자리에 앉으라. 그러면 아무도 너를 일어서게 만들지 않을 것이다.

《M.세르반테스/산초 판사의 손자》

인생이란 단지 기쁨도 아니고 슬픔도 아니며, 그 두 가지를 지양하고 종합해 나가는 과정에서 파악되어야 할 것이다. 커다란 기쁨도 커다란 슬픔을 불러올 것이며, 또 깊은 슬픔은 깊은 기쁨으로 통하고 있다. 자기의 할 일을 발견하고 자기의 하는 일에 신념을 가진 자는 행복하다.

《T.칼러일》

인생에 대해서는 분명하고 단호한 신념을 가질 것이 필요하다. 모순된 여러 관념에 사로잡히고 지배되어서는 안 된다. 현대인의 하나의 습성은 합리적인 것을 상식적이라고 배격하는 경향에 있는데, 합리적인 생활이 이 사회와 자기를 조화시키는 길이며, 또 이 조화를 벗어나서는 행복이란 얻기 어려운 것이다.
《B.A.W.러셀》

신념은 정신의 양심이다.
《S.R.N.샹포르/격언(格言)과 성찰(省察)》

사람들은 재주나 수단을 찾지만 가장 중요한 재주와 수단이 신념이란 것을 모르고 있다. 신념이 강하면 그것으로 충분한 것이다.
《N.V.필》

우리들의 신념은 수의 무게에 압도되어 버리는 경우가 많다. 상당수의 사람 반대에 부딪치면 우리들은 확실한 자기의 판단력을 가지고 있으면서도, 자신을 잃든가 아니면 자신 부족에 떨어진다.
《D.카네기》

아무리 여러 사람의 반대가 있어도 너의 양심에 옳다고 느껴지거든 단연코 하라 ! 남이 반대한다고 자기의 신념을 꺾지는 말라 ! 때로는 그와 같은 의지와 용기가 필요한 것이다. 그러나 또 자기의 의견과 같지 않다고 남의 생각을 함부로 물리쳐서는 안 된다. 옳은 말은 누구의 말이고 귀를 기울이며 그 의견을 채택할 만한 아량이 있어야 한다. 그리고 자기에게 올 이익이나 은혜를 미끼 삼아 대의명분(大義名分)과 커다란 이익을 희생해서는 안 된다. 또 여론을 이용해서 자기의 감정이나 기분을 만족시키는 방향으로 기울어지지 말아야 한다.
《채근담 菜根譚》

각 사람의 신념이 강하고 약한 것은 그 신념을 세우는 데 들인 노력이 많고 적음에 의해 다른 것이다.
《백낙준 白樂濬/소신(所信)에 충(忠)하자》

참 믿음은 제 속에서 일어나는 것이지, 남에게서 가르침을 받아 얻는 것이 아니다.

《함석헌 咸錫憲/너는 언제까지 그 꼴일 터이냐》

【시간(時間)】

시간은 모든 것을 삼키고 만다.
《P.N.오비디우스/변형담 變形譚》

우리에게 최대의 희생은 시간의 그것이다.
《플루타르크 英雄傳》

시간은 모든 권세를 침식, 정복한다. 시간은 신중히 기회를 노리고 있다가 포착하는 자의 벗이며, 때가 아닌데 조급히 서두는 자에게는 최대의 적이다.
《플루타르크 英雄傳》

시간은 일종의 지나가는 사람들의 강물이며, 그 물살은 세다. 그리하여 어떤 사물이 나타났는가 하면 연방 스쳐 가 버리고, 다른 것이 그 자리를 대신 차지한다. 새로 등장한 것도 또한 곧 스쳐 가 버리고 말 것이다. 인간의 재치가 얼마나 무상하며 하찮은 것인가 눈여겨보라. 어제까지만 해도 태아이던 것이 내일이면 뻣뻣한 시체나 한 줌의 재가 되어 버리니, 네 몫으로 할당된 시간이란 그토록 짧은 것이니, 이치에 맞게 살다가 즐겁게 죽어라. 마치 올리브 열매가 자기를 낳은 계절과 자기를 키워 준 나무로부터 떨어지듯.
《A.마르쿠스 아우렐리우스》

원래 과거, 현재, 미래의 세 가지 시간이 있다고 하는 것은 타당치 못하다. 더욱 정확하게 말한다면 과거의 것의 현재, 현재의 것의 현재, 미래의 것의 현재라는 세 가지 시간이 있다고 보아야 한다. 그 이유는, 우리 정신에는 이 세 가지가 존재하며, 다른 어떤 곳에서도 나는 그것을 보지 못하는 까닭이다. 과거의 것의 현재는 기억이며, 현재의 것의 현재는 직관이며, 미래의 것의 현재는 예기인 것이다.

《A.아우구스티누스/고백록 告白錄》

아무도 묻지 않을 때라면 나는 시간이 무엇인지를 안다. 하지만 누가 시간이 무엇이냐고 물을 때면 나는 모른다.
《A.아우구스티누스》

시간에 속지 말라. 시간을 정복할 수가 없다.
《W.H.오든/어느 날 저녁 외출(外出)하여》

시간은 인간이 소비하는 가장 가치 있는 것이다.
《테오프라스토스》

우리가 생각을 눈으로 볼 수 없는 것과 똑같이 시간도 볼 수가 없는 것입니다. 개념이란 눈으로 볼 수 없는 것이지요.
《E.크라이더/지붕 밑의 무리들》

시간이 고민이나 싸움을 쾌유(快癒)시켜 주는 것은 사람이 변하고 이미 이전과 같은 인간이 아니기 때문이다. 노하게 만든 자도 노하였던 자도 벌써 이전의 그들이 아니다.
《B.파스칼/팡세》

경험이 풍부한 노인은 무슨 곤란한 일에 부닥칠 때면 급히 서두르지 말고 내일까지 기다리라고 말한다. 사실 하루가 지나면, 선악을 불문하고 사정이 달라지는 수가 많다. 노인은 시간의 비밀을 알고 있기 때문이다. 사람의 머리로써 해결할 수 없는 문제를 시간은 가끔 해결해 주는 수가 있다. 오늘 해결하기 어려운 문제는 우선 하룻밤 푹 자고 내일 다시 생각해 보는 것이 좋다. 곤란한 문제는 조급히 해결해 버리려고 서두르지 말고, 한 걸음 물러서서 정관 하는 것이 현명한 일이다.
《C.P.슈바프》

시간은 진리를 발견한다.
《L.A.세네카》

시간이 말하는 것을 잘 들어라. 시간은 가장 현명한 법률고문이다.
《페리클레스》

시간의 걸음에는 세 가지가 있다. 미래는 주저하면서 다가오고, 현재는 화살처럼 날아가고, 과거는 영원히 정지하고 있다.
《J.C.F.실러》

시간은 도망치면서 우리의 가장 격렬하고 가장 흐뭇한 감정을 해치기도 하고 죽이기도 한다.
《A.프랑스/에피쿼르의 정원(庭園)》

신이 우리들 각자에 할당시키는 시간은, 우리들이 어떻게 짜는가를 잘 알고 있는 값비싼 직물(織物) 같은 것이다.
《A.프랑스/실베스트르 보나르의 범죄(犯罪)》

시간은 돈이다. ……그리고 그것으로써 이익을 계산하는 사람들에게 있어서는 거액의 돈이다.
《C.디킨스/니콜라스 니클비》

【말[言]】

미련한 자는 그 입으로 망하고 그 입술에 스스로 옭아 매인다.
《구약성서 잠언 18:7》

그들은 속으로 악을 꾀하고 날마다 싸움질만 궁리합니다. 뱀처럼 혓바닥을 날카롭게 하고 입에는 독사처럼 독을 품고 있습니다.
《구약성서 시편 140:2~3》

인간이 귀 두 개와 혀 하나를 가진 것은 남의 말을 좀 더 잘 듣고 필요 이상의 말은 히지 못하게 함이다.
《제논》

말이라는 것은 수놓은 비단과 같아서 펼치면 모든 무늬가 나타나지만 접으면 무늬가 감추어지는 동시에 또한 소용없게 되는 것이다.
《플루타르크 英雄傳》

말은 짧으면서도 의미심장하게 쓰도록 훈련시키기 위해 한참 동안 조용히 있다가 요소를 찌르는 말을 해야 한다.
《플루타르크 英雄傳》

말은 성벽을 쌓지 못한다.
《플루타르크 英雄傳》

재산을 모으거나 잃는 것은 한마디 말로 충분하다.
《소포클레스》

짧은 말에 오히려 많은 지혜(智慧)가 감추어져 있다.
《소포클레스/단편 斷片》

말은 실행의 그림자이다. (* 디오게네스 라에르티오스의 <저명철학자의 생애와 교설>에서)
《데모크리토스》

사람은 언제나 행동할 때보다는 입으로 말할 때 더 대담해진다.
《J.C.F.실러/피콜로미니》

물통의 물보다도 친절한 말을 하는 쪽이 불을 잘 끈다.
《M.세르반테스/산초 판사의 손자》

언어는 정신의 호흡이다.
《피타고라스》

제멋대로 하고 싶은 말 다 하는 사람은 싫은 소리를 듣게 된다.
《알카이오스/단편 斷片》

사람은 비수를 손에 들지 않고도 가시 돋친 말 속에 그것을 숨겨 둘 수 있다.
《W.셰익스피어/햄릿》

다정스러운 말은 시원한 물보다도 목마름을 축여 준다.
《G.허버트/지혜(智慧)의 투망(投網)》

바쁜 사람과 말할 때, 그 말은 될 수 있는 한 짧게 하고, 그 언어는 간단 명료하게 하라.
《G.워싱턴》

사자에게는 말이 없다.
《J.드라이든/스페인의 수도사(修道士)》

◆ 세계의 위대한 사상가 ◆

간디

　인도의 정신적 · 정치적 지도자이다. 마하트마 간디(Mahatma Gandhi)는 위대한 영혼이라는 뜻으로 인도의 시인인 타고르가 지어준 이름이다. 영국 유학을 다녀왔으며, 인도의 영국 식민지 기간(1859~1948) 중 대부분을 영국으로부터의 인도 독립운동을 지도하였다. 영국의 제국주의에 맞서 반영 인도 독립운동과 무료 변호, 사티아그라하 등 무저항 비폭력 운동을 전개해 나갔다. 인도의 작은 소공국인 포르반다르의 총리를 지냈던 아버지 카람찬드 간디의 셋째 아들로 태어났으며, 종교는 부모의 영향으로 힌두교이다. 그의 종교 사상의 근본은 아힘사(무상해)였고, 인류애에 의한 폭력 부정만이 최후의 승리임을 확신하고 이를 그대로 정치 활동에 실천하였다. 그는 일생 동안 정치적인 목적을 위한 폭력을 거부했는데, 그의 비폭력주의는 나라 안뿐만 아니라 국제적으로도 큰 영향을 주었다. 1918년 인도 국민회의의 지도자 역할을 맡은 것을 전후로 자유를 얻기 위한 투쟁의 선봉에 서면서, 간디는 인도의 상징 중 하나로 평가되었다. 또 그때부터 '위대한 영혼'이라는 뜻의 '마하트마(Mahatma)'로 불리게 되었다. 간디 자신은 이런 명예를 좋아하지는 않았지만 지금도 마하트마 간디로 불린다. 1999년 4월 18일 미국의 뉴욕타임스는 지난 1천 년간의 최고의 혁명으로 영국의 식민통치에 저항한 간디의 비폭력 무저항운동을 선정하였다.

공자孔子

　공자(孔子는 기원전 551년~기원전 479년)는 유교의 시조(始祖)인 고대 중국 춘추시대의 정치가 · 사상가 · 교육자이고, 노나라의 문신이자 작가이면서, 시인이기도 하다. 유가 사상과 법가 사상의 공동 선조였다. 정치적으로는 요순우 삼황 오제의 이상적 정치와 조카를 왕으로서 성실하게 보필한 주공 단의 정치 철학을 지향했다. 뜻을 펴려고 전국을 주유하였고 말년에는 고향으로 돌아와 후학 양성에 전념했다. 4대 성인 중 한 사람으로 본명은 공구(孔丘), 춘추전국시대 노나라 사람으로 사상가이자 정치가. 일찍 학문에 눈을 떠 수많은 제자를 길렀으며, 50세 때 잠시 관직에 있다가 그만두고 제자들을 가르쳤다. 고향에 돌아와 후학 양성과 고전 정리 작업에 힘썼으며 BC 479년 세상을 떠났다. 그의 말을 모아 제자들이 수많은 저서를 남겼으며 그중 유명한 것으로는 《논어(論語)》, 《시경(詩經)》, 《서경(書經)》, 《주역(周易)》, 《춘추(春秋)》 등이 있다. 유교의 시조로서 중국 최초의 민간 사상가이자 교육자이다.

괴테

세계 문학사의 거인으로 널리 인정되는 독일의 문호이다. 르네상스 거장다운 다재다능함과 뛰어난 솜씨를 보였다. 과학에 관한 저서만도 14권에 이를 정도로 그가 쓴 많은 양의 저술과 그 다양성은 가히 놀랄 만하다. 이는 후에 다양한 소설, 희곡, 과학적 저술들을 낳는 밑거름이 되었다. 희곡에서도 산문체의 역사극·정치극·심리극으로부터 무운시 형식을 취한 근대문학의 걸작 중 하나인 〈파우스트 Faust〉에 이르기까지 다양하다. 그는 82년간의 생애를 통해 인간의 한계를 넘어서는 신적 경지의 예지를 터득했으면서도 사랑이나 슬픔에 기꺼이 그의 존재를 내맡기곤 했다. 내적 혼돈으로부터 자신을 보호하기 위해 일상적인 생활 규율을 철저히 지키면서도 삶·사랑·사색의 신비가 투명할 정도로 정제된 마술적 서정시들을 창조해 냈다.

나폴레옹 보나파르트

나폴레옹 보나파르트는 프랑스의 군인이자, 정치가이며, 프랑스 대혁명 시기 말기 무렵의 정치 지도자이다. 1804년부터 1815년까지 프랑스의 황제였다. 나폴레옹 법전은 세계의 민법 관할에 크나큰 영향을 미쳤지만, 나폴레옹은 나폴레옹 전쟁에서의 역할로 가장 잘 알려져 있다. 그는 유럽 전체에 헤게모니를 형성했고, 프랑스 대혁명의 이상을 퍼트렸으며, 이전 정권의 양상을 복원하는 제국 군주제를 통합했다. 그가 전쟁마다 승리를 거두었기 때문에 지금까지 가장 위대했던 장군 중 하나로 기억되고 있다. 나폴레옹은 삶의 마지막 6년을 영국 왕실에 의해 구속된 채로 세인트 헬레나 섬에서 보냈다. 유년기에 나폴레옹은 섬

잖은 성격을 가졌으며, 종일 독서에 심취하였다. 특히 플루타르코스의 《플루타르코스 영웅전》을 즐겨 읽었다. 처음엔 집안 살림이 어려워 형 조제프와 함께 학비를 내지 않고도 다닐 수 있는 수도원 부속학교 인 도통 중학교에 들어갔으나 곧바로 그만두었다. 1779년 아버지를 따라 프랑스로 건너가 브리엔느 유년 육군 사관학교에 입학했고, 1784년에는 파리 육군사관학교에 입학했다. 다른 과목보다 수학 성적이 돋보였다.

넬슨 만델라

넬슨 롤리흘라흘라 만델라(1918년 7월 18일~2013년 12월 5일)는 남아프리카 공화국에서 평등 선거 실시 후 뽑힌 세계 최초의 흑인 대통령이다. 대통령으로 당선되기 전에 그는, 아프리카 민족회의(ANC)의 지도자로서 반아파르트헤이트운동 즉, 남아공 옛 백인정권의 인종차별에 맞선 투쟁을 지도했다. 반역죄로 체포되어 종신형을 선고받았다. 그러나 26년 만인 1990년 2월 11일에 출소했다. 1994년 4월 27일 실시 된 선거에서 ANC는 62%를 득표하여 ANC의 지도자인 넬슨 만델라는 1994년 5월 27일 남아프리카 공화국 최초의 흑인 대통령으로 취임하였다. 진실과 화해위원회(TRC)를 결성하여 용서와 화해를 강조하는 과거사 청산을 시행했다. 1993년 12월 10일에 데 클레르크와 함께 노벨평화상을 수상했다. 1994년 4월 남아공화국 최초의 모든 인종이 참가 총선이 실시되었다. ANC가 승리하고, 넬슨은 대통령에 취임했다. 잠정 헌법의 권력 분배 조건에 따라 연립 정권을 세워 국민 통합정부를 수립했다. 넬슨은 민족 화해 협력을 호소하면서, 화해와 관용이라는 톨레랑스 정신을 기초로 인종차별 체제 하에서 흑백의 대립과 격차를 바로 잡으려고 노력을 했고, 흑인 간 충돌의 해소, 경제 불황을 회복하는 부흥개발 계획 (RDP)을 공개했다. 1997년 12월 ANC 전당 대회에서 넬슨은 의장의 자리를 부통령 터보 음베키에게 양보한다. 1999년 2월 5일 국회에서 마지막 연설을 했다. 2013년 12월 5일 향년 95세를 일기로 타계했다.

뉴캐슬 경

영국 내란(청교도 혁명) 때 활약한 왕당파 사령관이다. 시인·극작가 등을 후원한 것으로도 유명하다. 1620년 맨스필드 자작이 되었고 1628년 뉴캐슬어폰타인 백작이 되었다. 1643년 10월 27일에 후작이 되었고 이듬해 스코틀랜드인이 쳐들어오자 요크로 후퇴했으나 스코틀랜드군, 페어팩스 경의 군대, 맨체스터 백작의 군대 등 3개군에게 포위당했다. 왕당파군 사령관 루퍼트 공(公)이 7월 1일 이들 연합군과 싸워 포위를 풀었으나 다음날 뉴캐슬의 바람과는 달리 마스턴 무어에서 3개군과 싸움을 벌여 참패한 뒤 왕당파군 지지를 포기하고 잉글랜드를 떠날 뜻을 밝혔다. 1644년 7월부터 1645년 2월까지 함부르크에서 살았고 4월에 파리로 갔다. 1648년 파리를 떠나 로테르담으로 가서 반란을 일으켰던 해군을 지휘하고 있는 찰스 왕자와 합세했고 마침내 안트웨르펜에 자리를 잡았다. 1650년 4월 찰스 2세의 추밀고문관으로 뽑혔고 클래런던 백작 에드워드 하이드와 입장을 달리해 스코틀랜드와의 협정체결을 지지했다. 왕정복고가 되자 잉글랜드로 돌아와 비록 빚더미에 올라 있긴 했지만 재산의 상당 부분을 되찾았다. 찰스 1세 때 보유한 직위를 다시 찾았고 1661년에 가터 기사 작위를 받았으며 1665년 3월 16일 공작이 되었으나 공직에서는 물러났다.

니체

프리드리히 빌헬름 니체(1844년 10월 15일~1900년 8월 25일)는 독일의 문헌학자이자 철학자이다. '망치를 든 철학자'. 그리스도교 도덕과 합리주의의 기원을 밝히는 작업에 천착하였고, 이성적인 것들이 기실 비이성과 광기로부터 기원했음을 주장했다. 독일 태생의 철학자. 실존철학의 선구자. 니체의 아버지는 프리드리히 빌헬름 4세의 생일날 태어난 아들의 이름을 프리드리히로 지어주었다. 어려서부터 특출나 주변의 인정을 받았고, 십 대에 벌써 자서전을 쓸 준비를 했다. 전통적인 서구 종교·도덕·철학에 깔려 있는 근본 동기를 밝히려 했다. 신학자·철학자·심리학자·시인·소설가·극작가 등에게 깊은 영향을 미쳤다. "신은 죽었다"는 그의 주장은 20세기 유럽 지식인의 주요한 구호가 되었다. 루터의 경건주의를 신봉하는 집안에서 태어나, 본 대학에서 신학과 고전문헌학을 공부했다. 라이프치히대학에서 쇼펜하우어의 철학을 알게 되었고 오페라 작곡가 리하르트 바그너를 만났으며 고전문헌학자 에르빈 로데와 우정을 쌓았다. 성서 이야기 형식의 문학적·철학

적 대작 〈차라투스트라는 이렇게 말했다〉〈우상의 황혼〉〈반그리스도〉
등을 썼다.

단테

이탈리아의 가장 위대한 시인. 서유럽 문학의 거장. 인간의 속세와
운명을 그리스도교적 시각으로 그려낸 〈신곡〉으로 널리 알려졌다. 작
품은 지옥·연옥·천국을 여행하는 형식을 취하고 있으며 작품 속에서
당대 사회문제를 예리하게 포착해냈다. 또한 시어로 이탈리아어를 선
택해 문학발달과정에도 영향을 미치게 되었다. 단테는 시 외에도 수사
론·도덕·철학·정치사상 등의 분야에서 중요한 저술들을 집필했다.
Dante, Alighieri(1265~1321)는 피렌체 태생. 9세 때 미소녀 베아
트리체(Beatrice, 1266~1290)와 처음 만나 플라토닉한 사랑을 느
끼고, 평생 변함이 없었다. 그 애정이 그의 정신 활동에 결정적으로 영
향을 주었다. 베아트리체는 천상적(天上的)인 사랑의 상징으로 아름답
게 형상화되어 《신생》(La vita nuova), 《신곡》(Divina Commedia)
에서 읊어지고 있다. 베아트리체가 젊은 나이로 요절하자, 그는 그 죽
음을 깊이 애도하고, 정열을 학문연구에 기울이고, 철학 · 신학에 침
잠(沈潛)하여 거기서 위안을 찾아냈다. 피렌체의 행정장관으로 활약,
시의 자주독립을 꾀하고 정치 불안을 일소한 듯이 보였으나 반대당에
의한 정변으로 실각, 추방의 몸이 되고, 한때는 사형판결까지 받았다
(1302년). 그의 최대 걸작인 종교적 서사시 《신곡》은 방랑 중에 집필
하기 시작, 《지옥편》, 《속죄편》을 완성하고, 만년에 《천국편》을 완성하
였다.

노자老子

《도덕경》은 노자(老子)가 지은 것으로 알려진 도가의 대표적 경전이
다. 노자는 이 저서에서 전체적으로 자연에 순응하는 무위(無爲)의 삶
을 살아갈 것을 역설하였다. '도(道)'는 만물을 생장시키지만, 만물을
자신의 소유로는 하지 않는다. 도는 만물을 형성시키지만, 그 공(功)
을 내세우지 않는다. 도는 만물의 장(長)이지만, 만물을 주재하지 않는
다'(10장). 이런 사고는 만물의 형성·변화는 원래 스스로 그러한 것

이며 또한, 거기에는 예정된 목적조차 없다는 생각에서 유래되었다. 노자의 말에 나타난 사상은 유심론으로 생각되고 있으나 평유란은 도에 대해서는 사고방식은 일종의 유물론으로서 무신론에 연결되는 것이라고 한다. 또 '도(道)는 자연(自然)을 법(法)한다.'고 하는데 이것은 사람이 자기 의지를 갖고 자연계를 지배하는 일은 불가능함을 설명한 것이다. 이 이론은 유가(儒家)의 천인감응(天人感應)적 생각을 부정하는 것이기도 하다. 노자가 보인 인생관은 "유약한 자는 생(生)의 도(徒)이다.", "유약은 강강(剛强)에 승한다."(36장) "상선(上善)은 물과 같다. 물은 만물을 이롭게 하지만 다투지 않는다. 그러면서 뭇 사람들이 싫어하는 곳에 처한다. 그 때문에 도에 가깝다.", 노자는 도를 만물의 기원으로 지칭했으며, 그것에 이름을 붙일 수 없지만, 그것을 굳이 명명해야 한다면 '도'라고 했다. 또 노자는 도를 '무(無)'라고도 했다. 여기서 무는 존재를 부정하는 의미가 아니라 상대적인 성격을 갖지 않는다는 것이다. 즉 무는 절대적이고 무한한 힘을 가지고 있다.《도덕경》은 '천하 만물은 유에서 나오고 유는 무에서 나온다.'라고 적고 있다. 노자는 무에서 유가 생성되고, 유가 다시 무로 돌아가는 원리에 따라 만물이 생성되고 멸한다고 보았다. 또한, 만물의 생성은 의식적인 것이 아니라 불변의 법칙에 따라 무의식적으로 이루어지는 무위(無爲)의 원리에 따르며, 인간도 천지 만물의 구성체인 만큼 무위를 따르는 게 당연하다고 여겼다. 이것이 바로 노자의 정치사상이다. 그리하여 탄생한 노자의 이상적 국가 형태가 '소국과민(小國寡民)'이다.

도스토옙스키

도스토옙스키는 러시아의 소설가이다. 그의 《죄와 벌》(1865), 《백치》(1869), 《악령》(1871), 《카라마조프의 형제》(1880) 등의 대작은 후세의 문학·종교사상에 많은 영향을 주었다. 인간 심성의 가장 깊은 곳까지 꿰뚫어 보는 심리적 통찰력으로 20세기 소설 문학 전반에 심오한 영향을 주었다. 특히 〈죄와 벌 Prestupleniye i nakazaniye〉·〈백치 Idiot〉·〈악령 Besy〉·〈카라마조프 가의 형제들 Bratya Karamazovy〉 등 그의 장편소설들은 삶의 지혜와 영혼의 울림을 전달하는 데 예술이 매체로 이용된 뛰어난 본보기이며, 그에게 세계문학 사상 가장 위대한 소설가의 한 사람이라는 명성을 안겨주었다.

라이너 마리아 릴케

라이너 마리아 릴케는 오스트리아의 시인이자 작가이다. 20세기 최고의 독일어권 시인 중 한 명이라 할 수 있다. 오스트리아-헝가리 제국 보헤미아 왕국의 프라하에서 출생하여 고독한 소년 시절을 보낸 후 1886년부터 1891년까지 육군 유년 학교에서 군인 교육을 받았으나 중퇴하였다. 프라하·뮌헨·베를린 등의 대학에서 공부하였다. 일찍부터 꿈과 동경이 넘치는 섬세한 서정시를 썼다. 그의 생애는 대략 4기로 나눌 수 있다. 제1기는 시집《가신에게 바치는 제물들》,《기수 크리스토프 릴케의 죽음과 사랑의 노래》등을 발표한 시기이며, 제2기는 뮌헨에서 만난 러시아 여자 살로메에게 감화를 받아 러시아 여행을 떠난 후, 러시아의 자연과 소박한 슬라브 농민들 속에서《나의 축제를 위하여》,《사랑하는 신 이야기》,《기도 시집》,《형상 시집》등을 발표한 시기로 볼 수 있다. 이 시절에 루 살로메를 만나 사랑을 나누고 그녀를 위해《그대의 축제를 위하여》라는 시집을 써서 혼자서 간직했다.

오쇼 라즈니쉬

라즈니쉬 찬드라 모한 자인(1931년 12월 11일~1990년 1월 19일)은 인도의 신비가, 구루 및 철학자이다. 1960년대 이후로 아차리아 라즈니쉬라는 이름으로도 알려졌으며, 1970년대와 1980년대에는 자신을 브하그완 슈리 라즈니쉬라 불렀고, 1989년에 ′오쇼′라는 이름을 새로 택하여 그 뒤로는 주로 오쇼 라즈니쉬로 불린다. 오쇼는 1960년대에 철학 교수로서 인도를 돌아다니며 대중을 상대로 강연했다. 그는 사회주의와 마하트마 간디 및 기성 종교에 반대하고 성에 대한 개방적 태도를 지지하여 논란을 일으켰다. 1970년 오쇼는 제자를 받으며 정신적 지도자로서 삶을 시작했다. 그 뒤로 세계의 종교적 경전이나 신비가 및 철학자들의 글을 재해석했다.

레오나르도 다 빈치

이탈리아 르네상스를 대표하는 근대적 인간의 전형으로 화가이자 조각가, 발명가, 건축가, 기술자, 해부학자, 식물학자, 천문학자, 지리학자, 음악가였다. 15세 때부터 안드레아 델 베로키오의 도제가 되어 회화, 조각 등 여러 분야에서 훈련을 받았다. 밀라노 대공의 후원으로 17년간 밀라노에 머물렀다. 이 시기에 〈최후의 만찬〉 등 대작을 그렸다. 또한, 회화, 건축, 기계학, 해부학을 넘나드는 방대한 '회화학'을 집필하기 위한 기초 자료를 많이 남겼다. 생애 후기에는 그림보다 과학에 매달려 인체를 해부하고 신체기관을 연구했으며, 새의 비행이나 물의 성질 등을 연구했다. 다빈치가 예순 살에 그린 〈자화상〉은 깊은 사색에 잠겨 있는 한 노인의 강렬한 눈빛이 인상적인 소묘 작품이다. 그림 속 화가는 이미 자신의 탁월한 재능을 세상에 펼쳐 보였지만 성취감이나 희열과는 거리가 먼 표정을 하고 있다. 그림 속 깊게 패인 주름은, 삶이란 밖으로 보여지는 성취가 아니라 내면에 침잠된 깨달음의 경지를 터득할 때 비로소 빛을 발한다는 메시지를 전하는 듯하다. 깨달음의 경지란? 곧 절대 고독의 경지와 다르지 않다. 그는 글을 쓰거나 그림을 그리는 것을 제외한 거의 모든 시간을 혼자 깊이 사색하는 데 보냈다. 다빈치는 고독할 때 영혼이 가장 맑고 깨끗해지며, 혼자일 때 자연을 정확히 감지할 수 있다고 생각했다. 즉, "혼자일 때 비로소 인간은 완전한 자기 자신을 만나게 된다. 만약 누군가 곁에 있다면 반쪽의 자신만을 만날 뿐이다."라고 말했다.

롱펠로우

19세기 미국의 대중적 시인으로 꼽혔다. 초서의 〈캔터베리 이야기〉를 모방해 1863년에 출판한 〈웨이사이드 주막 이야기〉는 이야기꾼으로서의 그의 재능을 보여줬다. 첫 번째 시 〈폴 리비어의 승마〉는 국민적 애송시가 되었다. 보든대학을 졸업하고 모교에서 교수가 되었다. 교과서를 집필·편집했고 시와 산문을 번역했다. 프랑스·스페인·이탈리아 문학에 관한 글도 썼다. 이후 18년 동안 하버드대학교의 현대 언어 교육과정을 주관했다. 1835년 첫 번째 아내가 죽자 비탄에 잠겼던 롱펠로우는 1843년 재혼했다. 그러나 두 번째 아내마저도 옷에 불이 붙어 타 죽자 우울증에 빠지게 된다. 정신적 위안을 얻기 위해 단테의 〈신곡〉을 번역했는데, 이것은 그때까지 나온 가장 훌륭한 번역본 중 하나이며, 단테에 관한 그의 소네트 6편은 수작으로 꼽힌다.

루소

프랑스 계몽기의 사상가이자 작가. 프랑스혁명에서 예언자적 역할을 담당했다. 문명이 자연적인 인간 생활을 왜곡시켜서 사회적 불평등을 조성했고, 이것이 오늘날의 사회악을 산출했다고 지적하면서 "자연으로 돌아갈 것"을 제창했다. 세계 3대 고백록으로 꼽히는 《참회록》에서 자신의 성장 과정과 자신이 저지른 비행과 난잡한 성생활 등 치부까지 놀라울 정도로 솔직하게 털어놓았다. 교육 사상가였으나 자녀 5명을 고아원으로 보내버렸다. 루소는 인간 불평등의 원인에 대해 이렇게 말한다. 자연 상태에서는 약자가 생길 여지가 없고, 꾸밈없는 덕이 지배할 뿐이었다. 그런데 느닷없이 어떤 사람이 일정한 땅에 울타리를 쳐놓고 자기의 것이라고 주장하기 시작했다. 한 번 땅을 손안에 넣은 뒤로 주인과 노예가 생겨나고, 폭력과 약탈이 자행되었다. 여기서 부자인 부르주아는 "약자가 억압받는 것을 막기 위해, 모든 구성원을 보호하기 위해 뭉치자!"라고 주장했고, 순진한 사람들이 이 제안에 동의해주었다. 이렇게 국가와 법률이 생겨났고, 약자에게 새로운 올가미가 씌워졌다. 반대로 부자들이 법적인 지배권을 자의적인 것으로 변질시킴으로써 인간 불평등이 영속화되기에 이르렀다. 부자와 빈자를 갈라놓은 재산의 발생이 인간 불평등을 가져온 최초의 화근이었다면, 지배자와 피지배자를 갈라놓은 주종 관계가 제2의 화근이었다. 그리고 주인과 노예를 제도적으로 대립시켜 놓은 권력의 자의성(恣意性)이 제3의 화근이다. 이상의 것들이 모든 불평등의 근본 원인인 것이다. 그리하여 어린이가 어른에게 명령을 내리고, 미련한 자가 현명한 자를 다스리며, 대중은 헐벗고 굶주리는데 부자들은 호의호식하며 지나친 풍요를 누리게 되었다. 그렇다면 우리는 어떻게 해야 할까? 이에 대해 루소는 인간의 자유와 국가권력을 조화시킬 수 있다고 주장했다.

르네 데카르트

르네 데카르트는 프랑스의 물리학자, 근대 철학의 아버지, 해석기하학의 창시자로 불린다. 그는 합리론의 대표주자이며 본인의 대표 저서 《방법서설》에서 '나는 생각한다, 고로 존재한다.(Cogito ergo sum)'는 계몽사상의 '자율적이고 합리석인 주체'의 근본 원리를 처음으로 확립한 것으로 유명하다. 1626년부터 2년 동안 수학과 굴절광학을 연구하며 미완성 논문 〈정신지도의 규칙〉을 썼다. 1628년 말, 네덜란드로 돌아온 그는 다시 저술활동에 몰두해 《세계론》(Traite du monde)을 프랑스어로 출판한다. 1637년에는 《방법서설》에 굴절광학, 기상학, 기하학의 세 가지 부분을 덧붙여 익명을 출판했다가 후에 프랑스어로 《방법서설》을 완성한다. 1644년 자신의 철학을 체계적으로 정리하여 라틴어로 《철학원리》를 출판한다. 그 후 그는 여러 사람과 편지로 자신의 생각을 전하곤 했는데, 보헤미아의 왕 프리드리히의 딸 팔츠의 엘리자베스에게 최고선에 관한 자신의 생각들을 편지로 보낸 것들이 모여 1649년 출판된 그의 마지막 책, 《정념론》(Les passions de l'ame)이 된다. 모든 형태의 지식을 방법적으로 의심하고 나서 "나는 생각한다. 그러므로 나는 존재한다(cogito ergo sum)"라는 직관이 확실한 지식임을 발견했다. 데카르트의 형이상학 체계는 본유관념으로부터 이성에 의해 도출된다는 점에서 직관주의적이나, 물리학과 생리학은 감각적 지식에 기초를 두고 있다는 점에서 경험주의적이다. 그는 인간은 홀로 존재할 수 없고 국가·가족 등 사회집단의 일원일 수밖에 없으므로, 자기 자신보다는 집단의 이익을 위해 행동하는 게 더 바람직하다고 생각했다.

마르틴 루터

마르틴 루터는 독일의 전직 가톨릭 수사이자 사제, 신학 교수였으며, 훗날 종교개혁을 일으킨 주요 인물이다. 마르틴 루터는 원래 로마 가톨릭교회의 사제였으나, 로마 가톨릭교회에 항거하여, 가톨릭교회의 교리를 논박하고, 성서가 지니고 있는 기독교 신앙에서의 권위와 그리스도에 대한 믿음과 하나님의 은혜를 통한 구원을 강조하였다. 이 주장은 "믿음만으로, 은혜만으로, 성서만으로!"(sola fide, sola gracia, sola scriptura)라는 말로 함축할 수 있다. (다섯 솔라) 그러나 루터는 스스로가 시작한 이 일을 '종교개혁'으로 생각하지 않았다. 그 이유는 종교개혁이 하나님에게 이끌림을 받아, 할 수 없이 한 일이기 때문이라고 말하였기 때문이다. 그는 '복음주의자'로서 복음을 전파하기를 원했고, 자신이 설교자, 박사, 교수라고 불리기를 원했다. 그러나 그의 삶 가운데 그가 행했던 일들은 엄청난 결과를 가져왔다. 그로 인해 개신교가

태동했을 뿐 아니라, 성서 번역, 많은 저작 활동, 작곡과 설교를 통해 사회와 역사가 크게 변화되었기 때문이다.

몽테뉴

16세기 후반 프랑스의 철학자 · 사상가 · 모럴리스트. 고등법원 심사관을 지내면서 법률 운용에 모순이 있음을 깨달았다. 종교적 금욕주의자 라 보에티와 우정을 나누면서 사상적 영향을 받아, 고향에 돌아온 후, 대부분의 시간을 수상록을 집필하며 보냈다. 금욕적이고 광신적인 종교 행태에 대해 신앙보다 인간의 이성을 앞세우며, 인간 중심의 도덕을 제창했다. 몽테뉴는 평생에 걸친 역작 〈수상록〉을 통해 인간 정신에 대한 회의주의적 성찰을 제기함으로써 근대 인식론 등 인간 중심적인 지식체계형성에 대한 중요한 전기를 마련했다. 1580년에 출판된 〈수상록〉 제1권과 제2권은 총 94장으로 이루어져 있는데, 여기에 실린 글들은 여러 가지 일화에 짤막한 결론을 덧붙인 것으로 장의 길이가 짧고 비교적 비개인적이다. 여기서 가장 흥미로운 것은 당시 몽테뉴를 사로잡고 있던 문제들, 예를 들면 모순과 야망, 고통과 죽음의 문제들을 드러낸 부분이다.

법정

법정(法頂, 1932~2010)-승려, 수필가. 1945년에 출가하였다. 불교의 가르침을 바탕으로 하여 일상적인 소재를 쉽고 간결하게 표현한 수필을 많이 썼다. 주요 작품으로 '무소유', '설해목', '나그네 길에서', '맑은 기쁨' 등이 있다. 서울 봉은사에서 불교경전 번역을 하던 중 함석헌 · 장준하 · 김동길 등과 함께 민주수호국민협의회를 결성하여 민주화운동에 참여했다. 1996년 성북동의 요정 대원각을 기부받아 1997년 12월 길상사를 개원한 이후에는 정기적으로 대중법문을 해왔다. 청빈의 도를 실천하며 1976년 4월 산문집 〈무소유〉를 출간한 이후, 불교적 가르침을 담은 산문집을 잇달아 내면서 대중적인 반향을 일으켰다. 사후에 더 이상 책을 출간하지 말라는 유언에 따라 출판사들이 그의 모든 책을 절판했다.

베토벤

고전주의와 낭만주의 과도기의 주요 인물로 최초의 직업적인 음악가였다. 그의 음악 세계는 하이든, 모차르트의 고전주의 전통에 입각했고, 문학계의 동시대 작가 괴테와 실러의 작품에 표현된 새로운 시대정신을 포괄했으며, 인간의 자유와 존엄을 열정적으로 부르짖던 프랑스 혁명의 이상을 좇았다.

그는 어떤 작곡가들보다도 생생하게 삶의 철학을 대사 없는 음악으로만 표현해 음악의 위력을 드러냈다. 그의 몇몇 작품들에서는 인간의 의지에 대한 확신이 강하게 드러나 있다. 그 자신은 낭만주의자는 아니었지만, 그를 따르는 여러 낭만주의자들의 작품들에 대해 사고의 원천이 되었다. 음악 형식에서도 위대한 혁신가였으며, 특히 교향곡 9번에서는 지금까지 한 번도 시도된 적이 없었던 성악과 기악을 한데 결합시켰다. 그는 청력을 잃은 뒤에도 작품활동을 이어가 그의 중요작품 중 일부를 마지막 10년간 작곡했다.

빈센트 반 고흐

빈센트 빌럼 반 고흐는 네덜란드 화가로서 서양 미술사에서 가장 위대한 화가 중 한 사람이다. 20세기 미술에 지대한 영향을 미쳤다. 평생 구백여 점의 작품을 그렸고 동생과 삼촌이 미술상이었음에도 살아 있는 동안에 팔았던 그림은 〈아를의 붉은 포도밭〉단 한 점뿐인 것으로 알려져 있다. 사망 후 10여 년이 지난 1901년 파리에서 열린 회고전을 계기로 작품 세계가 재평가되었다. 그 이후 현대 미술에서 가장 중요한 화가라는 명성을 얻었다. 절묘한 색채, 열정적인 붓놀림, 독특한 윤곽 형태 등으로 누구나 알아볼 수 있는 독창적인 작품 세계를 구축했다. 대표작으로는 〈해바라기〉, 〈별이 빛나는 밤〉, 〈아를의 침실〉, 〈붓꽃〉, 〈자화상〉 등이 있다. 사는 게 너무 힘들다고 느껴질 때면 고흐의 자화상을 보라는 말이 있다. 고흐가 그린 자화상을 한 단어로 표현한다면 아마도 '고통'이 아닐까? 고통은 고흐의 삶 전체를 집약하는 밀이기도 하다. 실제로 고흐는 서른일곱의 나이로 권총 자살을 하기 전에 "고통은 영원하다"(La tristesse durera toujours)라는 유명한 말을 남기기도 했다. 그의 말대로 삶이란 본래 고통의 연속인 것일까?

세네카

세네카는 1세기 중엽 로마의 지도적 지성인이었고, 네로 황제 재위 초기인 54~62년에 동료들과 함께 로마의 실질적 통치자였다. 로마에서 연설가 훈련을 받았으며 스토아주의와 금욕주의적 신피타고라스주의를 혼합한 섹스티의 학교에서 철학을 공부했다. 41년에 황제 클라우디우스는 자신의 조카딸과 간통했다는 혐의로 그를 코르시카로 추방했다. 그곳에서 자연과학과 철학을 공부했고, 〈위로문〉이라는 제목으로 3편의 짧은 글을 썼다. 황제의 부인 아그리피나 덕분에 49년 로마로 다시 돌아왔다. 50년에 집정관이 되었고, 부루스 등 강력한 친구 집단을 만들었고 훗날의 황제인 네로의 스승이 되었다. 54년에 클라우디우스가 암살되자 세네카와 부루스는 권력의 정상에 올랐다. 62년에 부루스가 죽자 그는 은퇴를 허락받고 남은 해 동안 매우 뛰어난 철학책 몇 권을 썼다.

셰익스피어

윌리엄 셰익스피어는 영국의 극작가, 시인이다. 그의 작품은 영어로 된 작품 중 최고라는 찬사를 받으며, 셰익스피어 자신도 최고의 극작가로 손꼽힌다. 그는 자주 영국의 "국민 시인"과 "에이번의 시인"으로 불렸다. 주요 작품으로 4대 비극인 '햄릿', '오셀로', '리어왕', '맥베스'를 비롯하여 '로미오와 줄리엣', '한여름 밤의 꿈' 등이 있다. 베니스의 상인-이 작품은 사랑과 우정, 인정과 금전 등 각 개인의 가치관 대조를 통해 인간성에 대한 깊이 있고 정확한 통찰을 보여 주는 희곡이다. 로미오와 줄리엣-이 작품은 사랑하는 청춘 남녀와 그들의 사랑을 가로막는 장애 요소 간의 갈등을 아름다운 대사와 극적 구성을 통해 치밀하게 표현한 희곡이다. 햄릿-이 작품은 셰익스피어의 4대 비극 중 하나로, 권력을 향한 인간의 탐욕, 위선, 사악함과 그로 인한 햄릿의 인간적인 고통과 고뇌를 다룬 희곡이다. 리어 왕-이 작품은 왕국의 분할 과정에서 겪는 부녀간의 갈등과 성격적 결함으로 파멸해 가는 인간상을 그린 희곡으로, 셰익스피어의 4대 비극의 하나이다. 한 여름밤의 꿈-이 작품은 진실한 사랑을 찾는 연인들이 벌이는 한밤의 유쾌한 소동을 환상적인 표현을 통해 보여 주고 있는 희곡이다.

소크라테스

　소크라테스는 고대 그리스의 철학자이다. 기원전 469년 고대 그리스 아테네에서 태어나 일생을 철학의 제 문제에 관한 토론으로 일관한 서양 철학의 위대한 인물로 평가되고 있다. 흔히 공자, 예수, 석가와 함께 세계 4대 성인으로 불린다. 영국의 철학자인 화이트헤드는 "서양의 2000년 철학은 모두 플라톤의 각주에 불과하다."라고 말했으며, 시인 에머슨은 "철학은 플라톤이고, 플라톤은 철학"이라 평하였는데, 플라톤은 소크라테스의 수제자이다. 플라톤이 20대인 시절, 스승 소크라테스가 민주주의에 의해 끝내 사형당하는 것을 보고 크게 분개했으며, 이는 그의 귀족주의(철인정치) 지지의 큰 계기가 되었다. 알렉산더 대왕은 소크라테스의 증손 제자로, 플라톤의 제자인 아리스토텔레스의 제자이다. 아리스토텔레스는 스승 플라톤과 달리 민주주의를 지지했다. 기원전 406년, 500명 공회의 일원이 되어 1년간 정치에 참여한 일이 있고, 40세 이후에는 교육자로 청년들의 교화에 힘썼다. 그는 자연 철학을 배웠으나, 그 기계론적 세계관에 불만을 품었다. 그는 지혜를 사랑하는 마음으로 정의·절제·용기·경건 등을 가르쳐 많은 청년들에게 큰 감화를 끼쳤으나, 공포정치 시대의 참주였던 크리티아스 등의 출현이 그의 영향 때문이라는 오해를 받게 되어 '청년을 부패시키고 국가의 여러 신을 믿지 않는 자'라는 죄명으로 고소되고, 배심원들의 투표 결과 40표로 사형이 언도되었다. 그는 도주할 수도 있었으나 태연히 독배를 들어 마시면서 자신이 아스클레피오스에게 닭을 빚졌다며 자신 대신 갚아 달라고 친구에게 당부하였다. (아스클레피오스는 의학의 신으로 그의 신전에서 치료받은 사람은 닭을 대가로 바쳐야 했다고 한다.) 아무런 저서도 남긴 바 없는 소크라테스의 확실한 사상을 알기는 어려우나 아리스토텔레스, 디오게네스, 라이르티오스, 크세노폰, 특히 플라톤의 저서 등에 언급된 것을 보면 그는 델피의 신탁인 "만인 중에 소크라테스가 제일 현명하다."는 말을 들었다. 그러나, 그 누구도 자신의 말을 확실히 알고 언표하는 사람이 없었다. 소크라테스는 소크라테스 이전에 활동하던 소피스트의 상대주의와 회의주의에 맞서, 소크라테스는 장인이 아레테($\dot{\alpha}\rho\epsilon\tau\acute{\eta}$, 훌륭함, 탁월함이라는 뜻)을 발휘하려면 자신의 기술에 대해서 잘 알아야 하듯, 인간으로서의 아레테, 즉 덕을 발휘하려면 덕이 무엇인지 알아야 한다고 생각하였다. 그 방법으로 제논의 변증법을 활용하여 논변을 진행시키는 사이에 잘못된 판단의 모순을 깨우치고 다시금 옳은 판단으로 유도시켰는데, 이것이 유명한 산파술이다. 그는 합리주의자였으나, 때로는 초경험적인 내심의 소리, 즉 다이몬의 소리를 경청하고, 때로는 깊은 명상에 잠기기도 하였다. 덕은 인간에 내재한다고 믿고 사람들에게 이를 깨닫게 하기 위해 온갖 계층의 사람들과 대화를 나눔으로써 사람들에게 자신의 무지함을 일깨워 주고 용기나 정의 등에 관한 윤리상의 개념을 설교하고 다녔다. 그는 대화를 통해 누군가를 가르치지 않고 질문을 함으로써 자신에게 무엇이 잘못인지 깨닫게 해주었다. 그러나 이 때문에 젊은이를 타락시키고 신을 인정하지 않는다는 부당한 고발을 당해 사약을 마시게 되었다. 그의 탁월한 지적·도덕적 성격에 의해 비단 철학자뿐만 아니라 수많은 사람을 감화시켜 '인류 최대의 교사'로 불리고 있다. 소피스트들이 상대주의적이고도 회의주의적인 태도에 머물렀던 데 대해, 소크라테스는 진리와 도덕에 대한 객관적이고도 절대적인 가치 기준을 확신했다. 윤리학에서도 행복주의에 머물기보다는 순수한 이상을 추구했다. 소크라테스는 인간 행위의 진정한 주체는 스스로의 영혼(자아)인데도 아테네 시민들이 자기의 소유물, 예컨대 명예와 재산과 육체 등에 자신의 영혼을 종속시키고 있다고 보았으며, 여기에서 아테네의 정치적·도덕적 부패가 일어난다고 주장했다. 그리하여 '너 자신을 알라!'는 경구를 통해 시민에게 스스로의 존엄성을 자각시키고 시민의 도덕의식을 개혁하려고 했다. 그러나 여러 가지 불리한 정치적 환경으로 결국 사형에 처해졌다. 소크라테스는 무지의 역설(Irony)을 말하고, 독특한 '문답법'을 통해 덕의 본질을 탐구하고자 했다.

쇼펜하우어

아르투르 쇼펜하우어는 독일의 철학자다. 흔히 '염세주의 철학자'로 불린다. 무엇보다도 헤겔의 관념론에 정면으로 반대하는 의지의 형이상학을 주창한 인물로 유명하다. 그의 글은 나중에 실존철학과 프로이트 심리학에 영향을 끼쳤다. 괴테와 함께 여러 가지 철학적 주제를 놓고 토론했다. 1819년에는 주저 〈의지와 표상으로서의 세계〉를 저술했다. 이후 베를린 대학에서 잠깐 교수를 지낸 후 프랑크푸르트에서 은둔생활을 했다. 생애 말년에는 그의 저작 대부분에 마무리 손질을 했다. 〈의지와 표상으로서의 세계〉 제3판이 1859년에 나왔고, 1860년에는 〈윤리학〉 재판이 나왔다. 철학 주저로 《의지와 표상으로서의 세계》가 있다. 인도철학의 우파니샤드 같은 책을 비롯한 동양 철학에 영향을 받았다. 철학 주저의 서두에서 '세계는 나의 표상이다'라고 말하며 이러한 '근본적 진리는 인도의 현자들이 이미 인식했다'고 주장했다. 또한 '세계는 나의 의지다'라는 명제를 내세우며 자신의 철학적 핵심을 전개한다. 그 결과, 그가 제안한 고통의 해결 방법은 금욕주의와 같은 베단타 학파와 불교의 의견과 비슷했다. 그러한 '선험적 관념론'에 대한 믿음은 무신론으로 이어졌다. 그러나 종교에 대해서 관용적 태도를 보이기도 했다. 쇼펜하우어는 시간과 공간 그리고 인과율에 의해서 파악되는 현상의 세계를 지배하는 것이 근거율이라고 말한다. 쇼펜하우어에게 있어서 세계는 주관과 관계하는 객관 전체이다. 표상(Vorstellung)의 세계는 주관에 의해서 구성된 세계이다. 이 표상세계는 경험과 학문의 대상이지만, 근원적인 세계는 아니다. 근거율이 지배하는 표상으로서의 세계에는 필연성이 있지만, 이 필연성은 주관에 의해 제약된 필연성이다. 표상세계를 이루는 근거율에는 네 가지 종류가 있다. 생성·인식·존재·행위의 근거율이 그것이다. 쇼펜하우어는 철학분야 보다도 그 외의 과학분야, 예술분야에 더욱 큰 영향을 끼쳤다.

순자荀子

순자(荀子)는 고대 중국의 전국시대(戰國時代, 기원전 403년~기원전 221년) 말기의 유가 사상가이자 학자로, 이름은 순황(荀況)이다. 전한 선제의 이름이 비슷하였고, 이를 피하려고 손황(孫況)이라고도 불렀다. 경칭으로 순경(荀卿) 또는 손경자(孫卿子)로도 불린다. 공자의 사상 중 예(禮)를 강조하여 발전시켰다. 사람의 본성은 착하다는 맹자의 성선설(性善說)에 반대하여, 악한 본성을 예(禮)를 통해 변화시켜 선하게 만들어야 한다는 성악설(性惡說)을 주장하였다. 그의 성악설은 자신의 저서 《순자》의 〈성악(性惡)〉편에 나타난 화성기위(化性起僞: 본성을 변화시켜 인위를 일으킨다)라는 명제로 대표된다. 즉, 사람의 본성은 악하여, 날 때부터 이익을 구하고 서로 질투하고 미워하기 때문에 그대로 놔두면 싸움이 그치지 않는다는 것이다. 그러므로 이것을 고치기 위해서는 예의를 배우고 정신을 수련해야만 한다고 주장하였다.

아리스토텔레스

아리스토텔레스는 그리스의 철학자. 플라톤의 제자로 철학뿐만 아니라 수학, 물리학, 천문학, 생물학, 해부학, 박물학, 논리학, 정치학, 심리학, 시학, 미학, 수사학, 신학 등 다방면에 걸쳐 뛰어난 업적을 남긴 학자이다. 아리스토텔레스의 집안은 대대로 의술을 직업으로 삼은 덕분에 부유했다. 그러나 그는 가업을 잇기보다는 철학을 공부하기 원했고, '철학을 공부하라'라는 신탁을 받았다. 기원전 367년, 아리스토텔레스는 아테네에 있는 플라톤의 아카데메이아에 들어가 그곳에서 20년을 보냈다. 그러다가 기원전 348년에 플라톤이 죽자 아테네를 떠났다. 아리스토텔레스는 플라톤의 제자였지만 여러 가지 면에서 스승과 달랐다. 플라톤이 이데아를 추구하는 이상주의자였다면, 아리스토텔레스는 현실에 충실한 체계적 사상가였다. 플라톤은 시간과 공간을 초월한 이데아야말로 사물의 진정한 이상이자 실재라고 주장했지만, 아리스토텔레스는 진실한 개체는 질료와 형상의 결합으로 이루어진다고 생각했다. 플라톤은 이상주의적 도덕을 추구했으나 아리스토텔레스는 현실주의적 윤리관을 갖고 있었다. 플라톤이 개인을 국가의 부속물로 생각한 반면, 아리스토텔레스는 개인들이 모여서 구성된 전체가 국가라고 생각했다.

아인슈타인

알베르트 아인슈타인은 20세기 초 창조성이 가장 뛰어난 대표적 지식인이었다. 15년 동안 질량과 에너지의 등가를 단언하고 공간·시간·중력에 관한 새로운 사고방식을 제안한 일련의 이론들을 내놓았다. 그의 상대성 원리와 중력에 관한 이론들은 뉴턴 물리학을 넘어서는 심오한 진전이었고 과학적 탐구와 철학적 탐구에 혁명을 일으켰으며, 1921년 노벨 물리학상을 받았다. 그의 상대성 원리와 중력에 관한 이론들은 뉴턴 물리학을 넘어서는 심오한 진전이었고 과학적 탐구와 철학적 탐구에 혁명을 일으켰으며, 1921년 노벨 물리학상을 받았다. 그는 자신이 '사회 정의와 사회적 책임이라는 열정적 감각'을 갖고 있음을 인정했다. 아인슈타인은 그의 명성 덕택으로 평화주의·자유주의·시오니즘과 같은 대의를 지지하는 데 영향력이 있었다. 그러나 아이러니하게도 이러한 이상주의직인 사람이 물질 입자가 엄청난 양의 에너지로 바뀔 수 있다는 에너지-질량 방정식 가설로 지금까지 알려진 가장 파괴적인 무기인 원자폭탄과 수소폭탄의 창조를 증명했다.

윈스턴 처칠

처칠은 영국의 총리(1940~1945, 1951~1955)를 지낸 정치가이다. 라틴어 성적이 좋지 않았던 그는 해로우 스쿨에서의 학과공부에 흥미가 없었으나, 독서를 좋아한 덕분에 문학과 역사에 소질이 있었다. 3수 끝에 샌드허스트 육군사관학교에 입학했다. 졸업 후 기병 소위로 임관하여 보어 전쟁에 참전했다가 포로로 잡혀서 수용소생활을 했는데, 수용소에서 겨우 탈출한 처칠은 로마 가톨릭 교회 신부로 변장하여 돌아다니다가 영국인의 도움으로 숨어지낼 수 있었다. 처칠은 수단과 인도 말란칸트에서 주민들이 영국의 식민통치에 반항하여 일으킨 항쟁을 진압하는 일에 가담하기도 하였다. 처칠은 제1차 세계대전 당시 해군장관을 맡고 있었다. 작전실패에 대한 문책으로 장관직을 사퇴한 처칠은 처제의 권유로 우울증을 잊기 위해서 시골에서 수채화를 그렸다. 제1차 세계대전에 중령으로 복귀하여 참전하였다. 당시 그는 유머를 활용하고 복지를 개선하여 군인들의 사기를 높였는데, 모든 장병을 목욕하게 하여 만연해 있던 피부병을 치료하게 했다. "겁먹지 말게. 전쟁은 웃으면서 하는 것이야."라고 설득하여 군인들의 정신적 고통과 스트레스를 진정시켰다. 제2차 세계대전에서 독일의 히틀러에게 맞서 연합군의 승리를 이끈 영국 총리 윈스턴 처칠이다. 시가를 입에 문 채 승리의 브이 사인을 그리는 그의 모습은 오랫동안 대영제국의 강인함과 여유로움을 외부에 과시하는 상징과도 같았다. 실제 처칠은 세계의 각종 매체가 역사상 위대한 인물을 선정할 때 그 목록에 빠짐없이 등장하는 단골 인물로, 2002년에는 영국 BBC가 시청자 100만 명을 대상으로 한 투표에서 뉴턴과 셰익스피어를 제치고 가장 위대한 영국인으로 선정되기도 했다. 처칠에게는 세계적인 정치가이자 군사전략가, 뛰어난 웅변가로서의 화려한 경력 이외에도 우리에게 잘 알려지지 않은 몇 가지 면모가 있다. 첫 번째는 그림에 대한 재능이다. 그러나 그림보다도 더 유명한 것은 글쓰기 재능이다. 처칠은 일생 동안 왕성하게 글을 썼는데 위에서 말한 수많은 신문 기고문 이외에도 소설 한 권, 전기 두 권, 회고록 세 권, 여러 역사물을 집필했다. 처칠은 이런 글쓰기를 통해 더욱 명성을 얻어, 마침내 1953년에는 총 6권으로 된 『제2차 세계대전(The Second World War)』를 포함한 저작 활동에 높은 평가를 받아 노벨 문학상을 수상하기도 했다.

존 밀턴

존 밀턴은 영국의 시인이자 청교도 사상가이다. 프로테스탄트의 수호자를 자처했던 올리버 크롬웰 밑에서 외교 비서관을 지내 그를 오랫동안 보좌했다. 기독교 성격의 서사시인《실낙원》의 작가로 유명하다. 일찍부터 학문과 문학에 재능과 열정을 보였으며, 열여섯 살에 케임브리지대학교에 입학했다. 대학을 다닐 때 '귀부인'이라는 별명을 얻을 만큼 용모가 고귀하였으며, 천재성을 발휘하여 〈그리스도 탄생의 아침〉을 썼다. 졸업 후 아버지의 별장에 은둔한 채 전원에서 고전 · 수학 등을 연구하여, 광범위한 독서와 사색으로 문학적 역량을 쌓으며 몇 편의 작품을 썼다. 밀턴은 셰익스피어 다음으로 영국 문학사에서 영향력 있는 작가로, 시인이자 사상가, 혁명가이다. 영국 시민혁명과 왕정복고를 거치는 격동의 세월을 살면서 정치와 언론, 종교적 자유에 관한 논설들을 집필하여 유럽 전역에서 논객으로 명망이 높았으며, 말년에는《실낙원》,《복낙원》등의 대서사시로 영국 최고의 시인으로 추앙받았다. 특히《실낙원》은 르네상스 정신과 기독교 사상을 완벽하게 융합시켰다는 평을 받으며 단테의《신곡》과 더불어 최고의 종교 서사시로 꼽힌다. 기독교적 소재에 신화적 요소를 가미하고, 이를 고전 서사시의 틀에 짜넣은 작품으로, 서사시의 구조를 가장 완벽하게 따르면서도 기독교 및 르네상스 시대 인문주의를 완벽히 융합시킨 작품으로 평가된다.

쿠노 피셔

코노 피셔는 독일의 철학자이다. 태어날 당시의 이름은 에른스트 쿠노 베르톨트 피셔 (Ernst Kuno Berthold Fischer) 였다. 슐레지엔의 산데발데 (Sandewalde) 에서 출생하여, 라이프치히 · 할레 · 하이델베르크 대학을 졸업하였다. 예나 · 하이델베르크의 각 대학 교수를 지냈으며, 헤겔 학자로 인정되고 있으나, 헤겔을 통하여 신칸트 파를 제창한 사람 중 한 사람이다.《칸트의 생애와 철학의 기초》,《임마누엘

칸트 비판 철학의 발달사와 체계》에 의하여 칸트의 철학을 부흥시켰으며, 스피노자의 속성을 실재론적으로 해석하였다. 그는 독일 철학사 연구의 황금시대를 이룩하였다. 그의 저서《근세 철학사》10권은 연구자들에게 큰 도움이 되었고 독일 고전 문학의 미학적 분석을 남겼다.

쇠렌 오뷔에 키르케고르

쇠렌 오뷔에 키르케고르는 19세기 덴마크 철학자이자, 신학자이다. 실존주의의 선구자로 평가받기도 한다. 키르케고르는 사실상 실존주의의 시조라고 할 수 있는 쇼펜하우어를 매우 만나고 싶어 했다. 그러나 만나지 못했고 쇼펜하우어에게 막대한 영향을 받았다. 키르케고르는 각 개인이 삶의 여러 길 가운데 하나를 완전히 의식적으로 선택하고 그에 따르는 책임을 질 수밖에 없다고 믿었는데, 그의 이러한 생각은 모든 실존주의 사상과 저술에서 기초가 되었다. 가장 널리 알려진 그의 두 가지 사상은 "개체성"과 "신앙의 도약"이라고 언급되는 개념이다. "신앙을 향한 도약(비약)"은 널리 언급되는 용어로서, "신앙의 도약"이란 말로 표현되기도 한다. "신앙의 도약"은 한 개인이 어떻게 신을 믿는가 또는 한 개인이 어떻게 사랑으로 행동하는가에 대한 그의 개념이다. 그것은 이성적인 결정이 아니고, 좀 더 위험하고 초자연적인 것으로 이성을 초월하는 것이다. 그것이 신앙이다. 이러한 그의 사상에서 신앙을 갖는 것은 동시에 의심을 갖는 것이다. 키르케고르는 또한 자기 비판과 내적 성찰에서, 기반이 되는 존재로서의 자아의 중요성과 자아가 세계와 맺는 관계를 강조했다. 그는《철학적 단편에 부치는 비학문적인 해설문》에서 "개체성이 진리다."와 "진리는 개체성이다."라고 주장했다.

타고르

라빈드라나트 타고르는 인도의 시인이자 철학자이다. 인도 콜카타에서 15형제 가운데 열넷째 아들로 출생하였다. 영국 런던 내학교 유니버시티 칼리지 런던(Universiy Collge London: UCL)에 유학해 법학과 문학을 전공하였다 1913년 아시아에서는 처음으로 노벨 문학상을 받았다. 타고르는 이 밖에도 방글라데시의 국가와 인도의 국가를 작사 · 작곡하였으며, 그가 시를 짓고 직접 곡까지 붙인 노래들은 로빈드로 송기트(Rabindra Sangit)라고 하여 방글라데시와 인도 서벵골 주를 아우르는 벵골어권에서 지금도 널리 불리고 있다. 그뿐만 아니라 그는 간디에게 '마하트마(위대한 영혼)'라는 이름을 지어주었다. 타고르는 인도의 시인이자 사상가로, 서정시집 《기탄잘리》로 1913년 아시아 최초로 노벨 문학상을 수상했다. 벵골어 문학을 발전시킨 한편, 인도의 문화와 문학, 정신을 세계에 알렸다. 타고르는 정치적, 사회적 문제에 대해 큰 관심을 두었지만, 무엇보다 벵골의 전원과 갠지스강을 사랑하는 시인으로서의 정체성을 더욱 강하게 지녔다. 그리하여 많은 사회 활동을 하는 동시에 집필도 활발하게 했는데, 문학의 중심 제재는 그가 사랑한 벵골의 자연이었다. 타고르는 이런 제재를 서정성과 낭만성, 신비주의적 정서로 승화시키는 데 특히 뛰어났다. 1941년 8월 7일 인도 콜카타에서 사망했으며, 사후 간디와 함께 국부(國父)로 일컬어지게 되었다.

톨스토이

톨스토이는 러시아의 작가 · 개혁가 · 도덕 사상가이다. 세계적인 소설가 중의 한 사람으로 꼽히며 불후의 명성을 안겨준 대표작 〈전쟁과 평화 Voyna i mir〉(1865~69) · 〈안나 카레니나 Anna Karenina〉(1875~77)를 남겼다. 자신의 대립 되는 성향 때문에 깊이 갈등했던 톨스토이는 비록 실패에 그쳤지만, 만년에 가난한 농부의 삶을 살고자 노력했던 개인주의적 성향의 귀족으로서, 감각주의자로 시작해 엄격한 청교도로 삶을 마감했으며 보기 드물게 정력적인 사람이었지만 항상 죽음을 두려워했다. 이와 같은 유별난 이중적 성격으로 그는 중년에 작가로서의 길을 포기하고 과격한 그리스도교도의 길로 접어들었고, 이후 수많은 평론과 소책자, 교훈적인 단편소설, 희곡 등을 통해 사랑과 믿음으로 가득 찬 삶에 대한 자신의 신념을 주장하고 인간이 만들어 낸 정부, 교회 등의 제도와 재산을 부정하는 자신의 견해를 전파했다. 뛰어난 해학과 풍자를 담은 시와 진지한 시, 역사적 주제를 다룬 장편소설과 드라마를 썼다. 러시아의 과거에 대해 큰 관심을 두었던 그는 천부적인 유머 감각으로 러시아의 과거와 불만족스럽고 부조리한 현실을 대비시키고자 했다. 역사를 다룬 작품 중 가장 인기 있는 것은 16세기 러시아를 그린 〈세레브랴니 공 Knyaz Serebryany〉(1862)인데, 월터 스콧 경과 독일 낭만주의자들의 작품에서 영감을 얻어 쓴 것이다. 16세기 말과 17세기 초를 다룬 그의 3부작 희곡은 러시아 사극의 걸작으로 꼽힌다.

파스칼

파스칼은 프랑스의 수학자, 물리학자, 그리스도교 사상가이다. 어려서부터 비상한 재능을 보여 12세 때 혼자 힘으로 유클리드기하학 정리 32까지 생각해냈다고 한다. 부친의 친구인 수학자 데자르그(Gerard Desargues, 1593~1662)의 영향을 받고, 16세 나이로 유명한 ≪원추곡선 시론≫(Essai pour les coniques, 1640)을 썼다. 1639년 부친의 복직으로 일가는 루앙(Rouen)에 이주하였다. 계산기를 발명, 1648년에는 파스칼의 원리(수압기의 원리)를 발견, 그 후에도 1654년부터 1658년 사이에 수학 분야에서 정수론(整數論), 확률론, 적분법에 관한 많은 발견을 하였다. 사상사적으로 그의 업적을 생각해 보면, 르네상스 이래로 일어난 근대 자연과학, 인문주의적 인간 형성, 종교개혁 운동을 계기로 대두된 아우구스티노적 종교사상 등 세 가지를 계승 발전시켰다. 이것은 그가 수립한 3개의 질서(물체 · 정신 · 자애)에 각각 자리를 잡을 수 있다. 그는 도덕가로서 개아(個我)의 완성 사상을 추구했는데, 이것은 이 3개 질서를 바탕으로 하고 있다. 자연과학에 있어서 그는 스콜라적 자연학이나 데카르트적 자연학에 대해 갈릴레이에서 뉴턴으로 발전하는 근대적, 실증적 자연과학 계열에 있으며 인간 문제 있어서는 데카르트적 합리주의에 대해 주체적 고찰방법에 따라 후세의 실존적 사유(思惟)를 예시(豫示)하였다.

플라톤

플라톤은 서양의 다양한 학문에 영향력을 가진 그리스의 철학자이며 사상가였다. 그리스의 철학자. 아테네의 귀족. 소크라테스의 제자이자 아리스토텔레스의 스승. 아카데메이아의 설립자. 아테네의 명문 집안에서 태어난 플라톤은 정치가의 길을 예약해둔 것이나 다름없었다. 그러나 소크라테스를 알게 되어 철학자의 길로 들어섰다. 육체나 물질보다 영혼과 정신을 존중하는 피타고라스학파와 소크라테스의 관념론적 경향을 발전시켜 영육이원론의 입장을 취했다. 데모크리토스의 유물론 철학에 대립하는 거대한 관념론 철학을 창시했다. 그의 사상 중 이데아론과 상기설이 가장 유명하다. 시라쿠사의 참주 디오니시우스 1세에게 전제군주를 비난하는 말을 하여 노예시장에 팔리기도 했다. 철인왕 사상을 주장했으며 개인보다는 국가를 강조하여 비판을 받기도 했다. 플라톤은 소크라테스의 고상하면서도 겸허한 인품에 매료되어 소크라테스가 죽을 때까지 그를 스승으로 섬겼다. 그는 항상 "나는 야만인으로 태어나지 않고 그리스인으로 태어난 것, 노예로 태어나지 않고 자유인으로 태어난 것, 여자로 태어나지 않고 남자로 태어난 것, 특히 소크라테스 시대에 태어난 것을 신에게 감사한다."라고 말했다.

피타고라스

피타고라스는 고대 그리스의 수학자, 철학자로서 유명한 피타고라스의 정리를 발견하였다. 그가 이탈리아 남부 크로톤에 설립한 '피타고라스'학파는 수학 발전에 지대한 공헌을 하였다. 피타고라스(고대 그리스어: $\Pi\upsilon\theta\alpha\gamma\acute{o}\rho\alpha\varsigma$, 기원전 580년경-기원전 500년경)는 피타고라스 학파라 불린 종교 단체의 교주이다. 피타고라스는 우주론, 수학, 자연과학, 그리고 미학을 하나의 매듭으로 묶어 이 세계를 단 하나의 법칙에 지배되는 정돈된 전체로 입증하려 하였다. 피타고라스는 만물의 근원이 숫자라고 주장했다. 피타고라스 학파는 무한 앞에서, 그리고 한계 지을 수 없는 것 앞에서 일종의 신성한 공포를 느꼈다. 그래서 현실의 경계를 정하고 질서를 부여하며, 현실을 이해할 수 있는 규칙을 숫자에서 찾았다. 우주에 대한 미학적-수학적 전망은 이렇게 피타고라스에 의해 탄생 되었다. 피타고라스는 "조화는 미덕이다. 건강과 모든 선 그리고 신성 역시 마찬가지이다. 결과적으로 모든 사물들 역시 조화에 따라 구성된다."라고 하였다. 피타고라스는 음악 이론, 수의 이론 등 많은 수학적 업적을 남겼다. 피타고라스는 계산술과는 다른 '수(數)' 그 자체의 성질을 연구하는 수론(數論)의 창시자이기도 하다. 홀수, 짝수, 소수, 서로소인 수, 완전수, 과잉수, 부족수, 친화수, 피타고라스수 등은 모두 피타고라스가 생각해 낸 개념이다.

청소년의 고민과 성공전략 솔루션!

미래 살아가기

제2권

초판 인쇄 2020년 11월 09일
초판 발행 2020년 11월 13일

지은이 이운묵
펴낸이 유순녀
펴낸곳 도서출판 인문의 숲
기   획 이운묵·유순녀
교   정 편집부
편집·디자인 인문의 숲 편집부
출판등록 제 2013-000002호 (2013. 01. 09)
주소: 08640 서울시 금천구 시흥대로53, 3-303
전화: 02-749-5186
팩스: 02-792-5171
메일: inmuns@daum.net

ⓒ 이운묵, 2020

ISBN 979-11-86069-38-7 43190

정가: 16,000원